"四化同步"进程中的产城融合研究

姜玉砚◎著

THE STUDY ON THE CITY-INDUSTRY INTEGRATION
IN THE PROCESS OF "SYNCHRONIZATION OF FOUR MODERNIZATIONS"

图书在版编目（CIP）数据

"四化同步"进程中的产城融合研究/姜玉砚著. —北京：经济管理出版社，2019.8
ISBN 978-7-5096-6682-1

Ⅰ.①四… Ⅱ.①姜… Ⅲ.①城市化进程—研究—中国 Ⅳ.①F299.21

中国版本图书馆CIP数据核字（2019）第118560号

组稿编辑：梁植睿
责任编辑：梁植睿
责任印制：黄章平
责任校对：赵天宇

出版发行：经济管理出版社
（北京市海淀区北蜂窝8号中雅大厦A座11层　100038）
网　　址：www.E-mp.com.cn
电　　话：（010）51915602
印　　刷：北京玺诚印务有限公司
经　　销：新华书店
开　　本：720mm×1000mm/16
印　　张：13.5
字　　数：242千字
版　　次：2019年8月第1版　2019年8月第1次印刷
书　　号：ISBN 978-7-5096-6682-1
定　　价：59.00元

·版权所有　翻印必究·
凡购本社图书，如有印装错误，由本社读者服务部负责调换。
联系地址：北京阜外月坛北小街2号
电话：（010）68022974　邮编：100836

前 言

新型工业化、信息化、新型城镇化以及农业现代化经过多年的发展,在取得显著成就的同时,也存在着大量转移到非农产业的农业劳动力市民化滞后等一系列问题,例如,农民工难以融入城市社会;相比起人口城镇化发展速度,土地城镇化发展过快,建设用地粗放低效;现有城镇在发展过程中的空间分布和规模结构均不太合理,与城镇现有资源环境承载能力不匹配;工业化进程和城镇化发展程度不匹配;产业结构和就业结构不协调;就业结构和城镇化发展不协调;农业现代化滞后于工业化发展;信息化和西方发达国家相比起步太晚及如何发挥后发优势;等等。

在上述问题背景下,笔者从"四化同步"发展的分析出发,研究了中国经济发展进程中的产城融合问题。

本书从学科交叉的视角,结合经济学、产业组织学、城市经济学、产业经济学、管理学、统计学、系统工程学等多学科,从新型工业化、信息化、新型城镇化以及农业现代化"四化同步"发展的背景出发,在理论上分析产城融合的经济理论依据,并给出笔者对于产城融合在"四化同步"进程中的概念和内涵的新界定;建立了"四化同步"背景下的产城融合经济学理论模型;在理论模型的指导下,利用VAR模型中的格兰杰因果检验、方差分析、脉冲响应函数及主成分分析等多种研究方法和工具,分析中国经济发展进程中产城融合的影响因素、动力机制、评价模型等;总结产城融合发展进程中可能存在的问题,并提出可行性建议。

本书研究的主要贡献在于:首次提出了宏观视角下产城融合的新定义,并由此界定了实证研究中"产"和"城"的分析范围;首次构建了"四化同步"进程中产城融合的经济学理论模型,既增强了产城融合研究的理论支撑,又能指导后续的实证分析和研究;针对产城融合中的"空城"和"空转"两个典型问题,从人口、经济和空间三个视角进行了理论分析和探讨；在产城融合新定义的指导下，在实证研究中将研究对象从目前较为集中的高新区或城市新区扩展到了区域层面。

本书的主要观点和结论如下：

（1）认为产城融合是指在新型工业化、信息化、新型城镇化和农业现代化"四化同步"发展的进程中，通过"四化"互促互进协调发展，达到经济发展中产业结构合理，城镇产业布局优化，城镇各项服务配套设施完善，真正做到各次产业和城镇互相支撑、互相依托、相互匹配，实现经济发展进程中"四化同步"协调产城互动的发展模式。

（2）认为产城融合进程中"四化"相互之间均存在单向或双向的格兰杰因果关系，同时"四化"发展过程中均具有自我调整的机制，这一观点通过第三章的实证研究得到证实。

（3）从人口、经济和空间三个视角对产城融合的两个典型问题——"空城"和"空转"——进行了理论分析，认为"空城"和"空转"均是城镇化发展过程中和产业发展在结构以及空间配置方面不均衡所导致的，两者应该在人、经济、空间三个维度深度融合，才能在一定程度上解决"空城"和"空转"的问题。

（4）认为历年来中国的产城融合度是逐年提升稳步增加的，同时根据产城融合度的不同发展水平可将全国各地区分为一、二、三类地区，这一观点通过第五章的实证研究得到证实。

（5）发现影响全国历年来产城融合发展的主要因素有三类，影响不同地区产城融合发展的主要因素有六类。在对全国1978~2017年以及2017年分地区的产城融合度进行实证分析时分别提取了三个和六个主成分因子，这些主成分因子所包含的指标都是提升产城融合度的重要影响因素。

（6）在理论和实证分析的基础上，认为应该通过推动产业结构优化升级、推动产业结构和就业结构进一步优化协调，以产业链延伸为导向进行多元化发展、强化开发区和产业集聚区建设、加快新型城镇化进程等对策建议的实施，促进未来经济发展中"四化同步"协调发展以及产城融合度的提高。

当然，本书在实证分析的工具选择、指标选取的完善程度、理论分析的静态向动态转化等方面还有待未来进一步的深入研究。

目 录

第一章 导论 ………………………………………………………………… 1

　第一节　问题的提出 …………………………………………………… 1
　　　一、研究背景 ………………………………………………………… 1
　　　二、研究目的 ………………………………………………………… 5
　　　三、研究意义 ………………………………………………………… 6

　第二节　国内外研究文献综述 ………………………………………… 7
　　　一、"四化同步"发展的相关研究 ………………………………… 7
　　　二、产城融合发展的相关研究 …………………………………… 16
　　　三、文献述评 ……………………………………………………… 18

　第三节　研究思路与方法 ……………………………………………… 20
　　　一、基本研究思路 ………………………………………………… 20
　　　二、主要研究方法 ………………………………………………… 24

　第四节　主要创新点及未来研究计划 ………………………………… 24
　　　一、主要创新点 …………………………………………………… 24
　　　二、未来进一步研究计划 ………………………………………… 26

　第五节　本书的基本框架 ……………………………………………… 28
　　　一、技术路线 ……………………………………………………… 28
　　　二、主要研究框架 ………………………………………………… 28

第二章　相关概念界定与理论基础 ……………………………………… 32

　第一节　相关概念及定义 ……………………………………………… 32
　　　一、新型工业化、信息化、新型城镇化及农业现代化 ………… 32

二、"四化同步" ………………………………………………… 39
三、产城融合 …………………………………………………… 44
第二节 相关理论基础介绍 ……………………………………… 46
第三节 本章小结 ………………………………………………… 59

第三章 产城融合的历史回顾与"四化同步"的 VAR 模型分析 …… 60

第一节 产城融合发展的历史回顾 ……………………………… 60
一、城镇化发展的历史回顾 …………………………………… 60
二、工业化进程的历史回顾 …………………………………… 66
三、农业现代化发展的历史回顾 ……………………………… 70
四、信息化发展的历史回顾 …………………………………… 74
五、"四化同步"进程中产城融合发展的进程回顾 ………… 80
第二节 "四化同步"发展的 VAR 模型的实证分析 …………… 83
一、模型设定 …………………………………………………… 83
二、变量选择及数据来源 ……………………………………… 84
三、变量平稳性检验及格兰杰因果检验 ……………………… 85
四、"四化同步"发展的脉冲响应函数分析 ………………… 89
五、VAR 模型的方差分解 …………………………………… 91
第三节 本章小结 ………………………………………………… 92

第四章 "四化同步"进程中产城融合发展的理论模型构建 …… 94

第一节 农业部门和城镇部门生产函数推导 …………………… 94
一、对柯布—道格拉斯生产函数的质疑和改进 ……………… 96
二、农村部门生产函数及农村剩余劳动力供给 ……………… 97
三、城镇部门生产函数及对农村剩余劳动力的需求 ………… 102
第二节 "四化同步"进程中产城融合经济学理论模型构建 … 108
一、"四化同步"进程中产城融合发展的三个研究视角 …… 108
二、"四化同步"进程中的产城融合经济学理论模型 ……… 112
三、"四化同步"发展对产城融合的具体要求 ……………… 114
第三节 本章小结 ………………………………………………… 118

第五章　中国历年来各地区的产城融合实证分析 …… 119

第一节　主成分分析法介绍 …… 120
一、主成分分析法概述 …… 120
二、主成分分析的基本原理 …… 120
三、主成分分析的计算步骤 …… 121

第二节　1978～2017年中国产城融合度实证分析 …… 122
一、指标的选取 …… 122
二、主成分分析法的适用性 …… 125
三、指标的调整 …… 126
四、1978～2017年"四化同步"进程中产城融合度主成分分析实证检验结果 …… 130

第三节　2017年中国分地区"四化同步"进程中的产城融合度分析 …… 137
一、指标的选取 …… 137
二、分地区"四化同步"进程中产城融合度主成分分析实证检验结果 …… 139

第四节　本章小结 …… 145

第六章　产城融合的主要问题分析："空城"与"空转" …… 148

第一节　"空城"和"空转"的具体表现 …… 148
一、"空城"现象的具体表现 …… 148
二、"空转"现象的具体表现 …… 152

第二节　产城融合过程中的"空城"问题分析 …… 154
一、从人口—劳动力的视角对"空城"问题的探讨 …… 155
二、从经济—就业结构视角对"空城"问题的探讨 …… 157
三、从空间—城镇化建设视角对"空城"问题的探讨 …… 159
四、"空城"问题的解决建议 …… 162

第三节　产城融合过程中的"空转"问题分析 …… 163
一、从人口—乡城迁移的视角对"空转"问题的探讨 …… 164
二、从经济—劳动力供需结构视角对"空转"问题的探讨 …… 166
三、从空间—城镇设施建设和产业空间布局视角对"空转"问题的探讨 …… 168

四、"空转"问题的解决建议 …………………………………… 169

第四节 本章小结 …………………………………………………… 170

第七章 "四化同步"进程中产城融合的对策建议 …………………… 171

第一节 推动产业结构优化升级，促进产城融合深度发展 ………… 171

一、调整农业生产结构，加快农业现代化进程 ……………… 172

二、走新型工业化道路，优化第二产业内部结构 …………… 174

三、大力发展服务产业，提高第三产业比重 ………………… 175

四、加快信息化进程，促进产业结构更加合理优化 ………… 176

第二节 推动产业结构和就业结构进一步优化协调，

提高产城融合度 …………………………………………… 177

一、加大人力资本投资，提高劳动力质量 …………………… 177

二、从制度层面着手，促进人口城乡迁移，改善就业结构 … 178

第三节 以产业链延伸为导向进行多元化发展，促进产城融合 …… 178

一、产业成长阶段：以产业链延伸为导向的多元化发展 …… 179

二、产业成熟阶段：发展接续和替代性产业，平衡三大产业 … 179

三、产业转型阶段：升级产业结构，提高第三产业、高新技

术产业的比重 …………………………………………… 179

第四节 强化开发区和产业集聚区建设，促进产城融合 …………… 180

一、提升都市区的产业集聚辐射功能，加快都市圈发展 …… 180

二、强化三个城镇组群的产业布局合理化，提升龙头带动作用 … 181

第五节 加快新型城镇化进程，促进产城深度融合发展 …………… 182

第六节 本章小结 …………………………………………………… 184

第八章 结论与展望 ……………………………………………………… 185

第一节 主要研究结论 ……………………………………………… 185

第二节 有待进一步研究的问题 …………………………………… 188

参考文献 ……………………………………………………………… 191

后　　记 ……………………………………………………………… 205

第一章 导论

第一节 问题的提出

一、研究背景

就中国的具体国情来讲,"四化"①(新型工业化、信息化、新型城镇化和农业现代化)是否同步发展关系到近年来以及未来中国经济的全面协调可持续发展。"四化"发展的不同步必然导致经济发展进程中的产城融合出现问题。近年来,在经济发展进程中,由于"四化同步"发展出现了或多或少或大或小的各种问题,导致城镇或某一特定区域范围内的产城融合也相应出现各种问题。笔者的选题背景首先从分析"四化"中的城镇化在取得一系列成就的同时引发了其他"三化"的发展或滞后或超前,以及产城融合出现各种问题着手,通过问题分析试图引出笔者的研究主题。

城镇化是指人口向城镇集中的过程,也是中国经济发展的引擎,诺贝尔经济学奖获得者斯蒂格利茨就曾经说过,"中国的城镇化将是区域经济增长的火车头,并产生最重要的经济利益"。1978 年改革开放以来,伴随着工业化、农业现代化以及信息化的大力发展,中国的城镇化从 17.9% 的较低起点开始,发挥后发优势,经历了一个起点低、速度快的发展过程。1978~2017 年的 39 年时间内,中

---

① "四化"的具体内涵来自《坚定不移沿着中国特色社会主义道路前进,为全面建成小康社会而奋斗——在中国共产党第十八次全国代表大会上的报告》,胡锦涛,2012 年 11 月 8 日。后文中出现的"四化"如无特殊说明,均指新型工业化、信息化、新型城镇化和农业现代化。

国的城市空间扩大了 2~3 倍,城镇化率从 17.9% 提升到 58.52%,年均提高 3.08 个百分点,城镇常住人口也大幅增加,从 1.7 亿人增加到 8.03 亿人;城市数量(包括地级市、市辖区、县级市、县以及自治县在内的地级区划数和县级区划数总和)从 193 个增加到 3185 个,建制镇数量(包括镇、乡级以及街道在内的乡镇级区划数总和)从 2173 个增加到 21116 个①,城乡结构发生了历史性变化。

然而,和发达国家在城镇化进程中的实际发展情况相比,中国的城镇化进程无论是在发展速度上还是在发展质量上均存在很大差距。首先,发达国家城市化水平大多在 75% 以上,特点为起步早、水平高,而中国 2017 年年底的城镇化水平仅为 58.52%②,特点为起步晚、水平较低、速度快。其次,空间城市化并没有相应产生人口城市化。据估算,中国约有 2.6 亿农民工由于户籍制度等原因而无缘享受城市化成果,他们是被城镇化、伪城镇化的。如果挤掉水分,中国只有 36% 的城镇化率。这样一来,与发达国家的差距只会更大。

长期以来,传统意义上的城镇化更为偏重城镇数量和城镇规模的增加,这种粗放型的发展导致中国的城镇化发展在取得上述成就的同时,存在一系列问题:

(1)在城镇化进程中转移的大量农业人口进城后难以融入城市社会,市民化进程滞后。在经济发展的过程中,农民工已经成为很多产业发展的主力军,为经济发展做出了巨大贡献。然而,受中国现有的户籍制度影响,约有 2.6 亿农民工在教育、就业、医疗、养老、保障性住房等方面无缘享受城镇化成果;同时,在城镇化发展的过程中,城镇化的发展和工业化、农业现代化以及信息化的发展不同步,城镇中产业的聚集和人口的聚集不同步等问题的存在,导致城镇内部出现真正的城镇市民和非市民化人口之间的新的二元矛盾,农村地区长期存在的"三八六一"问题即农村留守儿童、妇女和老人问题日益严重,给城镇及农村地区整体的经济社会发展带来诸多风险隐患。

(2)在城镇化发展过程中,和人口城镇化相比,土地城镇化的发展速度更快,地方政府急于求成,导致城镇建设用地粗放低效。一些城市在发展过程中,过于追求城镇发展规模,过分追求城镇的空间美化,新城新区、开发区和工业园区占地过大,导致建成区人口密度偏低。1990 年至 2017 年年末,全国城镇建设用地由 11608 平方千米增加至 55156 平方千米,2017 年全国城镇建成区面积为

---

① 所用数据均来自历年的《中国统计年鉴》。
② 所用数据来自 2018 年的《中国统计年鉴》。

1990年全国城镇建成区面积的4.37倍,年均增速为6个百分点;同期全国的城镇建成区面积由12856平方千米增至56225平方千米,增长速度为437%,年均增速1.06倍;和同期城镇化发展速度相比,城镇化比率由1990年的26.41%增加为2017年年末的58.52%,年均增速为3个百分点,远低于同期的城镇建成区面积增速。① 由上述数据可以看出,在中国城镇化的进程中,土地城镇化的进程远远快于人口城镇化进程,如果这一趋势不加以遏制,势必在未来会对全国经济发展的大局产生深远的负面影响。

(3) 现有城镇在发展过程中的空间分布和规模结构均不太合理,与城镇现有的资源环境承载能力不匹配。中国各地资源环境不一,东部城镇密集地区资源压力较大,中西部地区资源压力较小的同时城镇化率较低;空间上,各城市群布局不太合理,各城市群内部各产业间的分工协作不够,产业集群效率较低;还有部分特大城市,如北京、上海和广州等一线城市的主城区人口压力偏大,环境的综合承载能力有限;中小城市本身在城镇化发展过程中集聚产业和人口的能力均不足,作为经济发展后备军的潜力没能充分发挥;小城镇数量多、规模小,基础设施等公共服务较弱;上述问题均增加了城镇化进程中的经济社会和生态环境成本。

基于上述问题,中国城镇化面临的内外部压力日益加大:

首先,城镇化发展面临的外部挑战日益严峻。就全球范围来讲,产业格局面临重新调整和再分配,在经济日益飞速发展的今天,世界范围内的庞大生产能力和各国之间有限市场的矛盾日益突出,供需结构发生了根本性的变化,国际市场竞争日趋激烈,这种外在的压力直接转化成了中国城镇化进程中产业转型升级的巨大压力和动力。

其次,城镇化转型发展的内在要求更加紧迫。中国的人口红利时代正在逐步消失,城镇化的发展使得中国农业富余劳动力日益减少,计划生育政策的多年实施造成了人口老龄化程度的提高。这种背景下通过廉价劳动力供给推动城镇化快速发展的模式已然不可持续;同时资源环境的日益制约,使得依靠土地城镇化加快城镇化发展的模式不可持续;中国现有的户籍制度导致转移到城镇的农村人口不能平等享受城镇的公共服务,导致城市内部户籍人口与外来人口之间的二元结构矛盾日益凸显。新型工业化、信息化、新型城镇化和农业现代化发展不同步,导致农业现代化落后于新型城镇化进程、农业作为基础产业根基不稳、城乡之间

---

① 数据来自历年的《中国统计年鉴》。

在经济发展以及人均收入等方面区域差距过大、城镇内部产业结构不合理等突出问题。上述问题的存在决定了中国城镇化发展由粗放发展型向质量型转变势在必行。

由上述背景分析可知，城镇化过程中出现的问题已不仅局限于城镇化本身，还包含工业化、农业现代化和信息化的发展在内的系列问题，以及在此进程中的产城融合也出现了各种问题。

为了解决上述问题，和传统的城镇化相比，党和国家在政治层面上提出了"新型城镇化"的概念。新型城镇化是以城乡统筹、城乡一体、产城互动、节约集约、生态宜居、和谐发展为基本特征的城镇化，是大中小城市、小城镇、新型农村社区协调发展、互促共进的城镇化。①

党的十八大进一步明确提出了"新型城镇化"的概念，中央经济工作会议进一步把"加快城镇化建设速度"列为2013年经济工作六大任务之一，会议提出，打造高质量的新型城镇化，推进产城融合，将城镇化作为拓展农民就业的重要空间。要构建科学合理的城市格局，大中小城市和小城镇、城市群要科学布局，与区域经济发展和产业布局紧密衔接，与资源环境承载能力相适应。李克强总理在2013年7月发表的重要讲话中提出，要推进以人为核心的新型城镇化。要走集约、节能、生态的新路子，提高城镇的内在承载力，不能人为"造城"，要实现产业发展和城镇建设的相互融合，采取措施让转移至城镇的农民工逐步融入城镇。各级政府要为农业现代化创造条件、提供市场，实现新型城镇化和农业现代化相辅相成。中共中央总书记习近平也做出重要指示，积极稳妥地推进城镇化，合理调节各类城市人口规模，提高中小城市对人口的吸引能力；城镇化要发展，农业现代化和新农村建设也要发展，同步发展才能相得益彰，要推进城乡一体化发展。

从"新型城镇化"这一概念的定义以及中央高层的多次重要讲话中可以看出，新型工业化、信息化、新型城镇化、农业现代化等同步发展以及产城互动、产城融合是"新型城镇化"的两个重要内容。"产城融合"是指产业与城市融合发展，以城市为基础，承载产业空间和发展产业经济，以产业为保障，驱动城市更新和完善服务配套，以达到产业、城市、人之间有活力的持续向上发展的模式。② 在中国城镇化发展的历史中，之前一直采用传统的发展模式，而传统的城

---

① 新型城镇化的定义参见《国家新型城镇化规划（2014—2020）》。
② 李文彬，陈浩. 产城融合内涵解析与规划建议［J］. 城市规划学刊，2012（7）：99-103.

镇化发展模式主要偏重粗放型发展，注重城镇数量规模的增加，对于产业的发展是否和城镇化发展匹配在一定程度上有些疏忽。导致很多地方在城镇化进程中出现各种问题，或者有城无产、虚假城镇化、城镇建设难以适应产城融合需要，或者产城能级低、城市等级与产业层次的结构不相匹配，或者有产无城、产城互补融合性低、产业集群程度低。究其原因，这些问题都是在城镇化进程中对产城融合这一问题重视度不够造成的。按照中国改革发展研究院院长迟福林的看法，以往产业都是城镇化的"配角"，产业发展与城镇化建设割裂。中国国际经济交流中心常务副理事长郑新立也认为在推进城镇化时应注重城镇产业经济的培育，重视二、三产业的转型升级。逐步形成城镇化发展过程中大中小城市和小城镇以及农村地区合理分工、各自发展特色突出、功能互补的产业发展格局，在实现新型城镇化与工业化、信息化、农业现代化良性互动、同步发展的基础上，促进产城高度融合发展，共同保障中国经济持续健康高速发展。

综上所述，四化同步发展是中国未来经济发展的一个重要问题，产城融合又是其中的重中之重。在这样的理论和现实背景下，从四化同步的视角出发，首先，从理论上分析产城融合的经济理论依据，综合各学者意见给出作者的产城融合定义。其次，在多学科基础上，利用多种研究方法和工具，分析未来经济发展进程中产城融合的影响因素、动力机制、评价模型等，对产城融合度进行预测、评价，总结这一过程中可能存在的问题，并对问题的解决提出可行的建议。本选题的研究对于确保中国未来经济发展进程中新型工业化、信息化、新型城镇化和农业现代化同步发展下的产城融合协调发展具有深远的现实意义。

二、研究目的

（1）从经济学的角度，探究"四化"同步发展的必要性及其对经济增长的巨大推动力。

（2）试图建立经济学模型，从理论上分析产城融合的经济理论依据，在综合各学者意见的基础上给出作者的产城融合定义。

（3）通过对现有的农业部门、非农业部门生产函数以及托达罗关于人口乡城迁移的理论模型进行拓展和综合以后建立一个"四化同步"进程中的产城融合经济学理论模型。

（4）从学科交叉的视角，结合经济学、人口学、产业组织学、城市经济学、产业经济学、管理学、统计学、系统工程学等多学科，从新型工业化、信息化、新型城镇化、农业现代化"四化同步"的视角出发，利用经济学理论模型、统计学相关回归和预测模型、VAR 模型中的格兰杰因果检验、方差分析、脉冲响应函数及主成分分析等多种研究方法和工具，分析未来经济发展进程中产城融合的影响因素、动力机制、评价模型等，对产城融合度进行预测、评价，总结这一过程中可能存在的问题，并对问题的解决提出可行的建议。

三、研究意义

（一）理论意义

如前所述，笔者首先拟从经济学的角度，探究"四化同步"发展的必要性及其对经济增长的巨大推动力。其次试图建立经济学模型，从理论上分析产城融合的经济理论依据，在综合各学者意见的基础上给出笔者的产城融合定义。最后通过对现有的农业部门、非农业部门生产函数以及托达罗关于人口乡城迁移的理论模型进行拓展和综合以后建立一个基于"四化同步"进程的产城融合经济学理论模型。

根据所建立的理论模型通过数学推导结果首先可以知道"四化"发展的过程中各自之间的互动影响关系以及影响的正负方向，在此基础上，还可以知道产城融合在发展的过程中"四化"分别在其中有什么样的影响。根据所得出来的推导结论再结合未来研究过程中的实证结果就可以对经济发展进程中产城融合进行相应的政策安排和对策建议。

本书的理论研究成果即所建立的产城融合经济学理论模型在中国未来"四化同步"发展的进程中，可以对政府、产业集群、企业及各类人力资源等予以理论指导，以更好地促进经济发展进程中的产城融合。

（二）现实意义

"四化同步"发展是中国未来经济发展的一个重要问题，产城融合又是其中的重中之重。在这样的理论和现实背景下，通过多学科交叉，从"四化同步"的视角出发，运用多种研究方法和工具，分析未来经济发展进程中产城融合的影响因素、动力机制、评价模型等，对产城融合度进行预测、评价，总结这一过程中可能存在的问题，并对问题的解决提出可行的建议。

笔者在理论分析的基础上结合实证分析的结果有针对性地找出中国经济发展进程中产城融合存在的问题，根据存在的问题进行分析，提出极具针对性的对策措施和政府政策建议。这样一种分析结果对于确保中国未来经济发展进程中新型工业化、信息化、新型城镇化、农业现代化"四化同步"互促协调发展,提高产城融合度无疑具有深远而重大的现实意义。

第二节 国内外研究文献综述①

一、"四化同步"发展的相关研究

(一)国外相关研究

1. 城镇化发展方面的相关研究

在城镇化发展规律方面:美国经济学家刘易斯(Lewis W. A.,1954)提出城乡"二元经济结构理论模型",认为无论是就收入水平、就业机会还是生活水平,农村和城市居民均存在差异,这种乡城差异促使农村剩余劳动力转移至城镇,从而推动了城镇化进程。由此,刘易斯把乡城劳动力迁移看作人口城市化的基础核心动力。其后很多学者就刘易斯把乡城劳动力迁移看作人口城市化的基础核心动力的观点进行了深入拓展研究。纳尔·安德森(Anderson,1959)认为单

---

① 根据笔者的主要研究内容——"四化同步"进程中的产城融合研究——进行分析,无论是传统意义上的产城融合定义——产城融合是指产业与城市融合发展,以城市为基础,承载产业空间和发展产业经济,以产业为保障,驱动城市更新和完善服务配套,以达到产业、城市、人之间有活力的持续向上发展的模式,还是本书在第二章中对于产城融合内涵所做的新的界定——产城融合是指在新型工业化、信息化、新型城镇化和农业现代化"四化同步"发展的进程中,通过"四化"互促互进协调发展,达到经济发展中产业结构合理,城镇产业布局优化,城镇各项服务配套设施完善,真正做到各次产业和城镇互相支撑,互相依托,相互匹配,实现经济发展进程中"四化同步"协调产城互动的发展模式,均可以看出对新型工业化、信息化、新型城镇化和农业现代化各自及相互之间关系的研究是产城融合研究过程中很重要的研究内容。

事实上,产城融合作为党的十八大会议上提出的概念,具有明显的中国特色,纵观多年来的研究文献,只有中国学者在近年来明确提出产城融合的概念并对其进行深入研究。反观国外的研究文献中并没有产城融合这一概念,但是不能因此得出结论说国外文献中没有这一方面的相关研究,根据上述产城融合的传统看法或者本书的新界定均可以看出,凡是对"四化"及"四化"间相互关系进行的研究均属于产城融合的研究范畴。根据上述分析,在本节国内外研究综述部分主要分为"四化同步"发展的相关研究和产城融合的相关研究两个部分进行文献综述,以尽可能对国外在论文相关研究领域方面的成果进行总结和归纳,其后再进行文献的述评,以发现现有文献的不足和欠缺,为作者的研究找到合适的切入点和研究方向。

纯人口由农村向城市迁移未必会产生城市化，而农村人口不脱离农村的职业或居住也有达到城市化的可能。美国经济学家拉尼斯和费景汉以刘易斯的理论为基础，提出了拉尼斯—费景汉理论（Fei & Ranis, 1961），将农业剩余劳动力转移划分为三个阶段。芝加哥大学教授沙斯特德（Sjaastad L., 1962）在其论文《劳动力迁移的成本与收益》中首次提出劳动力迁移的成本收益分析模型，认为农民在面临进城务工或是在家务农的选择时，主要考虑的因素为迁移的主要经济成本与收益；施赖奥克（Shryock H.S., 1965）等研究了人口迁移与教育程度的关系，认为在年龄、性别和肤色相同时，教育程度能够促进迁移的增加。霍利斯·钱纳里（H. Chenery, 1975）根据世界银行统计资料对100多个国家1950~1970年的经济发展和城市化的关系进行研究分析，提出了"城市化与经济发展的双向互促规律"；诺瑟姆（Ray. M. Northam, 1975）通过对世界各国尤其是欧美国家城市化发展轨迹的分析，提出了"诺瑟姆曲线"，形成了城市化的三阶段理论，认为各国的城市化进程随着时间的推移是以一种拉长的S形曲线发展。

在最佳城镇人口规模研究方面：英国社会活动家霍华德（E. Howard, 1898）认为应该建设一种兼具城市和农村优点的理想城市，这种城市规划设想已经应用于现代城市的设计之中，对现代城市规划思想起到了积极作用。这种思想的代表人物还有佛力丘和施密特等。两年后，霍华德（1902）提出了"田园城市"理想模式，从中心城市人口和城市外围人口两方面对理想的城市规模予以界定；马列士（1963）提出的门槛理论认为城市在决定发展规模时应该突破所设门槛的成本效益（白明华，1981）；达维多维奇（1966）认为考虑到决定城市规模的三要素，40万人是最佳城镇规模；巴顿（1986）提出了四种不同的最佳城镇人口规模的选择类型；莫尔（1991）认为中等城市是较为理想的城市规模；Dobkin和Ioannides（2001）通过研究1900~1990年美国城市相互之间的影响，发现城市的空间布局是具有结构性的，各类型城市体系的构建与发展均有其客观规律。戈必依（2008）则设计了300万人口的"理想城市"（顾朝林、吴莉娅，2008）。

在人口城镇化动因与障碍方面：国外经济学者Banerjee和Newman（1991）、Decressin和Fatás（1995）从收入视角，Carrington等（1996）、Borjas（2001）、Hanson等（2002）从效用视角，Hanson和Spilimbergo（1999）从利润视角分别对城镇化进程中的人口迁移进行了微观经济学分析；Ben – Porath（1980）、Obstfeld（1998）、Daveri和Faini（1999）用两部门分析法分析了传统农业部门和现代工业部门的发展对农村剩余劳动力转移的影响，从宏观经济学视角得出结论，认为劳动力迁移的根本原因在于现代化工业的发展。美国发展经济学家托达罗

(Todaro M. P., 1969)以拉美国家农业剩余劳动力流动和城市就业分析为基础创立了新的人口流动模型,认为在城镇化进程中应注重就地城镇化,应该大力发展农业来实现农村剩余劳动力的就地转移,通过农村的就地城市化,逐步缩小城乡差距,实现由二元经济向一元经济的转变。W. Corden 和 R. Findlay(1975)认为城市即使是在高失业率和较低工资并存的情况下,仍然会吸引农村剩余劳动力源源不断地转移至城市,分析了城市高失业率和农村劳动力迁移与某个特定城市成长之间的关系。Porto 等(2003)等的研究表明,教育程度的日益提高将使年青一代越来越倾向于迁移。

在城镇化对国民经济的影响方面:著名城市经济学家弗农·亨德森和 H. G. Wang(2007)指出在一些地级城市中,单位劳动力的实际产出会随着城市规模的扩大而增长。Jayasuriya 和 Wodon(2005)对城市化是影响经济效率的重要因素的假设通过对多个国家在 1980~1998 年的面板数据进行分析研究予以证实,认为城市化是影响生产效率与国民经济发展的一个重要的决定性因素。

对中国的城镇化研究方面:日本学者大西康雄(2009)将中国的城市化归纳为沿海型、中部型、内陆型三种模式,认为这三种模式分别代表了中国沿海经济圈、中部地区以及内陆地区的三种发展方向;诺贝尔经济学奖获得者斯蒂格利茨(2014)对中国的城镇化进程给予了极大的关注,认为中国的城镇化将是中国乃至世界范围内经济增长的"火车头",中国城镇化的发展将会产生最重要的经济利益。

2. 工业化相关研究

工业化和产业发展以及产业结构变化紧密相关,可以把对产业发展的相关研究认为是早期的工业化研究。威廉·配第(1672)在其《著作政治算术》中,认为经济增长与产业结构变化之间存在联系。其后,很多学者通过三次产业结构的转变来分析人口增长及其在三次产业部门间的转换对经济发展的影响。配第之后,亚当·斯密(1776)在《国富论》中论述了产业发展应遵循农工批零商业的顺序。魁奈于 1758 年和 1766 年发表的《经济表》和《经济表分析》,提出了关于社会阶级结构的划分。上述三位学者的研究被认为是产业结构理论的重要思想来源之一。德国经济学家霍夫曼(Walther G. Hoffmann,1931)在《工业化阶段和类型》针对工业进程中产业结构的问题提出了霍夫曼比例和霍夫曼工业化法则。费希尔(A. G. B. Fisher,1935)在《物质进步的经济含义》中率先提出了三次产业的含义和划分依据。克拉克(Colin Clark,1940)在其著作《经济发条件》中提出了著名的克拉克法则。后经刘易斯（Lewis，1954）等的阐述发展成为二元经济结构理论模型，认为在以农业部门和农村为代表的非资本主义部门和以工业部门和城市为代表的资本主义部门之间不同的劳动边际收益率引致源源不断的劳动力从农村农业部门向城市工业部门流动，直至两部门的劳动生产率相等，此时，工业部门的劳动供给不再是无限丰富，农业部门也实现了现代化，二元经济变成了一元经济，发展中国家的工业化进程也告完成。日本经济学家赤松要（1957）提出了雁行形态理论或称产业的雁行形态发展论，把一个国家经济中的一些产品生产的发展过程分成国外进口、国内加工生产、向国外出口等阶段，并把这种进口—生产、进口替代—出口的形式称之为"雁行形态"，进一步可以把整个产业演进过程分成从研究开发新产品到国内市场形成、从国内市场饱和到产品出口以及开拓国际市场、从国外市场形成到输出技术设备以及就地生产和销售、国外生产能力形成后产品以更低价格返销四个阶段（王乐平，1990）。美国经济学家赫希曼（Hirschman，1958）提出了城市化和产业发展过程中的不平衡发展理论。拉尼斯和费景汉（Rains & Fei，1961）主要强调经济平衡发展的重要性并指出了农村劳动力的转移的决定性因素。库兹涅茨（Kuznets，1966）在《现代经济增长》中对城市化和工业化过程进行了明确定义，对产业结构变动和经济增长的关系做了进一步的深入分析，认为在工业化发展的不同时期各次产业间的产值比重和就业比重会相应发生变化。

钱纳里、鲁宾逊、赛尔奎因（1975）提出了"就业结构转换理论"，认为经济增长是一种非均衡增长。Krugman（1991）通过模型分析认为随着经济规模的增大，产业的集中越明显。罗斯托（1998）通过研究主要提出了主导产业及其扩散理论，同时将经济成长过程划分为五个阶段。彼特·马尔库塞（Peter Marcuse）和罗纳德·肯潘（Ronald van Kempen）（2000）对国际化城市产业结构变动进行了空间分析。

3. "四化同步"发展的相关研究

日本经济学家小岛武仁（Kojima，1996）研究了拉丁美洲的人均GDP和城市化率，认为拉丁美洲的城市化超前于工业化。赛尔奎因和钱纳里（M. Syrquin，H. Chenery，1975）在《发展的型式》中通过研究认为人均GDP与工业化和城市化高度相关，工业化是城市化的因，城市化是工业化的果。之后，赛尔奎因和钱纳里（M. Syrquin，H. Chenery，1989）分别在1988年和1989年对1965年90个国家和地区工业化、城镇化之间的关系进行了研究，认为工业化和城镇化在发展过程中互为因果。刘易斯（A. Lewis，1989）在其二元经济框架内认为工业化带动城市化，城市化反作用于工业化。吉利斯（1998）认为城市对工业化的推动作用主要体现在若干外部经济可以使城市中的企业受益，每一个企业还得益于因众多的企业共存而产生的集聚经济效应以及城市能够产生巨大的市场等方面。简·雅各布斯（Jane Jacobs，1984）在《城市经济》中指出依靠城市化的发展农业大幅度提高了生产力。

（二）国内相关研究

1. 城镇化发展方面的相关研究

（1）在城镇化的定义及发展模式方面：中国的城镇化实践开始得比较晚，国内关于城镇化的研究也相应较晚。吴友仁（1979）主张在中国的城镇化进程中，应该积极发展包括广大农村集镇在内的小城镇，并把一些条件较好的大中城市和中心城市作为重点发展对象；作为国内首次使用"城镇化"概念的学者，辜胜阻（1991）认为，经济发展过程中农村人口不断向城镇地区集中的过程就是城镇化。钟荣魁（1994）、甄峰（1998）分别对城乡一体化进行研究，只是观点各异。钟荣魁认为城乡一体化作为计划经济发展模式下的地方保护主义发展模式，最终只会造成城乡低层次平衡发展的局面，而甄峰则认为城乡一体化并不是钟荣魁所认为的城乡绝对一样化和城乡的绝对平均化，其认为城乡一体化应该是中国城镇发展模式的必然选择。崔功豪、马润潮（1999）认为城镇化的实质内容是乡镇企业发展、劳动力转化和小城镇建设，这三者的发生、发展和变化受资金、政策和地方社会政府等因素决定。张敦富等（2000）认为，城市化涵盖的范围非常广泛，除了人口在城市的集中以及城市的景观建设等显性城市化以外，还包括城市文化、生活方式以及价值观念对农村的影响和扩散等隐性城市化过程。顾朝林等（2000）认为，城市化除了人口在城市的聚集之外，还包括城镇建设用地的利用和城市建设水平的提高以及城市居民生活方式和思想观念对农村的辐射和影响。国内学者周一星（1982）通过对137个国家和地区的城市化水平和人均GDP进行数学分析，认为城市化水平和人均GDP之间存在对数曲线关系，进而得出结论，认为经济水平是影响城市化水平众多因素中的重要因素；其后，周一星和孟延春（2000）等继续就城市体系发展道路进行研究，认为城市化应该是包含大中小各级城镇在内的多元多体系发展模式，并不存在统一的能被普遍接受的最佳城市规模；其后，陈彦光、周一星（2005）在Logistic模型理论分析的基础上，借助城市系统指数模型对 Northam 曲线进行修正和完善，并将城市化过程划分为初期、加速、减速以及后期四个发展阶段。上述结论是对钱纳里学说和 Northam 曲线的进一步延伸和演进，说明两个理论成果是城市化进程中普遍存在的规律，该结论也被我国学术界陈秉钊（2001）、仇保兴（2002）、汪光熹①（2003）大量引用。

（2）在城镇化的动力机制方面：宁越敏（1998）、张鸿雁（2000）先后对城镇化的机制进行研究，宁越敏从政府、企业、个人三个方面探讨了城镇化的动力机制与特点，张鸿雁认为城市社会中的生活方式选择、生活压力竞争、文化积累、科技创新等多重压力机制是由于城市和农村的结构关系不同而造成的，这些压力机制直接形成了城市化的动力技术。刘传江（1999）采用比较分析法，对全世界各国家和地区的城镇化发展情况作了比较研究之后得出结论：产业结构的非农化转换、不同产业及地域间经济要素的流动、相应的制度安排、创新体制机制是城市化发展的决定性因素。杨万江、蔡红辉（2010）根据既有文献从不同视角对城镇化的研究成果进行了归类，认为城镇化动力机制包括主体行为、产业结构转换、制度以及比较利益等多种机制。翟顺河、郭文炯、景普秋等（2010）认为从城镇化的推力和拉力视角进行分析，要素供给推动、产品需求拉动、产业结构变迁推动、收入提高与经济增长拉动四要素是城镇化发展的动力。

（3）在城镇化发展水平研究方面：国内很多学者对中国的城市化水平进行了考察。王小鲁、夏小林（1999）通过建立计量经济模型对城市的规模收益进行分析，得到和美国布朗大学的经济学家相同的结论，即城市的规模收益存在一个最佳规模范围（100万～400万人的大城市），在此规模范围内的城市其净规模收益最高，此规模范围之外的城市净规模收益均会下降。同年，邓宇鹏（1999）认为中国目前的城镇化水平并不滞后，他认为中国工业总产值中有很大一部分是由转移到城镇的农村剩余劳动力创造的，在进行城镇化率的衡量时，应该将这部分农村剩余劳动力在农村供养的家庭人口也计入城镇人口才是真正的城镇化率，由此邓宇鹏认为中国目前存在隐性的超城镇化。叶裕民和黄壬侠（2004）以中国1997年的数据为基础，以发展水平相近的其他国家城市化水平为依据，通过计算认为与人均 GDP 相当的国家或地区城市化水平相比，中国1997年的城市化水平低了12.4个百分点。王小鲁（2010）认为和新型工业化、经济发展水平、世

---

① 汪光焘在2003年的全国建设工作会议上的报告《深化住房改革，促进住房建设，全面提高城乡居民居住水平》中提到文中观点。

界上发展程度相同的国家城市化水平以及钱纳里的世界标准模型相比,中国的城市化均显滞后。国家统计局(2012)出示的我国第六次人口普查结果显示,和发达国家75%的城市化水平相比,我国城镇化率仅为51.27%,整体水平偏低。

(4)在人口城市化的动因及障碍方面:国内经济学者高国力(1995)、朱农(2005)研究劳动力迁移问题时,认为城乡收入差距、农村相对贫困、经济一体化等是劳动力迁移的主要影响因素;蔡昉(2008)主要从制度层面研究制度对农村劳动力转移决策的影响。厉以宁(2001)认为经济发展中各行业对劳动力的吸纳能力以及转移至城市的农村劳动力均会对城市就业产生影响,即就业结构和产业结构之间存在相关关系,并通过投入产出模型予以证实;朱力(2002)、吴兴陆和亓名杰(2005)等主要从社会文化视角出发,分析农村劳动力城乡迁移中文化背景以及社会习惯等的影响;李晓春和马轶群(2004)认为户籍制度是中国城乡流动最为突出的制度障碍,它不仅对推拉发生一般的影响,而且还使得推拉失去效力。朱农(2005)基于刘易斯模型分析劳动力流动过程中的地域流动和职业流动,认为在解决农村现有的剩余劳动力就业途径中,人口城市化成为主要解决方式。杨宜勇等(2005)对人口城市化和就业之间的动态相关关系进行分析,认为人口城市化对解决中国目前的就业压力具有重要意义。赵耀辉(1999)、都阳(2001)、程名望等(2006)、刘学军和赵耀辉(2009)分析了教育程度、婚姻状况、年龄、性别等个人特征对人口城市化与农村劳动力迁移的影响。顾建平(2003)通过对农村剩余劳动力和隐性失业率的估算论证了农村劳动力向城镇流动的必要性。刘丽(2007)认为我国农业剩余劳动力转移分为两个阶段。就地转移阶段和产业间转移与地域间转移相结合阶段,随着农业剩余劳动力在这两个阶段的逐步转移,城乡二元化消失,农业实现商业化,农业剩余劳动力转移全部完成。

(5)在新型城镇化研究方面:随着中国城镇化的快速发展,多年来只重速度不重质量的粗放发展模式产生了一系列的社会问题。在此背景下,很多学者提出了新型城镇化的概念,认为中国未来应该走新型城镇化道路。林燕(2007),李海龙和于立(2011),耿明斋(2012),王峰玉和郑军(2012),李学杰(2012),邵安兆(2012),刘畅、李新阳和杭小强(2012)等学者主要从城市的空间规划和布局方面进行研究试图改善城市质量。

---

① 参见《中国2010年人口普查资料》,中国统计出版社2012年版。

2. 工业化、农业现代化和信息化方面的相关研究

吴敬琏（1998）认为中国经济并非必须经过"重化工业化"阶段。龚唯平（2001）从工业化定义之争入题，逐步展开返本开新的理论思考，通过对现代流行的工业化理论进行比较和反思，确立马克思的学说为工业化研究的理论基石，并结合当代世界经济与科技的发展，揭示了工业化范畴丰富多彩的内在规定性。"工业化与城市化协调发展研究"课题组（2002）认为服务业的滞后发展影响了工业化的进程，导致工业化和城镇化发展非同步。姚战琪和夏杰长（2005）主要分析了中国城镇产业结构变动中的劳动就业效应。程红莉（2006）分析了产业结构和就业结构之间的偏差对就业水平的影响。金碚等（2010）认为，产业重量不重质的粗放发展模式是我国产业结构出现问题的主要原因。钟陈和陈苏丽（2012）提出了工业化的两个衡量公式。国家发改委宏观经济研究院课题组（2010）认为工业发展过度集中于生产和制造的中低端是中国产业结构问题的主要表现。张律律（2011）提出应该由政府发挥主导作用改善各项软硬件设施，促进工业化发展，带动城镇化质量水平的提升。

3. "四化同步"发展的相关研究

（1）城镇化和工业化之间的关系研究方面：饶会林（1999）最早对工业发展和城市经济发展之间的关系进行研究，提出城市经济发展机制的概念。朱铁臻（2000）、郭克莎（2000）分别从国际经验出发分析了城镇化和工业化两者的关系，以及从工业化发展的不同阶段来进行两者之间关系的分析。李培祥和李诚固（2003）将城市化与产业结构调整互动分为产业结构以传统产业为主的城市化初始阶段、人口向城市迅速集聚和城市数量迅速增加以及第二产业在GDP中所占比重最大的城市化加速阶段、城市人口比重增长趋缓甚至停滞导致产业结构中第三产业处于主导地位的城市化终极阶段共三个阶段。姜爱林（2004），叶裕民和黄壬侠（2004），袁奇、易晓峰和王雪等（2005），徐维祥等（2005），吕政和黄群慧（2005）等学者主要对城镇化和工业化两者之间的关系进行分析，认为两者之间存在正相关关系，同时存在发展不一致现象。简新华、张国胜（2007）提出我国工业化与城镇化协调发展存在农民非农化、农地非农化问题等诸多问题。罗文章（2005）、马春文和张东辉（2005）、赵伟（2010）、梁小青（2009）、蒋贵凰（2009）、杨敬年（2009）、孙久文和彭薇（2009）、王建军和吴志强（2009）等学者从城镇化和工业化两者发展的不同阶段为研究的切入点，研究发展的不同

阶段中城镇化和工业化之间的关系。吉亚辉和祝凤文（2010）认为工业化发展中服务业或第三产业的兴起是城镇化发展的重要标志。侯小卫（2011）对我国东、中、西部以及东北部四大区域的工业化和城镇化协调关系进行测算，认为四大区域或存在城镇化相对滞后或存在工业化相对滞后的问题，均须采取措施进行"两化"的协调发展。

（2）城镇化、工业化和农业现代化之间的关系研究：辜胜阻、简新华（1994）及蔡孝箴（1998）等学者最早从各产业部门就业结构出发对"三化"进行研究和分析，认为三者之间基本上呈正相关关系。谢文慧等（1995）、林毅夫（2002）认为三者之间存在互为动力的相辅相成的关系，想要促进农业现代化的发展，首先必须保证工业化和城镇化的大力发展。许毅和柳文（2004）、朱四海和熊本国（2005）、柯炳生（2005）、罗卫国（2005）、厉以宁（2006）、周立群和许清正（2007）等学者认为在"三化"发展的进程中，农业现代化为了支持工业化和城镇化的发展导致自身的发展远远滞后，需要工业化和城镇化在发展的过程中反哺农业，促进农业现代化的发展。林高榜（2007）、李国平（2008）、许秀川和王钊（2008）分别对"三化"之间的关系通过建立收集数据、建立数理模型进行了实证研究，得到三者之间的互动关系以及互动程度。孙政才（2009），崔永军和郭庆海（2010），夏春萍和路万忠（2010），李芯、魏荣华和孟庆红（2008），李扬扬（2011），夏春萍和刘文清（2012），陈志峰等（2012）以及曹俊杰（2012）认为三者互动发展的内在逻辑关系清晰，互相影响协调统一发展。王贝（2011），徐大伟等（2012），吴先华、王志燕和雷刚（2010），张萌和曹令秋（2010），尹成杰（2010），张道刚（2011），董栓成（2011），姜会明和王振华（2012），谢杰（2012），宋洪远和赵海（2012）等学者分别采用各类数学分析工具，从不同区域的视角或者从历年来"三化同步"关系的视角进行研究，认为"三化"存在相关关系，但是可能存在不同步现象，需要从政策着手，促进"三化"统筹协调发展。

（3）"四化"之间的关系研究：关于新型工业化、信息化、新型城镇化、农业现代化"四化"之间的关系研究开始较晚。张新光（2008）认为随着工业化、城市化的发展科技创新得到发展，同时科技创新反过来促进农业现代化、工业化和城镇化的发展。吴扬、王振波、徐建刚（2008）提出，世界产业结构及产业布局随着第四次科技革命表现出极大的灵活性和分散性。俞立平（2011）指出信息化正逐步成为引领社会发展的先进生产力。周罡（2011），朱月华和段兆广（2011），马云泽（2004）等指出随着经济、社会、文化、产业、观念的发展，影响产业布局的要素已经发生了根本性的变化。

杨仁发和李亚云（2007）、周旭霞（2006）认为新型工业化进程中技术创新是产业融合的内在动力，而政策支持是外部动力。刘瑾等（2012）认为高新区迫切需要新的发展模式及规划策略以推动高新区的进一步发展。

二、产城融合发展的相关研究

（一）国外相关研究

产城融合作为近年来由党和政府首先提出，国内学者随后进行研究的一个热点概念，在国外并没有一个完全确切的产城融合的提法。当然，根据本书前述对产城融合的概念定义，可以知道国外对于产城融合的相关研究分别散见于城镇化、工业化等的相关研究中。即对于产城融合思想的相关研究在很早以前就已经出现。像早期的城市功能分区思想，就是按功能要求将城市中各种物质要素，如工厂、仓库、住宅等进行分区布置，组成一个互相联系、布局合理的有机整体。第二次世界大战以后，一些欧美国家对重建被战争破坏的城市和新建城市基本上是按照合理的功能分区原则来规划和建设的。生产地域综合体思想于1948年由当时苏联经济地理学家提出，起初作为社会主义社会生产力的空间组织形态传入中国，而后于20世纪60年代被介绍到欧美等西方国家。到了20世纪70年代，美国郊区化趋于成熟，出现了"边缘城市"，即位于原中心城市周围郊区发展起来的商业、就业与居住中心。随着城镇化研究的深入，很多专家、学者指出，城市的空间布局是具有结构性的（Dobkin & Ioannides，2001），单个城市、超大城市、城市体系的构建与发展不是孤立的，应是有客观规律的。著名城市经济学家弗农·亨德森（Henderson，2007）指出，如果一些地级城市的规模扩大一倍，可以使其单位劳动力的实际产出增长20%～35%。可以认为，以上这些理论与实践是国外早期关于"产城融合"的研究内容。

（二）国内相关研究

直到最近几年，学者们才将"产城融合"作为一个明确的概念提出，随后在学术界引起广泛重视和研究讨论，学者们从不同的视角对其进行了研究，提出了各自的观点。

1. 产城融合的概念与内涵研究

林华（2011）认为，产城融合的首要目标是城镇中居住与就业的融合，应该通过产业结构的调整优化促进城镇的建设。陈云（2011）认为产城融合的主要研究对象应该集中于相对独立的新城建设。李文彬、陈浩（2012）认为产城融合应该从人、功能和结构三个方面进行分析，目标是实现产业和城镇相互融合发展。肖林、马海倩等（2012）认为，应该从人的需求在合理的空间结构中优化配置出发，对产业及各类上或生产要素合理空间配置，实现产业发展与城市功能的融合联动。刘瑾、耿谦、王艳（2012）将产城融合界定为"以产促城，以城兴产，产城融合"的城市发展模式。李学杰（2012）认为产城融合主要体现的是城市协调可持续发展的理念。许健、刘璇（2012）认为"产城融合"的内涵是城市核心功能提升、空间结构优化、城乡一体化发展、社会人文生态的协调发展。蒋宵宵（2013）认为，产城融合是指产业与城市的融合发展。

2. 产城融合的评价方法研究

陈家祥（2006），黄鲁成、张淑谦和王吉武（2007）针对我国国家高新区的产城融合，分别从科技创新的视角和生态学的角度构建了系列评价指标体系。赵艳（2007）基于模糊综合评价理论，认为用模糊数学来评价产城融合度操作难度大，结论也相对模糊。解鸿年（2008）用问卷调查的方法研究了新竹科学工业园区的产城融合发展情况。高纲彪（2011）在综合了经济、政策、空间、环境等多方面多指标的基础上，通过层次分析法和专家打分法对产城融合度进行评价，形成了产城融合评价体系的初步框架。苏林、郭兵和李雪（2013）在对高新区产城融合进行评价时，从经济、创新、城镇化及园区配套出发建立了73个指标在内的评价体系。王霞、苏林等（2013）在对高新区进行产城融合评价时，通过因子分析和聚类分析相结合的方法将我国28个主要高新区分为四个等级。王菲（2013）构建了包括产业化水平和城市化水平在内的产业集聚区产城融合度评价指标体系，通过实证分析将产业集聚区分为四种类型。唐晓宏（2014）利用灰色理论对上海市的五个代表性开发区进行了产城融合度评价。

3. 产城融合的动力机制研究

邓伟根等（2004）从产业园区和城镇的关系入手，认为两者应该深度融合，着重分析了产业园区和城镇融合的动力机制。周旭霞（2006）、杨仁发和李亚云（2007）通过分析发现技术创新和政策支持分别是产业融合进程中的内在压力和外部动力。陈仁君（2009）主要探讨了开发区空间生长、转型、空间整合等方面的动力机制。王雄昌（2010）认为外部拉力、内部推力及耦合的相互作用力是区域经济协调发展和区域一体化的促进力。袁新国（2010）从政府、区位、产业升级等视角出发探讨了开发区再开发的动力机制。

李后强、廖祖君（2012）认为工业园区在建设过程中应该和城镇建设齐头并进，实现整体分工合理布局，建立"产城一体"的规划体系。

牟仁艳、解佳龙、胡树华（2011）从创新自主力、国际竞争力、效益贡献三方面建立了国家高新区的非均衡发展评价体系。王霞、苏林等（2013）等分析了高新区产城融合的互动机制及影响因素，结合城市子系统理论，引入了产城融合度分离系数，利用因子分析及熵值法对国家高新区产城融合度进行了实证研究。孙红军、李红、马云鹏（2014）用系统论的分析方法对产城融合进行了规范解释，从系统、要素、结构、功能四个层面对其进行了内涵界定和外延拓展。

4. 产城融合的路径及规划思路研究

刘晨宇和袁媛（2011）从空间规划、技术支持及制度层面出发，以河南省平舆县产业集聚区为例探索了产城融合的发展理念。林华（2011）结合青浦新城实际案例，提出青浦新城实现产城融合的具体途径。王新涛（2011）主要针对小城镇产业选择与培育进行了探讨，认为小城镇也应该做到产业和城镇发展一体化。刘畅、李新阳、杭小强（2012）认为应该分步骤有秩序地采取措施使功能单一的产业区逐步实现产城融合。王峰玉、郑军（2012）从产业发展、园区功能、空间布局、环境建设等角度出发，提出产城融合发展的规划思路。邵安兆（2012）、蓝菲（2012）、李芳等（2013）、魏祖民（2013）、潘斌和陆嘉（2013）等学者分别通过对洛阳市伊滨区、四川、辽阳太子河、宁波以及上海郊区新城等区域或园区的产城融合进行实际分析，结合当地的现状和特点，提出产城融合的发展对策。

三、文献述评

综上所述，关于"四化同步"的相关研究，城镇化、工业化在学术界已经有着很长时间的研究和讨论，两者之间关系的研究分析也由来已久。然而，新型工业化、信息化、新型城镇化、农业现代化"四化"作为学术研究范畴是在最近几年才受到了国内学者的广泛关注，学术界从新型工业化、信息化、新型城镇化、农业现代化"四化"的某"两化"之间关系研究、某"三化"之间关系研究以及"四化"之间关系研究进行了一系列研究，取得了丰富的研究成果。同时，产城融合作为一个学术概念也是在最近几年才受到了国内学者的广泛关注，

第一章 导论

学术界从产城融合的概念、内涵、评价方法、动力机制及规划思路等方面进行了一系列研究，同样取得了较为丰富的成果。尽管如此，现有的文献成果中对下述问题的研究仍略显不足。

（1）从前述文献综述可以看出，"四化"发展的进程中，某"两化"之间的关系研究和某"三化"之间的关系研究比较多，但是也仅限于新型工业化和新型城镇化之间的关系研究、新型工业化和农业现代化以及新型城镇化之间的关系研究等范围，具体到把目前各国都极为看重的信息化进程纳入研究范围来看，相关的研究就显得较为欠缺。在当今信息化水平直接决定一个国家综合国力的时代，把信息化纳入研究范围就显得尤为重要和必要。现有文献在把信息化纳入研究范围对"四化同步"发展所进行的研究方面显得较为缺乏，应该深入分析研究。

（2）在现有为数不多的"四化同步"发展相关研究文献中，所用的评价指标和评价方法较为单一。在对"四化"水平进行衡量时，较多地使用某单一指标，比如用农业总产值或农业人均总产值来衡量农业现代化水平，用从事科研活动人员人均科研活动经费来衡量信息化水平，用人均工业总产值来衡量工业化水平，用非农人口比重来衡量城镇化水平。实际上，在"四化"发展过程中，想要对新型工业化、信息化、新型城镇化、农业现代化的发展水平做一个确切的评价，需要对"四化"中的每一化均设立一系列完整的全方位评价指标，才能保证最终评价结果的科学性和可靠性，然而现有文献在这个方面做得还明显不够。

（3）在对产城融合进行研究的过程中，在产城融合的概念和内涵方面，不同的学者有不同的看法。有些学者将研究目标定位于以产业区建设促进新城发展；有些学者认为产业和城市应当共进退；有些学者认为产城融合是一项城市发展的系统工程，在空间上既要做到合理布局，也要兼顾各个影响要素。总之，学术界对产城融合概念内涵的理解众说纷纭，目前为止没有一个完全一致的观点，应对产城融合这一概念继续研究，争取能够制定出一个科学的、统一的标准。

（4）在对产城融合进行研究的过程中，现有文献几乎均把重点放在收集数据然后进行实证研究的思路方面，现有文献鲜有建立理论模型从理论上进行产城融合的机制探讨，这样就使得对于产城融合的研究缺乏理论支撑。

（5）在产城融合的评价体系方面，目前直接研究产城融合评价的文献比较少，且评价所用的指标数据较为单一。另外产城融合需要因地制宜、因时制宜地评价，也增加了构建统一评价体系的难度。应该结合全国的实际情况，制定出一套评价产城融合程度的标准，而且不同地区可以根据不同情况对评价标准加以调整。

（6）在产城融合的地域研究对象方面，现有的研究成果多集中在城市新区，缺乏对区域层面产城融合的研究。应该借鉴国外有关产城融合的成功案例及理论，灵活运用于我国的产城融合规划，加强区域层面产城融合的研究，力求在更大的区域层面更好地实现产城融合。

综上，本书拟从上述几点不足出发进行研究，首先在产城融合的研究过程中，分析"四化同步"发展互相影响的理论机制，建立一个"四化同步"进程中产城融合发展的理论模型；其次在理论模型指导下，尽可能设定比较完整的评价指标体系进行后续的实证分析研究，以尽可能对中国未来经济发展进程中的产城融合研究在理论拓展和实践研究方面做出自己的一点贡献。

第三节 研究思路与方法

一、基本研究思路

研究过程中，本书的主要分析思路如下：

（1）将产城融合的主要内容分为人口、空间、经济三个维度（见图1-1），这三个维度分别对应人、城镇、产业三个研究对象。

对这三个研究对象两两之间的关系逐一分析：

1）人和城镇之间的关系主要分析人口城市化、市民化，要想实现国家层面制定的城镇化目标，农村的乡城转移人口应该要达到相应的数量予以配合。此部分拟对两部门生产函数中农村的生产函数进行拓展，将农业人口乡城转移进程中的主要指标要素农业现代化、信息化、农业人口的素质、性别等分别引入公式，分析各要素在农业人口乡城转移进程中的影响方向，据此得出理论上的结论。

2）人和产业之间的关系主要基于就业结构和产业结构相协调进行，即各产业发展所需的劳动力数量和实际的供给相匹配。在产城融合的思路下，尤其注重分析农业释放的剩余劳动力和非农产业发展所需的劳动力缺口相互协调。此部分拟对非农产业和农村的生产函数分别进行拓展，将农业所需人口和非农产业所需人口计算过程中的主要指标要素即新型工业化、信息化、农业现代化等各类下的细分指标分别引入公式，分析各要素在农业释放的剩余劳动力和非农产业发展所需的劳动力缺口相互协调过程中的影响方向，据此得出理论上的结论。

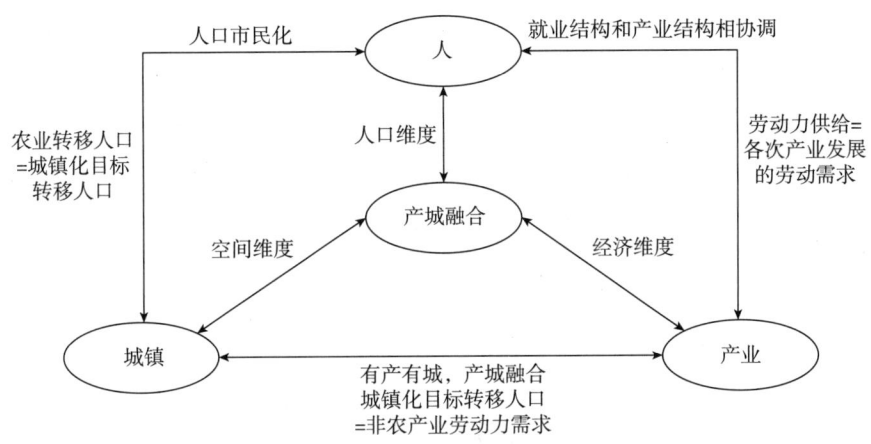

图1-1 产城融合的三个研究维度

资料来源：笔者绘制。

3）城镇和产业之间的关系主要关注城镇的规划和发展与当地的产业发展相适应，在城镇化和产业发展过程中，尽量避免有产无城、有城无产等失调现象。

4）人、城镇和产业三者之间的关系主要通过劳动力作为中介进行研究，将前述1）和2）的结论进行综合把三者联系起来，在研究过程中不仅限于劳动力这个要素。在对人、城镇和产业三个研究对象的研究内容进行具化以后，在前述已有新型工业化、信息化和农业现代化的基础上，引入新型城镇化，建立一个包含"四化"在内的"四化同步"进程中的产城融合发展经济学理论模型。形成的理论模型中，对于所包含的"四化"具体又有多个细分的研究对象和研究指标。比如：在分析人的过程中包括农业人口的素质、观念、受教育年限、性别比例等。城镇的分析过程中包括城镇的空间规划、政府的政策措施、道路交通的硬件设施、生态环境、公共设施配套等。产业的分析过程中包括三次产业的发展比重、产业政策、产业布局规划、产业体系构建、优化升级等。综上，以劳动力为中介进行的分析实际上囊括了上述"四化"发展中的方方面面。当然，鉴于篇幅所限和能力所限，在分析时会根据相关理论和实证研究分析结果有针对性地选择其中几个作为重点。

5）上述图1-1中产城融合的研究思路通过人、城镇、产业三个研究对象分别对三个维度人口、空间、经济进行分析，分析过程包含了对"四化"的分析在内。在"四化同步"发展的背景下对于产城融合的研究过程中,相比起农业现代化和信息化的发展,新型工业化和新型城镇化的发展居于基础性地位,通过新型工业化和新型城镇化的深度融合同步发展,对农业现代化和信息化的发展起到一个良好的正向促进作用,同时有助于从人口、空间和经济角度改进和提高产城融合度。

(2) 在上述分析基础上,引入新型工业化、信息化、新型城镇化、农业现代化同步发展进程中的产城融合分析。

1) 农业现代化、信息化和新型城镇化之间的分析是对前述人和城镇之间关系分析的细化和深入。

2) 新型工业化、信息化和新型城镇化之间的分析是对前述人和产业之间关系分析的细化和深入。

3) 新型工业化、信息化、农业现代化和新型城镇化之间的分析是对前述人、城镇和产业之间关系综合分析的细化和深入。

4) 分析过程中,新型工业化和新型城镇化的分析是基础,两者的深度融合发展是前提,在此基础上,结合另外两化进行产城融合的深度分析。

(3) 最后拟达到的成果:

1) 在上述分析基础上,尝试建立一个"四化同步"进程中的产城融合经济学模型。通过对得到的公式求一阶导数等数学手段分析,可以知道在产城融合研究过程中,新型工业化、信息化、新型城镇化、农业现代化这"四化"每一项下的具体指标中哪些指标对产城融合是正向影响关系,哪些指标是负向影响关系,由此通过理论上的公式进一步得到理论意义和现实意义。

2) 尝试将新型工业化、信息化、新型城镇化、农业现代化放在一个大系统下进行产城融合发展过程中"四化"相互两两之间关系互动的理论及实证研究。其相互之间作用机制,即"四化"在产城融合发展过程中的作用机制具体如图1-2所示。根据1)中经济学公式进一步建立"四化同步"进程中下产城融合评价分析的数学模型及相应的评价方法,通过收集数据进行实证研究验证1)中经济学公式的正确性及适应性。

3) 拟得到的最终结论是通过1)中经济学公式把新型工业化、信息化、新型城镇化、农业现代化这"四化"首次融合进一个"四化同步"进程中的产城融合经济学模型,再通过"四化"下的具体指标分析想要在未来某个特定时间点比如2020年(该年限提出的依据参见国家发布的文件《国家新型城镇化规划(2014—2020)》)达到国家层面提出的新型城镇化目标,那么届时中国的农业现代化应该达到什么水平,现在又是什么水平,根据预测届时能否达到所需水平,存在多大的差距,应该采取什么措施以在一定程度上确保届时中国的农业现代化会达到所需的水平。同样,为了在未来某个特定时间点达到国家层面提出的新型城镇化目标,那么届时中国的工业化、信息化应该达到什么水平,现在又是什么水平,根据预测届时能否达到所需水平,存在多大的差距,应该采取什么措施以在一定程度上确保届时中国的农业现代化会达到所需的水平。通过上述分析将新型工业化、信息化、新型城镇化、农业现代化在实践中进行融合,在确保"四化同步"发展的大背景下,达到产城融合协调发展,促进中国未来经济持续健康发展的最终目标。

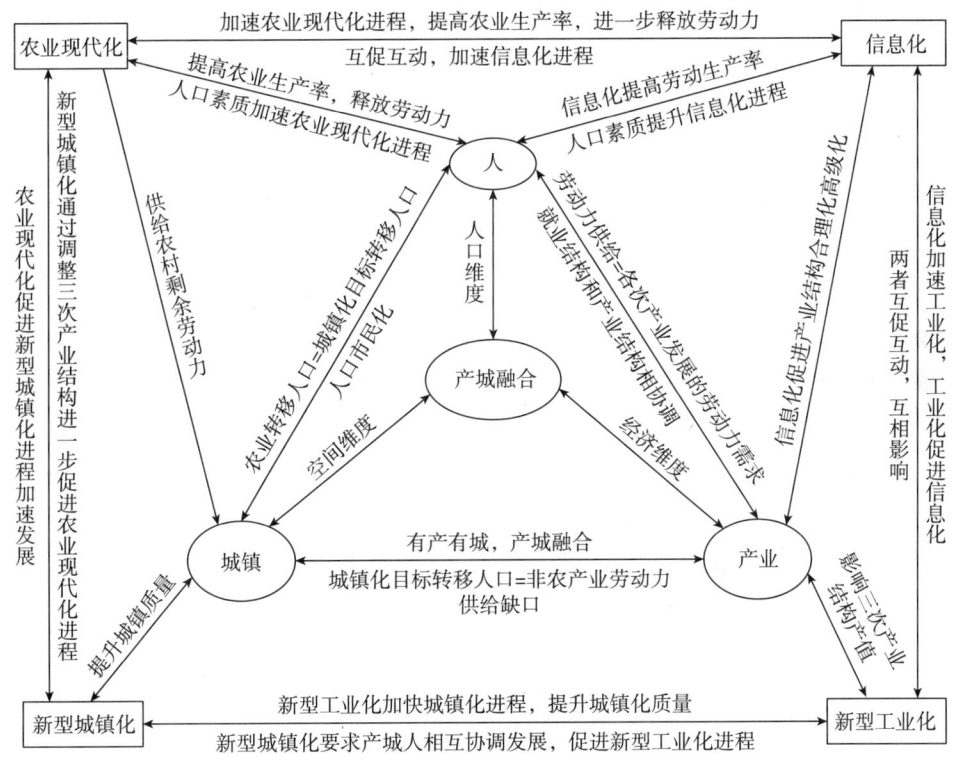

图1-2 产城融合理论机制

资料来源:笔者绘制。

二、主要研究方法

（1）理论研究方法：通过传统与现代检索方法收集相关研究文献，探讨并推演出在"四化同步"进程中的产城融合概念界定、内涵拓展及理论模型。

（2）定性与定量相结合：经济发展进程中"四化同步"对于产城融合研究过程中的概念界定及内涵拓展主要为定性方法，对其理论模型的推导及产城融合度的评价体系则以定量为主。其中定量分析法主要包括两部门的生产函数、托达罗的人口乡城迁移模型、VAR模型中的格兰杰因果检验和脉冲响应函数以及方差分解模型、主成分分析法等。

（3）实地调研：本书完成过程中，拟采用传统的社会学调查方法，深入走访多个高科技工业园区、经济开发园区、不锈钢生态工业园区、有关政府部门、统计局等部门，通过座谈、重点访谈等方式开展实地调研，获取有关资料和数据。

（4）多学科交叉的研究方法：作者拟结合经济学、人口学、产业组织学、城市经济学、产业经济学、管理学、统计学、系统工程学等多学科，从新型工业化、信息化、新型城镇化、农业现代化"四化同步"的视角出发，利用经济学理论模型、统计学相关回归和预测模型、VAR模型中的格兰杰因果检验、脉冲响应函数、方差分解模型及主成分分析法等多种研究方法和工具，分析未来经济发展进程中产城融合的影响因素、动力机制、评价模型等，对产城融合度进行预测、评价，总结这一过程中可能存在的问题，并对问题的解决提出可行的建议。

第四节　主要创新点及未来研究计划

一、主要创新点

（一）对研究对象在概念界定及内涵上的进一步完善和拓展

"产城融合"这一概念的提法是最近几年由党中央和政府提出以后才在学术界成为热点，在最近两三年被学术界屡屡提及并进行研究。迄今为止，关于产城融合的概念定义及内涵，学术界从各个角度进行了探索，但仍然没有一个普遍意义上的定义。

本书从"四化同步"发展的大背景出发,深入探讨分析新型工业化、信息化、新型城镇化、农业现代化在产城融合中的地位和作用,在此基础上给出"四化同步"进程中产城融合的具体定义——产城融合是指在新型工业化、信息化、新型城镇化和农业现代化"四化同步"发展的进程中,通过"四化"互促互进协调发展,达到经济发展中产业结构合理,城镇产业布局优化,城镇各项服务配套设施完善,真正做到各次产业和城镇互相支撑、互相依托、相互匹配,实现经济发展进程中"四化同步"协调产城互动的发展模式,对其在概念及内涵上进行进一步完善,同时也对笔者的主要研究内容从概念上进行一个界定。

(二)"四化同步"发展背景下产城融合经济学理论模型的构建

在文献综述中已经提到,在对产城融合进行研究的过程中,现有文献几乎均把重点放在收集数据然后进行实证研究的思路,现有文献鲜有建立理论模型从理论上进行产城融合的机制探讨,这样就使得对于产城融合的研究缺乏理论支撑。

基于上述研究欠缺和不足,本书拟在现有经济学理论模型的基础上,将新型工业化、信息化、新型城镇化、农业现代化及产城融合等作为变量引入现有的农业部门、非农业部门生产函数以及托达罗关于人口乡城迁移的理论模型,经过综合以后建立一个基于"四化同步"发展大背景下的产城融合经济学理论模型。

后续研究中拟针对构建好的产城融合经济学理论模型进行系列数学推导过程,分析理论模型中包含的各变量对于产城融合影响的正反向关系,在此理论模型以及理论模型推导结果指导下进行后续的实证分析。理论模型和实证结果互相印证,既可以检验理论模型的适用性,又可以对本研究内容在未来的深入研究提供理论指导。

(三)针对产城融合中的两个典型问题——"空城"和"空转"——进行的理论分析和探讨

"空城"和"空转"问题在已有的文献中也多有提及和研究,不过现有文献均是从实际案例出发进行实证分析,缺乏对"空城"和"空转"的深入理论分析。作者根据建立的产城融合经济学理论模型对这两个典型问题从人口、经济和空间三个视角进行理论上的分析,认为"空城"和"空转"均是城镇化发展过程中和产业发展在结构以及空间配置方面不均衡所导致的,认为城镇化和工业化发展应该在人、经济、空间三个维度深度融合,才能在一定程度上解决"空城"

和"空转"的问题。

（四）区域层面产城融合评价指标体系及模型的构建

现有的研究中较多关注以高新区或城市新区为研究对象进行产城融合的研究，缺乏区域层面的整体研究，同时在评价过程中所用的评价指标数据较为单一。针对上述研究欠缺和不足，作者首先对理论模型中所包含的变量进行进一步细化，分为多个子变量对模型进行进一步的拓展和深化，以解决评价指标较为单一的问题；其次根据作者的第一个创新点——产城融合新定义中对产城融合的内容界定，在实证研究中将研究对象从目前较为集中的高新区或城市新区扩展到区域层面，力求建立一个区域层面的产城融合评价体系。

二、未来进一步研究计划

（1）在产城融合的研究过程中，本书第四章拟对新型工业化、信息化、新型城镇化、农业现代化"四化"在产城融合协调发展过程中的相互影响和互促互进关系进行实证研究。受到数据收集的限制，对新型工业化、信息化、新型城镇化、农业现代化这"四化"各自发展水平的界定和度量时拟采用一个学术界比较肯定的主要指标来进行数据的收集及相关分析。比如，考虑到新型工业化、信息化、新型城镇化、农业现代化"四化"定义的主要内涵，农业现代化水平的度量指标主要采用农业总产值/农业机械总动力来进行代表性的分析；新型工业化水平主要采用人均第二产业GDP来进行度量和分析；信息化主要采用从事科研活动人员人均R&D经费进行度量；新型城镇化仍旧采用传统的人口城镇化度量指标进行度量。

如果考虑到经济发展实际情况的话，上述新型工业化、信息化、新型城镇化、农业现代化各自在发展的过程中，影响的因素有很多。比如，在工业化发展过程中，工业的总产值、工业的就业人员比重、工业总产值在总GDP中的贡献率、居民人均可支配收入等指标均会影响工业化水平的度量；信息化发展过程中，从事科研活动的人员数量、R&D经费支出、科学研究和技术服务业总产出、信息传输软件及信息技术服务业总产出、人力资本投资、人均互联网消费支出、人均移动电话数量等指标均会影响对信息化水平的度量；未来经济发展进程中，人口城镇化、土地城镇化、城镇建设中人均道路面积、人均享有公交车辆、城镇人口密度等各项公用设施均会影响对新型城镇化发展水平以及发展质量的衡量和判断；农业现代化发展过程中，农业的总产出、农业就业人员、农业生产过程中的生产条件、农业生产过程中的农业机械总动力、水利条件、所用的机械化农具、半机械化农具等指标均会影响农业现代化水平的衡量。

在第四章,出于数据收集的因素考虑,采用前文所述的四个主要指标来进行新型工业化、信息化、新型城镇化、农业现代化"四化"发展过程中的 VAR 模型分析、格兰杰因果分析、脉冲响应分析以及方差分解分析。虽然只用主要指标进行分析并不影响最终的分析结果,但无论如何算是作者的局限之一。

未来后续研究中,拟采用更为全面的数据指标继续分析以得到更为可靠的研究结论。

(2)第五章中,对 1978 年以来中国经济发展过程中"四化同步"进程中的产城融合度进行分析,以及针对 2017 年全国各分地区在"四化同步"发展过程中的产城融合度进行度量时,考虑到了第四章分析中的指标单一的缺陷,采用了多达 30 个指标来进行评价和度量。然而,采用较多指标使得评价更为全面和可靠的同时,对评价所用的工具和方法也有更高的要求。作者主要采用主成分分析法进行分析,最终也得到了"四化同步"进程中中国历年来的产城融合度以及 2017 年全国分地区的产城融合度水平。然而,通过主成分分析法得到的最终结果并不能代表产城融合水平的真正数据结果。比如,通过主成分分析法对历年来的中国经济产城融合度进行分析,最终得到 1978 年的产城融合度为 -18.7103,2017 年的产城融合度水平为 37.01148。但是我们并不能得到结论说 2017 年的产城融合度就比 1978 年的产城融合度高 55.7218,也就是说,主成分的最终分析结果的确切数字并不能直接进行应用,但是可以用来进行分地区间产城融合度相对大小比较以及历年来产城融合度的变化趋势分析。

无论如何,不能用最终的数字结果来表示产城融合度的确切水平是主成分分析法的一个缺陷,目前并没有一个更好的工具解决该问题。所以,后续研究中拟继续研究各分析工具,争取找到一个更合适的工具来进行产城融合度的度量。

(3)本书对于产城融合度的实证研究是在文中对产城融合给予详细界定的情况下进行的,即界定产城融合的研究范围是在"四化同步"进程中针对一个区域内部的三次产业结构(即"产城融合"中的"产"的范围界定)的发展和该区域的城镇发展(即"产城融合"中"城"的范围界定)之间的协调互动关系研究,在此基础上,本书在实证研究中主要是分省份进行区域层面上的分析和研究。由于篇幅、时间和精力所限,没有对某一省份中各具体城市和城镇的产城融合发展差异进行分析研究,实际上一个特定省份内的不同城市或城镇在产城融合发展方面可能存在很大的差异,对其实际进程和影响因素进行全面剖析可能会得出更有价值的结论,这一点将在未来进行进一步的深入研究。

(4)本书在对"四化同步"进程中的产城融合进行分析研究时,主要是从人、经济和空间三个维度进行考察,主要对产城融合进行了静态分析。实际上从时间流动变化和空间演化的视角对产城融合进行动态考察,即在人、经济和空间三个考察维度的基础上再加入时间维度对产城融合进行四维分析研究会使得研究更有深度和价值,时间维度这一分析视角在本书的第五章对中国 1978~2017 年的产城融合度演化进行的实证研究中已经有所体现,只是缺乏对时间维度在理论层面上的研究和总结,这一点也将在未来继续深入研究和进一步完善。

第五节 本书的基本框架

一、技术路线

本书的技术路线如图 1-3 所示。

二、主要研究框架

针对笔者的主要研究内容,本书分八章进行研究分析:

第一章是全书的导论部分。本章的思路是:①介绍笔者选题的理论背景和现实背景、选题的目的和意义。②对笔者主要研究内容的国内外相关文献综述,在文献综述部分,主要分为针对新型工业化、信息化、新型城镇化、农业现代化"四化"各自发展中的研究进行文献综述;针对"四化同步"发展的相关研究进行的文献综述;产城融合的概念、内涵、评价体系、方法、动力机制、路径及规划思路等相关研究的文献综述共三部分。通过上述内容的国内外研究综述,发现现有文献研究成果中的不足,比如:a. "四化同步"发展的相关研究中,把信息化纳入研究范围对"四化同步"发展进行的研究方面较为缺乏;b. 现有"四化同步"发展相关研究文献中,所用的评价指标和评价方法较为单一,应该对"四化"中的每一"化"均设立一系列完整的全方位评价指标;c. 在对产城融合进行研究的过程中,在概念和内涵方面没有一个完全一致的观点,应制定出一个科学的、统一的标准;d. 现有文献多把重点放在收集数据然后进行实证研究的思路,鲜有建立理论模型从理论上进行产城融合的机制探讨,使得对于产城融合

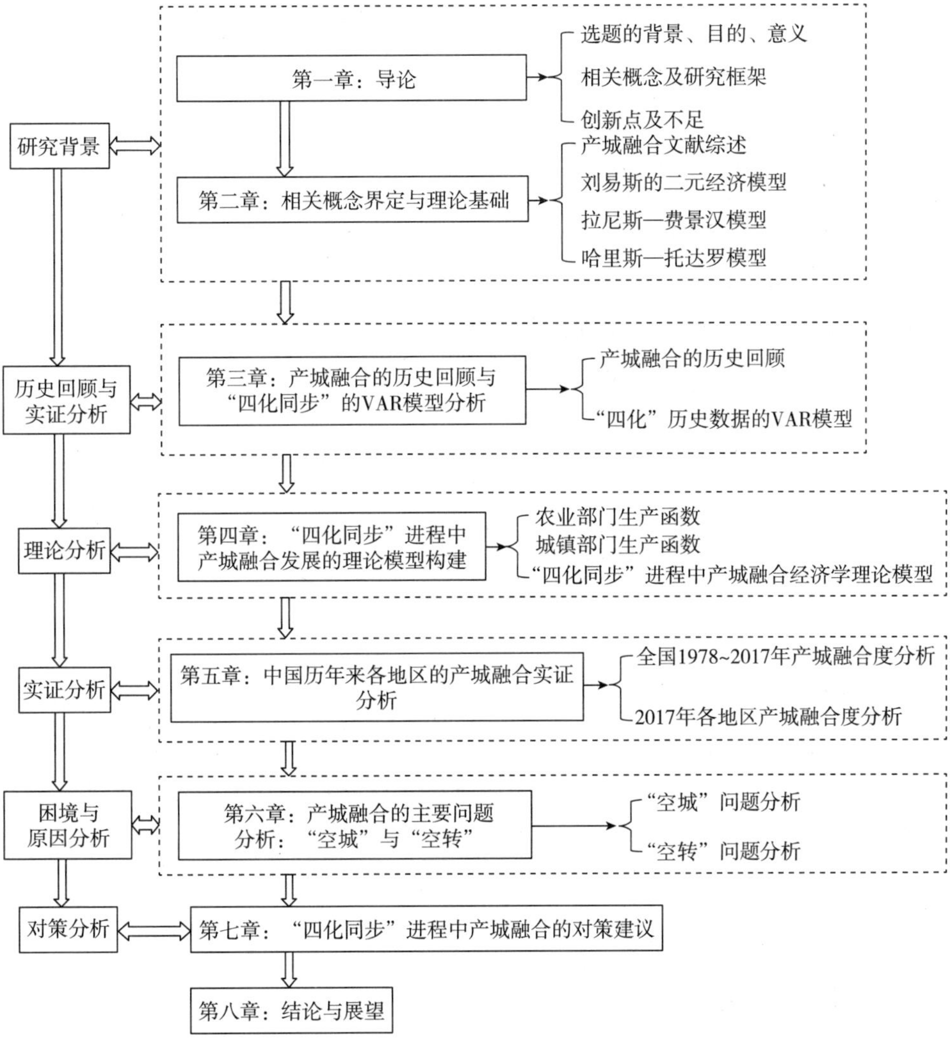

图1-3 技术路线

资料来源：笔者绘制。

的研究缺乏理论支撑；e. 在产城融合的评价体系方面，目前直接研究产城融合评价的文献比较少，且评价所用的指标数据较为单一；f. 在产城融合的地域研究对象方面，现有的研究成果多集中在城市新区，缺乏对区域层面产城融合的研究。③针对上述问题，得出作者的研究思路：在产城融合的研究过程中，分析"四化同步"发展互相影响的理论机制，在对产城融合作一个"四化同步"进程中的定义的基础上，建立一个"四化同步"进程中产城融合发展的理论模型；在理论模型指导下，尽可能设定一个比较完整的评价指标体系进行后续的实证分析研究。④接着提出本书的技术路线及主要研究框架。⑤最后展望一下笔者可能达到的预期成果、可能的创新点以及未来需要深入研究的笔者中预期没有过多涉及的一些不足之处。

第二章是相关概念界定与理论基础。本章的思路是：①介绍与主要研究内容密切相关的新型工业化、信息化、新型城镇化、农业现代化以及产城融合等相关概念的界定，此部分的重点是在以上相关概念介绍的基础上，考虑到笔者的主要研究内容，最终形成一个"四化同步"进程中产城融合的新定义，对后续的主要研究内容在概念上予以界定；②在相关理论介绍部分，主要介绍在"四化同步"发展以及产城融合中的相关理论，并对各理论在研究中国未来经济发展进程中产城融合问题的适用性进行探讨分析。

第三章是产城融合的历史回顾与"四化同步"的 VAR 模型分析。本章的思路是：①对新型工业化、信息化、新型城镇化、农业现代化"四化"的发展历程以及"四化"发展中的历年产城融合度发展历程进行历史回顾；②收集历年来的"四化"发展相关指标数据，对其进行 VAR 模型分析，考察"四化同步"发展过程中各自之间的相互格兰杰因果关系，通过方差分解模型和脉冲响应函数，分析"四化"发展中相互之间的影响关系以及影响程度，为后续分析提供实证基础。

第四章是对"四化同步"进程中产城融合发展的理论模型构建。本章的思路是：首先介绍柯布—道格拉斯生产函数并对其进行分析批判和拓展应用；在此基础上对柯布—道格拉斯生产函数进行有针对性的改进，形成包含新型工业化、信息化、新型城镇化、农业现代化"四化"在内的农业部门和城镇部门两部门生产函数；其次从人口视角、空间视角以及经济视角出发进行产城融合的研究思路分析；最后主要从人的视角出发根据所建立的包含"四化"在内的两部门生产函数建立产城融合发展经济学理论模型，并根据所建立的模型探讨"四化"各自对产城融合度发展过程中的影响方向，以对后续第五章、第六章的理论拓展分析和实证检验提供理论基础。

第五章是中国历年来各地区的产城融合实证分析。本章的思路是：①对本章要用到的主成分分析法从概念、特点、原理以及计算步骤等方面进行介绍；②在分析主成分分析法对笔者主要研究内容适用性的基础上，分别在"四化同步"进程中对 1978~2017 年的产城融合度以及 2017 年当年全国各地区的产城融合度进行实证分析，希望能将影响产城融合度的多个指标综合成少数几个主成分因子，为后续章节的原因和针对性的对策建议提供实证基础。

第六章是对产城融合的主要问题分析："空城"与"空转"。本章的思路是：①对"空城"和"空转"两种问题的具体表现形式进行了分类总结；②通过对第五章中建立的产城融合经济学理论公式进行多种形式的改进，对公式中不同发展状态下对产城融合可能造成的影响——"空城"还是"空转"——进行理论分析和探讨，主要从人、经济和功能三个视角分析了"空城"和"空转"的形成原因；在上述分析的基础上，给出了一些针对性的措施和政策建议，希望更好地解决城镇化发展中的"空城"和"空转"现象，达到"四化同步"发展进程中提高产城融合度的目的。

第七章是对"四化同步"进程中产城融合的对策建议。本章主要针对本书前几章中对"四化同步"进程中产城融合的理论分析、实证研究、现实困境与原因剖析的结果，有针对性地提出相应的对策建议，认为应该通过以下对策建议：如推动产业结构优化升级，促进产城融合深度发展；推动产业结构和就业结构进一步优化协调；以产业链延伸为导向进行多元化发展，促进产城融合；强化开发区和产业集聚区建设，促进产城融合；加快新型城镇化进程，促进产城深度融合发展，希望能够促进未来经济发展中"四化同步"协调发展以及产城融合度的提高，切实有效地促进经济持续健康发展。

第八章是结论与展望。对笔者的主要研究思路、方法、结论进行总结，针对笔者研究中的不足提出未来研究展望。

第二章 相关概念界定与理论基础

本章是相关概念的界定和相关理论的介绍。①介绍与主要研究内容密切相关的新型工业化、信息化、新型城镇化、农业现代化以及产城融合等相关概念在笔者方面界定,此部分的重点是在以上相关概念介绍的基础上,考虑到笔者的主要研究内容,最终形成一个"四化同步"进程中产城融合的新定义,对后续的主要研究内容在概念上予以界定;②在相关理论介绍部分,主要介绍在"四化同步"发展以及产城融合中密切相关的不平衡增长理论、主导部门理论、两基准理论、配第—克拉克定律、库兹涅茨人均收入影响论、主导产业扩散效应理论和经济增长阶段论、钱纳里工业化阶段理论、霍夫曼工业化经验法则、刘易斯的劳动力与两部门结构发展模型、拉尼斯—费景汉的城市化与二元经济模型、哈里斯—托达罗的乡城劳动力迁移与城市失业模型等理论,并对各理论在研究中国未来经济发展进程中产城融合问题的适用性进行探讨分析。

第一节 相关概念及定义

一、新型工业化、信息化、新型城镇化及农业现代化

(一) 工业化以及新型工业化

工业化指在一个国家和地区国民经济发展的过程中,工业在该国或该区域的整体经济中比重不断上升,逐步赶超农业,使得工业生产活动在经济发展中取得主导地位,成为经济主体的发展过程。通常被定义为产值比重(工业或第二产业产值在国民生产总值中比重）不断上升或者就业比重（工业就业人数在总就业人数中比重）不断上升，赶超农业相应指标，成为主导产业的过程。

工业化最早是在18世纪60年代的英国作为一种自发的社会现象出现并发展。当时，马克思在《资本论》第一卷（1975）中已经注意到了工业的生产形式，提到"现代工业从不把……生产过程的现存形式看成……最后的形式。因此，和以往的生产方式的技术基础是保守的不同，现代工业的技术基础是革命性的"。在其著作中，虽然马克思和恩格斯没有明确提出工业化的概念，但可以作为"工业化"一词的雏形对其进行深入分析和讨论。

中华人民共和国成立以后，随即开始了轰轰烈烈的工业化生产。同样，由于成立初期特殊的中国国情，三次产业均远远落后于西方国家，三次产业结构极不合理，国民生产总值极小，人均国民生产总值更是不值一提。这种情况下开始的工业化生产同样存在明显的贪多求快、只重速度不求质量和效益的粗放发展趋势。这种传统的粗放发展的工业化模式下，经过多年的发展，确实取得了一定的成绩。中国经济中的三次产业结构由1978年的27.9%∶47.6%∶24.55%发展为2017年的7.9%∶40.5%∶51.6%，三次产业结构明显合理化，第一产业产值比重大幅降低，由1978年的27.9%降低为2017年的7.9%，第三产业产值比重大幅上升，由1978年的24.5%上升为2017年的51.6%[①]。

虽然中国的工业化进程取得了一定的成绩，然而和同期城镇化的进程类似，前期的工业化更多地倾向于粗放发展，这种只重速度不讲质量和效益的发展模式产生了一系列问题。虽然产业结构和1978年或者1949年的产业结构相比，合理化程度有了很大改进，然而考虑到中国整体经济的总产值以及人均国民生产总值绝对数，与西方发达国家相比，中国经济发展中的三次产业结构仍然极不合理。具体来讲，目前第三产业在国民生产总值中的比重远远低于西方发达国家的平均水平，按照人均GDP水平来讲，第三产业的产值比重应该在70%左右，中国的第三产业产值比重实际数值在2017年只有51.6%，尚有极大的发展和优化空间。同时，三次产业的就业比重和三次产业的产值比重高度不符，2017年中国的农业产值比重为7.9%，然而同期农业的就业人口比重高达27%，说明农业现代化和农村城镇化发展水平和产业的总体发展水平不匹配。另外，在工业化多年的发展中，其只注重速度和数量不注重效益和质量的粗放型发展模式导致中国付出了极大的生态和环境代价，生态系统恶化，环境问题层出不穷，人民的生活质量受

---

① 数据均由《新中国六十年统计资料汇编》及历年的《中国统计年鉴》计算得出。

到很大影响，经济的持续发展存在隐患。

基于上述系列问题，中国政府在党的十六大中首次提出了新型工业化的概念，所谓新型工业化，就是坚持以信息化带动工业化，以工业化促进信息化，就是科技含量高、经济效益好、资源消耗低、环境污染少、人力资源优势得到充分发挥的新型工业化道路①。

从中国政府对新型工业化的表述中可以看出，与以往的传统工业化相比，中国目前正在进行的新型工业化必须满足五个标准：科技含量高、经济效益好、资源消耗低、环境污染少、人力资源优势得到充分发挥②。其中，科技含量高和经济效益好，就是要加快信息化发展和科技进步以及创新发展的步伐，争取发展一个以信息化推动的，以科技进步和创新发展为动力的新型工业化，实现经济发展增长方式从粗放型向集约型转变，通过技术进步和科学管理，提高科技进步对于国民生产总值的贡献率，提高劳动者素质，提升工业最终产品的质量和国际竞争力；资源消耗低和环境污染少，是要在经济发展中，充分考虑中国人口众多平均资源稀少的具体国情，努力提高资源的利用效率，转变资源利用方式、生产方式和消费方式，注重生产过程中的环境保护和生态平衡，处理好经济发展与人口、资源、环境之间的关系，发展能够增强可持续发展能力的工业化，增强中国的可持续发展能力和经济后劲；人力资源优势得到充分发挥是指在经济发展中，根据中国人口众多、劳动力资源丰富的特点，工业化过程中应该审慎护理好劳动密集型和资本密集型、技术密集型产业的比重关系，既能发挥中国劳动力资源极大丰富的特色优势，又能加强教育投资通过人力资源培训、再教育等措施提高人力资本技能，争取将丰富的劳动力资源积极转换为丰富的有较高技术水平的高素质人力资本资源，使得工业化进程中的产业结构进一步合理和优化具有坚实的人力资本基础，使人力资源优势得到充分发挥。

（二）信息化

日本学者梅棹忠夫 Tadao Umesao（1963）在其成果《论信息产业》一文中就信息问题创造了信息产业、信息社会和信息化三个重要概念，在全社会范围内首次提出信息化的概念，认为信息社会环境下信息产业结构是产业进化的结果。其后，信息化的概念在20世纪70年代被西方社会普遍使用和研究。

---

① 新型工业化定义参见江泽民．全面建设小康社会，开创中国特色社会主义事业新局面——在中国共产党第十六次全国代表大会上的报告［R］．2002．
② 此处新型工业化需要满足的标准来源同上。

中国开始信息化的进程较晚，而且关于信息化的表述问题，中国学术界和政府层面也有过较长时间的研究和探讨。钟义信（1994）提出，信息化是一个提高和扩展社会、经济、管理等各方面效率的历史过程，在几乎每个经济领域都会被广泛应用。直至1997年的首届全国信息化工作会议对信息化和国家信息化作了一个比较全面的定义，认为"信息化是指培育、发展以智能化工具为代表的新的生产力并使之造福于社会的历史过程"[①]。中国学者林毅夫（2003）指出，"所谓信息化，是指建立在IT产业发展与IT在社会经济各部门扩散的基础之上，运用IT改造传统的经济、社会结构的过程"。2006年发布的《2006－2020年国家信息化发展战略》进一步对信息化的定义进行完善，认为信息化是充分利用信息技术，开发利用信息资源，促进信息交流和知识共享，提高经济增长质量，推动经济社会发展转型的历史进程[②]。

在全球进入信息化时代的今天，各国均十分重视信息化在工业化发展中的倍增作用和催化作用。中国的信息化起步虽晚，但是伴随着经济的高速增长，信息化仍然有了显著的发展和进步。中国的电子信息产业规模大力增长，截至2017年年末，中国经济中的信息技术服务收入达3.06万亿元，软件产品收入达1.70万亿元。在采矿业、制造业、建筑业、批发和零售业、交通运输仓储和邮政业、信息传输软件和信息技术服务业、房地产业、科学研究和技术服务业以及文教科卫等公共事业发展中，企业拥有的网站数量（541127个）、每百家企业拥有的网站数量（56个）、企业使用的计算机数量总量（4743万台）、每百人使用的计算机数量（26台）等数量相比上年均有大幅度增长[③]。

（三）城镇化

城镇化的英文单词是urbanization，英语的urban既包括城市（city）也包括城镇（town），即在英文中"城镇化"和"城市化"均可用同一个单词urbanization来表示（丁守海，2014）。在相关研究过程中，有的学者称之为城市化，有的学者称之为城镇化，也有一些地区比如中国台湾地区的学者称之为都市化，叫法虽然不同，研究的内容却无太大差别。

确切来讲，城市化的提法要远远早于城镇化的提法。究其原因，主要在于一

---

① 信息化定义是国务院信息化工作小组在1997年全国信息化工作会议上首次所作的一个比较全面的定义。
② 此处的信息化定义参见《2006—2020年国家信息化发展战略》第一部分。
③ 此处所用数据均来自2018年的《中国统计年鉴》。

个国家或区域城镇化的发展和该国家或区域的工业化进程以及经济发展速度密切相关，由此西方国家早在1800年前后就已经开始了城镇化进程，虽然当时的进程相当缓慢，但由于工业化和城镇化早期均起源于西方国家，这些国家在工业化进程中积累了大量财富，在城镇化进程中土地等资源逐渐稀缺，导致西方国家比较重视大城市的建设和发展，正是这些造就了纽约、东京、伦敦等大都市的快速发展和急速繁荣。所以，西方学者在进行城镇化研究的过程中比较多地使用城市化的概念。

具体到中国城镇化在学术层面的研究以及中国城镇化的发展实际，作为一个农业大国，1949年中华人民共和国成立初期工业化起点几乎为零，与此相应的城镇化率只有10%左右。同时，作为一个农业大国，在城镇化发展的过程中，只能从中国的具体国情出发，镇离农民的距离最近，农民进镇比起进城更容易。由此，中国城镇化的进程中较多地使用"城镇化"一词的提法。在这种模式下，具有中国特色的偏重小城镇发展的城镇化得到了快速发展，从1978年改革开放至2017年，中国的小城镇数量从2173个迅速发展至21116个①。

从政府文件以及政策层面上，按照《中华人民共和国国家标准——城市规划基本术语标准》对城市化的定义，是"人类生产与生活方式由农村型向城市型转化的历史过程，主要表现为农村人口转化为城市人口及城市不断发展完善的过程"②。《中华人民共和国城市规划法》明确规定城市是包含建制镇的，该法指出："本法所指的城市，是指国家行政建制设立的直辖市、市、镇"③。这就是说，广义的城镇既包含市、建制镇，又包含非建制的一般集镇。狭义的城镇包含市和建制镇。所以，广义的城市化和狭义的城镇化内涵是完全一致的。2001年《中华人民共和国国民经济与社会发展第十个五年规划》提出："有重点地发展小城镇，……，要不失时机地实施城镇化战略。"2002年党的十六大报告明确提出："要坚持大中小城市和小城镇协调发展，走中国特色的城镇化道路。"2007年党的十七大报告提出："应该走具有中国特色的城镇化道路，按照产城融合，'四化同步'的原则，促进大中小城市和小城镇协调发展……"④。在2013年的

---

① 数据来自2018年的《中国统计年鉴》。
② 此处城市化的定义参见《中华人民共和国国家标准——城市规划基本术语标准》（GB/T 50280-98）中2.0.6城市化的定义，1999年2月1日施行。
③ 此处城市的定义参见《中华人民共和国城市规划法》中第一章第三条中城市的定义，1990年4月1日施行。该法虽于2008年1月1日失效，但是其对于城市的定义依然可以参考。
④ 所述观点摘自《高举中国特色社会主义伟大旗帜，为夺取全面建设小康社会新胜利而奋斗——在中国共产党第十七次全国代表大会上的报告》，胡锦涛，2007年10月15日。

经济工作会议上,关于城镇化的表述是"促进大中小城市和小城镇合理分工、功能互补、协同发展",2015年的经济工作会议上相关表述为"强化大中小城市和小城镇产业协作协同"。

在学术研究层面上,1979年,吴友仁在其《关于我国社会主义城市化问题》一文中,认为城市化就是逐步转变农村人口为城镇人口的过程,该文在论述过程中,多次统计相关城镇人口数据进行分析研究,可以认为该文首次提出了城镇化概念的雏形。1984年,在费孝通的《小城镇再探索》及其后续的研究成果中,在关于中国应该走大城市模式还是走小城镇模式的争鸣中,费孝通一直主张中国应该走以小城镇为主、大中城市为辅的小城镇模式的中国特色城市化道路,可以认为是对城镇化说法的进一步肯定。1991年学者辜胜阻在其研究成果《非农化与城镇化研究》中首次使用并拓展了"城镇化"的概念,认为城镇化是中国经济社会发展的必然趋势,是指人口不断由农村向城镇转移和集中的过程。在其后的研究过程中,辜胜阻极力倡导中国应该使用城镇化概念,取得了一批颇有见解、影响较广的研究成果。此后关于中国城镇化的研究中较多地出现城镇化的提法。

结合学术界相关研究的提法以及政府文件中的提法,作者使用"城镇化"一词进行相关研究分析。

城镇化发展的初期,中国一直采用传统的城镇化发展模式,贪多求快,重速度不求质量,导致经过多年的城镇化发展以后,城镇化比率有了大幅提高,同时也出现了前文所提到的大量农业人口在城镇化进程中转移到城镇以后市民化进程滞后,难以融入城市社会;相比人口城镇化发展速度,土地城镇化发展过快,建设用地粗放低效;现有城镇在发展过程中的空间分布和规模结构均不太合理,与城镇现有资源环境承载能力不匹配等一系列问题。为了解决上述问题,党和国家在政治层面上提出了"新型城镇化"的概念。党的十八大进一步明确提出了"新型城镇化"的概念,中央经济工作会议进一步把"加快城镇化建设速度"列为2013年经济工作六大任务之一。

和传统城镇化相比,新型城镇化的"新"就是要一改传统城镇化过程中片面注重城镇的规模以及地理空间的扩张的发展模式,转变为注重城镇的内涵、提升城镇文化、优化公共服务等更加注重城镇发展质量的发展模式。其和传统城镇化的最大不同主要表现在:新型城镇化是以人为核心的城镇化,在发展过程中和农业现代化相辅相成互相协调,注重保护进城农民的利益;新型城镇化不再是简单的人口、土地在数量上的增加,更加强调产业支撑、居住环境、社会保障、生活方式等方面实现由农村到城镇的转变,实现城乡统筹和可持续发展;新型城镇化的核心在于更加关注农民利益,关注农业生产,保护生态和环境,实现城乡基础设施一体化和公共服务均等化,促进经济社会发展,实现共同富裕。

(四)农业现代化

在农业经济发展的过程中,和其他大多数国家相比,中国农业的发展都具有特殊的国情。农业剩余劳动力长期存在且劳动力素质低下、农业产业结构不合理且农业劳动生产率较低、农业生产技术水平落后、生产资源匮乏、生态环境日益恶化等存在的亟待解决的问题促使中国政府层面十分重视农业问题,直接促进了农业现代化战略的提出。

2003年12月31日关注"三农"问题的《关于促进农民增加收入若干政策的意见》文件作为2004年的"中央一号文件"发布伊始,包括2015年的《关于加大改革创新力度加快农业现代化建设的若干意见》、2016年《关于落实发展新理念加快农业现代化 实现全面小康目标的若干意见》在内的其后连续13年里,中央政府每年的"一号文件"均和"三农"有关,紧扣"三农"主题。伴随着2016年1月27日"中央一号文件"的下发,可以预期全国范围内的农业现代化发展步伐一定会大大加快。

作为一个相对性较强的概念,农业现代化的内涵在不同的时期有不同的界定,农业生产过程中的技术、全社会的经济以及社会发展发生了变化,农业现代化的内涵也会随之进行调整。

农业现代化,顾名思义就是指从传统农业逐步向现代化农业转变的过程。在此过程中,应该用现代工业装备农业、用现代科学技术改造农业、用现代经济管理方法管理农业、用现代科学文化知识提升农民素质,在农业生产过程中,运用现代化发展理念,将农业发展和现代工业、现代科学技术以及现代经济管理方法结合起来,建立一个现代化的高效农业生产体系,把目前落后的传统农业转化为具备先进生产力水平的现代化农业,显著提高目前传统农业的经济效益、社会效益和生态效益以及农业的综合生产能力,切实有效增加农民收入,为城镇部门不断增加农产品有效供给,实现了这个转化过程的农业就叫作农业现代化的农业(王发曾,2012)。

综上所述,农业现代化的过程同时包括了农业生产条件、农业生产技术、农业生产组织管理、农业生产过程中资源配置方式等多方面的优化,以及与之相适应的政策制度安排。

二、"四化同步"

(一)"四化"内涵的历史发展和沿革

"四化"确切来讲是一个极具中国特色的提法,其具体内涵随着时代和经济的发展在不断变化和拓展。

最早的"四化"雏形是在1954年的第一届全国人民代表大会上,在周恩来所做的《政府工作报告》中提到,应该建立现代化工业、现代化农业、现代化交通运输业、现代化国防,这是中华人民共和国历史上首次提出的四个现代化的概念和设想①。随后,1957年,毛泽东提出应该建立现代化工业、现代化农业和现代科学文化技术②。其后,1960年毛泽东同志明确提出应该建设国防现代化。直到1964年的第三届全国人民代表大会第一次会议上,周恩来总理所做的《政府工作报告》中,提出要把中国建设成为四个现代化(工业现代化、农业现代化、国防现代化、科学技术现代化)的社会主义强国,并提出"两步走"的设想,至此,四个现代化简称"四化"的完整定义首次明确下来。

20世纪50年代后期直到70年代中期,由于各种社会和历史原因,各国的经济建设一度偏离之前的现代化建设目标,经济建设一度停滞乃至退步,给经济社会发展带来了极大的损失。在此背景下,以邓小平同志为核心的第二代领导集体明确提出中国应该走社会主义现代化建设道路。1979年12月在接见日本首相小田正芳时,邓小平指出中国要实现的现代化是一种社会主义的现代化,是中国式的现代化,包括工业现代化、农业现代化、国防现代化、科技现代化,前面都应该加上"社会主义"四个字③。

以毛泽东和邓小平分别为核心的第一代、第二代领导集体所提出来的四个现代化建设均只涉及经济建设的领域,对于国家发展至关重要的政治和社会层面则均未提及。这个观点和人们普遍意义上的感受相吻合,四个现代化过于关注物质层面而在思想和体制的层面考虑甚少。

基于上述原因和考虑,党的十二大报告中在提及新时期的任务时,在之前四

---

① 周恩来所作《政府工作报告》,1954年5月23日。
② 王成礼,张天学. 毛泽东现代化思想探析 [J]. 中国矿业大学学报(社会科学版),2001,3 (2):17-23.
③ 邓小平. 邓小平文选(第二卷)[M],北京:人民出版社,1994:236-238.

个现代化的基础上,首次提出高度文明、高度民主是社会主义强国的建设目标①。之后,党的十三大着眼于经济、政治、文化三个方面,提出建设一个富强、民主、文明的社会主义强国的奋斗目标,取代了之前一直使用的四个现代化的提法②。1991年,以江泽民为核心的第三代领导集体对富强、民主、文明的目标和内涵做了进一步的诠释。富强、民主、文明分别对应的是我国的社会主义市场经济、社会主义民主政治以及精神文明这三大社会主义基本建设目标。考虑到本书的主要研究内容,本书主要针对江泽民同志关于富强的诠释进行进一步探讨,而关于民主和文明的内容,因为和本书相关度不大,此处从略。在此前的四个现代化内容界定的基础上,江泽民紧紧把握当代世界经济发展的信息技术热潮,在多个会议和不同调研场合屡屡提及中国发展信息技术的重要性,对于中国加快科技创新步伐,促进信息产业发展,推进信息化进程奠定了战略基础。

以胡锦涛为核心的第四代领导集体在之前富强、民主、文明的社会主义强国建设目标基础上,增加了和谐的内涵,强调应该建立富强、民主、文明、和谐的社会主义国家,基本囊括了国家发展中的政治、经济、社会、文化和生态领域,在环境问题日益突出的当代更加具有现实意义。

如本书之前所述,跨入21世纪后,城镇化在国民经济的发展中占有越来越重要的地位,在2005年被首次纳入新"四化"的建设范畴③。在2012年党的十八大会议报告中,明确提出新型工业化、信息化、新型城镇化、农业现代化的新"四化"内容,认为应该采取措施全面统筹,在新"四化"发展的过程中,工业化和城镇化良性互动,信息化和工业化深度融合互相促进,城镇化和农业现代化互相支撑互相影响协调,促进新"四化"的同步发展④。至此,新"四化"的内容得以明确界定,其中首次明确地把信息化作为"四化"建设的内容包含进去,同时提出了"四化同步"的概念。

和中华人民共和国首次明确的四个现代化相比,之前的科学技术现代化的提法发展到党的十八大报告中的信息化的提法,同样都是科技创新的发展思路,信息化比科学技术现代化的提法更具时代特色,尤其是在西方各发达国家大力发展

---

① 赵紫阳所作《政府工作报告》,1982年11月30日。

② 赵紫阳. 沿着有中国特色的社会主义道路前进——在中国共产党第十三次全国代表大会上的报告[R]. 1987-10-25.

③ 《中共中央关于制定国民经济和社会发展第十一个五年规划的建议》,2005年10月11日中国共产党第十六届中央委员会第五次全体会议通过。

④ 胡锦涛. 坚定不移沿着中国特色社会主义道路前进,为全面建成小康社会而奋斗——在中国共产党第十八次全国代表大会上的报告[R]. 2012-11-08.

信息化的当今，明确提出信息化是"新'四化'"之一，说明信息化建设已经被提升到了国家战略的高度，希望通过信息化的发展建设创新型的国家，同时促进其他三化的快速健康发展。

新"四化"的提出有足够的依据，根据中国现在的国情，农村地区依然有大量的剩余人口，这些剩余人口首先需要城镇化的发展来逐步转移至城镇，同时又需要工业化和信息化的大力发展来消化这些转移到城镇以后的待就业人口；工业化在自身发展的过程中应该和信息化加快融合，这样才能达到产业结构逐步升级，提高产业生产率，在消化农业剩余劳动力的同时提升中国产业的国际竞争力；城镇化在发展的过程中也应该一改过去只重数量不重质量的发展模式，不只加快农业剩余劳动力转移到城镇的进程，更要采取各种措施很好地容纳农村转移人口，真正加快农民的市民化进程；在中国现阶段依然存在城乡二元结构且城乡居民收入差距扩大的背景下，应该大力发展三次产业中发展最为薄弱的农业，加快农业现代化进程，提高农业劳动生产率，既能增加农民收入，缩小城乡居民收入差距，又能为城镇化的发展提供农业转移人口，还能为工业化和信息化的发展提供待就业劳动力，通过农业现代化滋生的发展，促进其他"三化"的发展。

由此，党的十八大报告中新"四化"的提出，为本书的主要研究内容——"四化同步"进程中的产城融合研究的合理性和必要性奠定了基础，后续的研究过程中所提到的"四化同步"进程中的"四化"均指的是新"四化"——新型工业化、信息化、新型城镇化、农业现代化①。

（二）"四化"发展中的相互地位和关系沿革

"四化"建设的过程中，各自地位孰轻孰重，各自的发展孰先孰后，经过了一个历史的变化和沿革。1949年中华人民共和国刚刚成立之际，以毛泽东同志为核心的第一代领导集体就提出中国要走工业化道路，使中国由农业国逐步转变为工业国，逐步实现国家的社会主义工业化②。具体在工业化发展的过程中，考

---

① 自党的十八大提出新"四化"的概念后，2013年中国共产党十八届三中全会上以习近平总书记为核心的第五代领导集体还提出了第五个现代化——国家治理体系和治理能力现代化，在之前的政治、经济、社会、生态文明四个领域建设的基础上，增加了党的建设内容。正文部分之所以对此没有提及，还是缘于笔者的主要研究内容的考量。本书主要是从经济发展的视角对"四化同步"进程中的产城融合进行研究，由此，和经济发展相关度不高的第五化——国家治理体系和治理能力现代化不属于本书的考察研究范畴。

② 毛泽东. 毛泽东选集（第四卷）[M]，北京：人民出版社，1991：1437-1438.

虑到中华人民共和国成立之初百废待兴，为了尽快完成工业化的发展目标，毛泽东提出工业化建设应该以重工业为中心，同时充分注意发展轻工业和农业，由此在当时确立了重工业、农业、轻工业的发展顺序①。此后，中国的经济建设进程中经历了1958~1960年急于求成的"大跃进"阶段，国民经济大比例失调，通过总结重工轻农的经验教训，党和政府于1960年提出，在其后的经济建设中，应该坚持工农业并重，国民经济大发展应该遵循农业、轻工业、重工业的发展顺序。之后在1966~1975年，由于种种社会原因和历史原因，中国的社会主义建设严重偏离了四个现代化的建设目标，直接导致中国的经济发展停滞甚至倒退，现代化建设严重耽搁。1975年，周恩来同志重申了中国四个现代化的建设目标②，重申了第三届全国人大第一次会议的"两步走"战略，根据当时"四化"的表述顺序——农业、工业、国防和科学技术——可知，"四化"的建设遵循的是农业、轻工业、重工业、国防、科学技术的发展顺序。1978年党的十一届三中全会的召开是中国现代化建设的重要转折，此后党和政府的工作重心全面转移到经济建设中来，使中国的现代化建设重新走上健康发展的轨道。从1978年开始，在党的第二、第三、第四、第五代领导集体的领导下，中国的社会主义建设先后经过了以下几个发展沿革阶段：同时发展社会主义物质文明、政治文明、精神文明"三位一体"；建设社会主义经济、政治、文化、社会"四位一体"，发展社会主义物质文明、政治文明、精神文明、生态文明；建设新型工业化、信息化、新型城镇化、农业现代化新"四化"的提出。考虑到笔者的主要研究内容是和经济建设息息相关的"四化同步"进程中的产城融合问题，由此在"四化"内涵的历史发展过程中，只着重考察物质文明、经济建设等相关内容，政治、文化、社会等方面的建设内容和笔者的研究主旨相关度不大，此处从略分析。

笔者的研究背景是基于党的十八大报告中首次明确界定的新"四化"（新型工业化、信息化、新型城镇化、农业现代化）同步发展进程中的产城融合研究，在"四化同步"发展进程中"四化"各自之间的相互地位和关系在稍后的"四化同步"内容中继续分析。

（三）"四化同步"概念的提出

近年来，党和政府层面日益注重新型工业化、信息化、新型城镇化、农业现

---

① 陈金宝. 试论毛泽东关于中国工业化的道路理论 [J]. 边疆经济与文化, 2010 (3): 42-43.
② 周恩来. 1975年国务院政府工作报告 [R]. 1975-01-13.

代化同步发展的重要性和必要性。党的十七大、十八大、十八届三中全会以及近年来的经济工作会议均提出了促进中国特色"四化同步"发展的重要方针。在党的十八大报告《坚定不移沿着中国特色社会主义道路前进，为全面建成小康社会而奋斗》中，旗帜鲜明地提出了"两个加快""三个自信""四化同步""五位一体"等未来经济、政治、社会、文化等方面的发展要求。

其中，"四化同步"尤其引起学术界的热烈反响和积极讨论，"四化同步"的本质就是经济发展的进程中"四化"作为一个整体系统互动协调发展。"四化同步"发展是在中国经济转型升级的背景下提出的一种发展思路，是指经济发展过程中信息化和工业化深度融合、工业化和新型城镇化良性互动、城镇化和农业现代化相互协调，达到"四化同步"发展。

新型工业化、信息化、新型城镇化、农业现代化"四化同步"发展良性互动，是现代经济社会发展的显著特征，也是提高国家竞争力的重要手段。"四化同步"发展的过程中，就"四化"具体各自之间的关系来讲：①新型工业化通过创造供给为城镇化的发展提供经济支撑，为农业现代化的发展提供技术支持和农业生产装备供给，促进农业现代化的发展，同时为信息化的发展提供所需的资金储备和产业发展基础。②城镇化本身通过自身的发展创造需求消化工业化创造的供给，同时城镇化通过转移农业剩余劳动力为工业化的发展提供劳动力供给，促进工业化的进一步发展，工业化的发展又可以促进农业现代化和信息化的发展。③在全球进入资讯社会的今天，信息化的发展对于一个国家的竞争力至关重要，信息化的大力发展直接促进工业化和农业现代化的发展进程，通过工业化和农业现代化这"两化"的发展又促进城镇化的进一步发展，增加科技进步在经济增长中的贡献率。④农业现代化的发展通过提高农业劳动生产率解放剩余劳动力，释放农业剩余劳动力转移至城镇，为新型城镇化加速发展提供条件，转移到城镇以后的农业剩余劳动力在城镇部门就业后促进工业化的发展，如前所述，工业化的发展会提供资金成本和产业基础促进信息化的发展，由此，农业现代化在大力发展的同时能够同时促进新型工业化、新型城镇化和信息化的稳步发展。然而，相比起新型工业化、信息化、新型城镇化"三化"的发展，农业仍然是突出短板，作为国家现代化的基础和支撑，要实现"四化同步"发展，必须加快农业现代化步伐。

三、产城融合

(一) 产城融合概念的提出

产城融合是指产业与城市融合发展,以城市为基础,承载产业空间和发展产业经济,以产业为保障,驱动城市更新和完善服务配套,以达到产业、城市、人之间有活力的持续向上发展的模式(唐晓宏,2014)。产城融合和"四化"的发展有着密切的关系,"四化同步"发展、产城互动、产城融合等既是党和政府在多个场合多次提到的重要概念,又是学术界近年来研究的新课题之一。2013 年 8 月 30 日,李克强总理在与中国科学院院士、中国工程院院士以及有关专家进行城镇化研究方面的座谈会议上,就提出"兴城首先要兴业,要做到新产城融合发展"。

在"四化同步"发展的过程中尤其是城镇化发展的过程中,长期以来,传统的城镇化主要偏重粗放型发展,注重城镇数量规模的增加,对于产业的发展是否和城镇化发展匹配在一定程度上有些疏忽。导致很多地方在经济发展进程中出现各种问题,或者有城无产、虚假城镇化、城镇建设难以适应产城融合需要,或者产城能级低、城市等级与产业层次的结构不相匹配,或者有产无城、产城互补融合性低、产业集群程度低。究其原因,这些问题都是在经济发展过程中对"产城融合"这一问题重视度不够造成的。

产城融合是在我国转型升级的背景下相对于产城分离提出的一种发展思路。要求产业与城市功能融合、空间整合,"以产促城,以城兴产,产城融合"。城市没有产业支撑,即便再漂亮,也就是"空城";产业没有城市依托,即便再高端,也只能"空转"[①]。城市化与产业化要有对应的匹配度,不能一快一慢,脱节分离,而且产城融合发展并不是一蹴而就,因此全面理解产城融合的内涵,有利于提出更为合理的规划建议(李文彬、陈浩,2012)。同时,如何做到"四化同步"的前提下产城融合发展,实现产城相融、互促共进,是未来中国经济发展进程中亟待解决的一大难题。

(二) 本书对于产城融合内涵的新界定

根据上述分析,结合作者的主要研究内容,对产城融合做一个"四化同步"

---

① 裴汉杰. 浅议"十二五"期间产城融合的新理念[J]. 中国工会财会,2011 (3): 13-14.

进程中的定义:产城融合是指在新型工业化、信息化、新型城镇化和农业现代化"四化同步"发展的进程中,通过"四化"互促互进协调发展,达到经济发展中产业结构合理,城镇产业布局优化,城镇各项服务配套设施完善,真正做到各次产业和城镇互相支撑、互相依托、相互匹配,实现经济发展进程中"四化同步"协调产城互动的发展模式①。

针对上述"四化同步"进程中产城融合的定义有如下理解:

(1) 笔者对于产城融合的研究是在"四化同步"的视角下展开的,即研究过程中,首先需要考察经济发展过程中"四化"两两之间的相互影响关系是什么,"四化"的发展是否同步,如果不同步,需要采取什么措施以保证"四化"发展过程中同步协调发展。

(2) 在上述研究基础上继续开展产城融合的研究,根据上述定义,笔者对于产城融合进行研究的过程中,"产城融合"中的"产"和以往的研究有所区别,以往对于产城融合进行的研究均把"产"集中在城镇的产业发展、产业结构、产业布局等方面的研究上,文中"产城融合"中关于"产"的研究是针对一个区域内的三次产业结构,这是和以往文献相比的不同之处,也是笔者的一个创新。

(3) 对于上述"产"的范围指三次产业结构的解释如下:根据本书的书名——"四化同步"进程中产城融合的研究——可知,笔者是在"四化同步"的研究基础上考察产城融合的发展,研究范围比之前把"产"集中在城镇内部要更广泛。当然,两者之间也存在内在联系,如果一个城镇内部的产城融合度过低,首先说明该城镇内部的产业结构、布局、空间规划等出现了或大或小的问题。由于城镇内部的产业绝大多数均属于二、三产业,所以可以认为三次产业均衡发展过程中产业结构出现问题,需要优化合理。相比较而言,笔者是从"四化同步"的视角出发进行产城融合的考察和研究,如果某个城镇内部的产城融合度过低,根据以往文献的结论,首先是城镇内部二、三产业的发展出现了不均衡。同时,根据"四化同步"发展的视角来看,农业现代化的发展均会对新型工业化、新型城镇化以及信息化的发展造成影响,所以,如果一个城镇内部的二、三产业发展不均衡,可以认为农业现代化的发展也存在问题才会导致该区域的产业结构发展不均衡,从而造成产城融合度过低的结果。因此,只有"四化同步"

---

① 此处产城融合的定义是根据笔者的主要研究内容所做的一个"四化同步"进程中的产城融合定义,后续相关研究基于此定义开展。

协调发展才会提高一个区域的产城融合度,并进而提高传统意义上的城镇内部产城融合度的提高。

按照上述研究对象的定义,深入理解和把握新型工业化、信息化、新型城镇化、农业现代化"四化"的内涵,全面界定产城融合的概念和理论意义,才有可能在"四化同步"的视角下,进一步深入研究经济发展进程中的产城融合问题,全面促进全国范围内"四化同步"发展进程中的产城融合发展。

综上所述,本书对于产城融合的研究范围是在"四化同步"进程中针对一个区域内部的三次产业结构(即"产城融合"中的"产"的范围界定)的发展和该区域的城镇发展(即"产城融合"中"城"的范围界定)之间的协调互动关系研究。其中,对于"产"的三次产业研究包括了新型工业化、农业现代化和信息化"三化"的研究,对于"城"的城镇研究主要是对新型城镇化的研究,这样就形成了"四化同步"进程中的产城融合研究主要思路和后续第三章、第四章、第五章的理论分析框架和实证研究框架。

第二节 相关理论基础介绍

基于笔者的主要研究内容即"四化同步"进程中产城融合的分析,本节主要介绍和"四化同步"发展以及产城融合相关的理论成果。通过本书前述分析可以得到如下三点结论:"四化同步"发展中信息化的相关研究出现得相对较晚,相关理论也较少;"四化同步"进程中的农业现代化相关理论成果多数是和城镇化的理论成果密切相关;产城融合研究过程中绝大多数现有文献均是从实证角度进行评价研究,鲜有从理论角度构建理论模型进行研究。基于以上三点结论,本节主要就工业化和城镇化发展过程中出现的一些经典理论进行介绍。

(一)工业化发展过程中相关理论

在工业化发展过程中,由威廉·配第开始,经过几百年的发展,诸多学者经过深入研究,形成了以刘易斯、赫希曼、罗斯托、钱纳里和希金斯等学者为代表的产业结构理论,其中有刘易斯(1954)的二元结构理论、赫希曼(1958)的不平衡增长理论、罗斯托(1998)的主导产业扩散效应理论和经济成长阶段理论、筱原三代平(1955)提出的"动态比较费用论"、赤松要(1936,1957,

1965)在战前研究日本棉纺工业史后提出的"雁行形态论"理论、关满博(1993)提出产业的"技术群体结构"概念以及马克思的资本有机构成理论和生产资料生产优先增长理论。关于产业结构的演变和工业化发展阶段相互关系的理论除了上述相关理论外,还有配第—克拉克定律、库兹涅茨的人均收入影响理论、钱纳里的工业化阶段理论以及霍夫曼的工业化经验法则理论。

1. 赫希曼的不平衡增长理论[①]

赫希曼通过对发展中国家的发展模式进行研究后在1958年出版的《经济发展战略》中提出了不平衡增长模型,认为在发展中国家资本是有限的,其在社会资本和直接生产之间的分配具有替代性,因而具有"短缺的发展"和"过剩的发展"两种不平衡增长的路径,针对某一特定的发展中国家具体应该采用哪种增长路径,应该考虑该发展中国家经济发展中受到的具体制约因素来进行选择。

2. 罗斯托的主导部门理论[②]

罗斯托根据技术标准把经济成长阶段划分为六个阶段,认为经济成长的各个阶段都存在相应的起主导作用的产业部门,而每个阶段的演进都是以主导产业部门的更替为特征且主导部门序列不可任意改变。同时在其《战后二十五年的经济史和国际经济组织的任务》一文中,罗斯托还列出了作为起飞前提的主导部门综合体系、替代进口货的消费品制造业综合体系、重型工业和制造业综合体系、汽车工业综合体系、生活质量部门综合体系五种主导部门综合体系。罗斯托认为,任何国家在产业发展中都要经历由低级向高级的发展过程,同时主导产业部门通过投入产出关系可以产生扩散效应,这些在中国的经济产业发展中均可供借鉴。

3. 筱原三代平的两基准理论[③]

以基础产业相当完善不存在瓶颈制约、产业发展中不存在技术约束、不存在资金约束为分析前提,筱原三代平提出了收入弹性基准和生产率上升基准的"两基准"理论,根据不同基准应该相应选择把积累投向收入弹性大或者生产率(指全要素生产率)上升最快的行业或部门,"两基准"理论对于中国各地政府

---

① [德]赫希曼. 经济发展战略[M]. 北京:经济科学出版社,1991:50-95.
② 孟庆红. 关于主导产业选择基准的再认识[J]. 理论与改革,1997(12):24-26.
③ 汤斌. 产业结构演进的理论与实证分析[D]. 成都:西南财经大学博士学位论文,2005.

在选择发展当地优势产业或部门时具有借鉴意义。

4. 配第—克拉克定律①

早在17世纪,英国经济学家配第首次发现产业结构的不同造就了世界各国的国民收入水平的差异及其不同的经济发展阶段。其后配第和克拉克通过研究发现:就业人口随着全社会人均国民收入水平的提高逐步由第一产业转移转为大量向第三产业转移,这种由人均收入变化引起的就业转移现象称为配第—克拉克定律。

5. 库兹涅茨人均收入影响理论②

库兹涅茨在继承配第和克拉克等研究成果的基础上,通过考察总产值变动和就业人口结构变动的规律,发现产业结构的变动受人均国民收入变动的影响,从而揭示了产业结构变动的总方向,这一变动规律被称为库兹涅茨人均收入影响论。

6. 钱纳里工业化阶段理论③

通过观察制造业内部各产业部门的地位和作用在经济发展长期内的变动,钱纳里发现产业间存在着产业关联效应,通过深入考察,其揭示了制造业内部的结构变动趋势,将制造业的发展分为经济发展初期、中年期和后期三个发展时期,同时认为包含不同具体部门的初级产业、中期产业、后期产业应该分别和上述三个发展时期相适应。

7. 霍夫曼工业化经验法则理论④

霍夫曼在工业化问题的研究中的突出贡献是提出了"霍夫曼工业化经验法则",在该法则中,根据霍夫曼比例(消费品工业净产值/资本工业净产值)把工业化划分为消费品工业占主导地位、资本品工业快于消费品工业的增长、资本品工业继续快速增长、资本品工业占主导地位四个发展阶段。对于霍夫曼比例

---

① 于刃刚. 配第—克拉克定理评述 [J]. 经济学动态, 1996 (8): 63-65.
② 纪玉山, 周英, 吴勇民. 库兹涅茨人均收入决定论质疑——兼论我国产业结构升级的政策取向 [J]. 经济经纬, 2005 (1): 58-61.
③ 陈一鸣, 全海涛. 试划分我国工业化发展阶段 [J]. 经济问题探索, 2007 (11): 166-170.
④ 汤斌. 产业结构演进的理论与实证分析 [D]. 成都: 西南财经大学博士学位论文, 2005.

(消费品工业净产值/资本工业净产值) 实际应用时通常采用轻工业品净产值/重工业品净产值，由此可以在一定程度上认为霍夫曼的工业阶段论阐述的是工业过程中重化工业阶段的演变情形。

(二) 城镇化发展中相关理论

1. 钱纳里的"发展型式"理论①

霍利斯·钱纳里 (H. Chenery, 1975) 根据世界银行统计资料对经济发展与城市化之间的数量关系进行分析后，提出了"城市化与经济发展的双向互促规律"。指出一个国家的城市化率与人均国民生产总值之间存在着线性关系，并预测了发展中国家工业化过程中社会经济结构变化的一般趋势。

在研究过程中，钱纳里首先将人口、收入、市场占有和产业比例联系起来，将人口规模作为产业的出发点，建立一个标准产业结构模式；然后把人口、资源等情况不同的国家分成三组模式予以统计分析；最后通过对制造业内部的考察，揭示了老龄化的大国应该通过需求变动推动产业结构变动的阶段性演进，对人口老龄化下的产业结构变动提出了指导性方向。

通过考察，钱纳里得出结论，按照多国的标准模式，发展中国家的工业化与城市化经历的是由紧密到松弛的发展过程。工业化和城市的发展密切相关，城市化初期是由工业化推动的，此时城市化滞后于工业化，在工业化率和城市化率共同达到13%左右以后，城市化开始加速，并明显超过工业化。到了工业化后期，工业化对城市化的贡献作用开始减弱，这个规律被世界上大多数国家发展所证实。

2. 刘易斯的劳动力与两部门结构发展模型②

1954年，美国经济学家刘易斯 (Lewis) 在其经典论文"劳动无限供给条件下的经济发展"中，最早运用数学模型通过部门分析的方法来分析和解释现代经济增长过程中的城乡人口流动问题，提出了著名的二元经济结构下的人口流动模型，开创了人口流动的部门分析的先河，标志着二元经济理论的形成。

在该二元经济模型中，刘易斯以发展中国家普遍存在的二元经济现象为基

---

① [美] 钱纳里. 发展的型式 [M]. 北京：经济科学出版社, 1988: 45-65.
② 赵峰, 星晓川, 李惠璇. 城乡劳动力流动研究综述: 理论与中国实证 [J]. 中国人口·资源与环境, 2015, 25 (4): 163-170.

础，以农业中存在大量剩余劳动力且传统部门滞留着大量剩余劳动力为前提，将发展中国家的经济分为：①以传统生产方法进行的劳动生产率极其低下的非资本主义部门以农业部门和农村为代表；②以现代方法进行的劳动生产率和工资水平相对较高的资本主义部门以工业部门和城市为代表的两个部门，研究认为两部门间不同的劳动边际收益率导致劳动力从农村农业部门向城市工业部门不断流动，直到两部门的劳动生产率相等为止，此时，工业部门的劳动供给像资本一样变得相对稀缺，农业部门也在此过程中实现了现代化，二元经济变成了一元经济，发展中国家的工业化过程也告完成。

刘易斯模型的几个基本特征：

（1）刘易斯把发展中国家的经济分为传统农业部门和现代工业部门两个部门进行分析。

（2）传统农业部门中存在着供给量为无限的劳动力。刘易斯认为，现代工业部门在某一个固定的工资水平上时所面对的传统农业部门剩余劳动力供给弹性为无穷大。之所以能得到该结论的前提是刘易斯认为传统农业部门的边际生产率很低，所以农民的工资水平相应较低。只要现代工业部门能够提供高于传统农业部门的工资水平，就可以得到源源不断的劳动力供给。

（3）现代工业部门的生产规模扩张和发展，是以能够得到无限的农业部门劳动力供给为前提的。随着源源不断的劳动力从农村农业部门向城市工业部门流动，工业部门的边际生产率降低，劳动力的工资水平随之降低，直至两部门的工资水平相等。

刘易斯关于人口在两部门之间流动的二元经济模型的基本思想可以通过图2-1进一步说明：

在图2-1中，纵轴表示劳动的边际产品和工资，横轴表示传统农业部门的生存收入，OW 表示现代工业部门的现行工资水平，WS 表示农业部门劳动力无限供给的供给曲线（张翠英、程瑞芳，2011）。在现代工业部门三个不同的资本水平 (k_1, k_2, k_3) 下，劳动边际生产率 $[D_1(k_1), D_2(k_2), D_3(k_3)]$ 不同。可以看到：

（1）随着现代工业部门生产中投入的资本增长，劳动的边际生产率也在不断增长，往外推移。

（2）不同的资本投入水平决定了对农业部门转移劳动力的吸纳能力的不同，资本投入得越多，对农业部门的转移劳动力需求也越多，吸纳能力就越高。

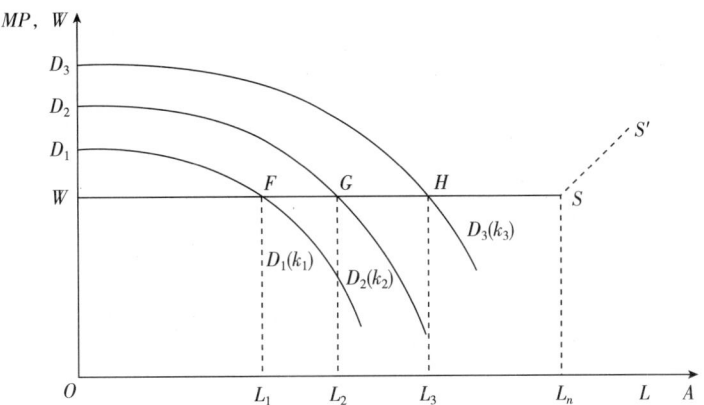

图 2-1 刘易斯人口流动模型

资料来源:张培刚,张建华.发展经济学[M].北京:北京大学出版社,2012:389.

(3) 不论是在哪种资本投入水平下,随着农业部门转移劳动力的不断流入,劳动的边际生产率均会不断下降,工资水平也随之下降,直至传统农业部门和现代工业部门的工资水平相等,此时两部门间的劳动力转移停止。此时,工业部门所面临的劳动力供给曲线由之前的水平状态变化为向右上方倾斜状态,即劳动力成为生产中的稀缺资源。

刘易斯在二元经济模型中认为,农业剩余劳动力的存在是农业停滞和落后的原因,只有当工业发展将农业剩余劳动力吸收完后,农业劳动生产率才能得以提高,农业才能得到发展。在此过程中,工业和农业在国民经济中的比重发生变化,产业结构发生改变,农村人口减少而城市人口增加,城市化水平提高。

3. 拉尼斯—费景汉的城市化与二元经济模型①

刘易斯的二元经济模型根本目的是通过城市化和农业人口的转移促进不发达经济的发展,二元经济模型的形成代表其已经超越了思想阶段,成为一种具有严格内部一致性的经济学理论,在很长时间内指导了发展经济学的发展。但是,应该看到,二元经济模型在取得巨大成就的同时,也同时招致了激烈的批评。

在刘易斯的二元经济体系中,农业部门劳动边际生产率很低甚至为零、现代工业部门低工资水平的长期维持、现代工业部门内部具有高生产率的劳动密集型

---

① 王新文.城市化发展的代表性理论综述[J].中共济南市委党校济南市行政学院济南市社会主义学院学报,2002(1):25-29.

技术的普遍应用以及人口增长率的降低等都是十分重要的前提条件。然而在实际的经济发展中，发展中国家的城市劳动力工资是随着时间的推移而增加，无限的劳动供给或固定工资率并不存在。这一点从刘易斯模型中农业部门劳动力供给曲线 WS 水平向右然后上升也可以看出，劳动力并不是无限供给以及工资率并不固定。针对这些争议，刘易斯本人在1972年也发表了《对无限劳动力的反思》一文作了更具实际意义的解释。

美国耶鲁大学的拉尼斯和费景汉（G. Rains, 1961；J. C. H. Fei, 1964）在《经济发展的一种理论》一文中在刘易斯模型基础上从动态角度研究农业和工业的增长，提出了城市化与二元经济模型，形成了拉尼斯—费景汉理论，该理论对刘易斯模型做了进一步发展，认为在经济发展过程中农村劳动力的转移数量除了取决于两部门间的工资差异外，还取决于农业技术进步、人口增长和工业资本存量的增长等，由此两位学者认为刘易斯忽略了农业在促进经济发展方面的重要作用。

在上述分析基础上，两位学者对刘易斯模式进行了修正，把发展中国家的经济发展过程划分为三个阶段。第一阶段与刘易斯模型基本相同，即劳动无限供给阶段。在这一阶段，农业部门劳动力的边际生产力为零，农业剩余劳动力从农业部门向工业部门转移不存在任何障碍，工业部门可以在既定的工资率下获得所需的劳动力。第二阶段：劳动的边际产量大于零，但小于劳动的平均产量。此时农业剩余劳动力仍然流向工业部门，只不过这种劳动力的转移存在障碍，因其对工业部门的工资水平提出了更高标准，这种要求工资水平的提高会减缓劳动力的转移速度。第三阶段：全部剩余劳动力都已被吸收到工业部门，劳动和资本一样也成为稀缺的生产要素，农民的收入和工业部门的工资都由其边际生产力决定。

从图2-2中可以看出，拉尼斯—费景汉模型和刘易斯模型有几点不同：

(1) 图2-2 (a) 和图2-2 (b) 分别代表的是刘易斯模型中的工业部门和农业部门。和刘易斯模型相比较，图2-2 (a) 中工业部门面对的劳动力供给曲线从水平阶段变化为向右上方倾斜的时点比图2-1中变化的时点明显偏早。而且根据劳动力供给是否存在变化、变化幅度大小，劳动力的供给曲线可分为三个阶段，正好对应拉尼斯—费景汉模型中的农业部门劳动力的边际生产力为零，农业剩余劳动力从农业部门向工业部门转移不存在障碍；劳动的边际产量大于零，但小于劳动的平均产量，工业部门吸收的劳动力过程中工资水平也开始缓慢上升；全部剩余劳动力都已被吸收到工业部门，劳动和资本一样成为稀缺的生产要素，工业部门的工资水平开始大幅上升这三个阶段。

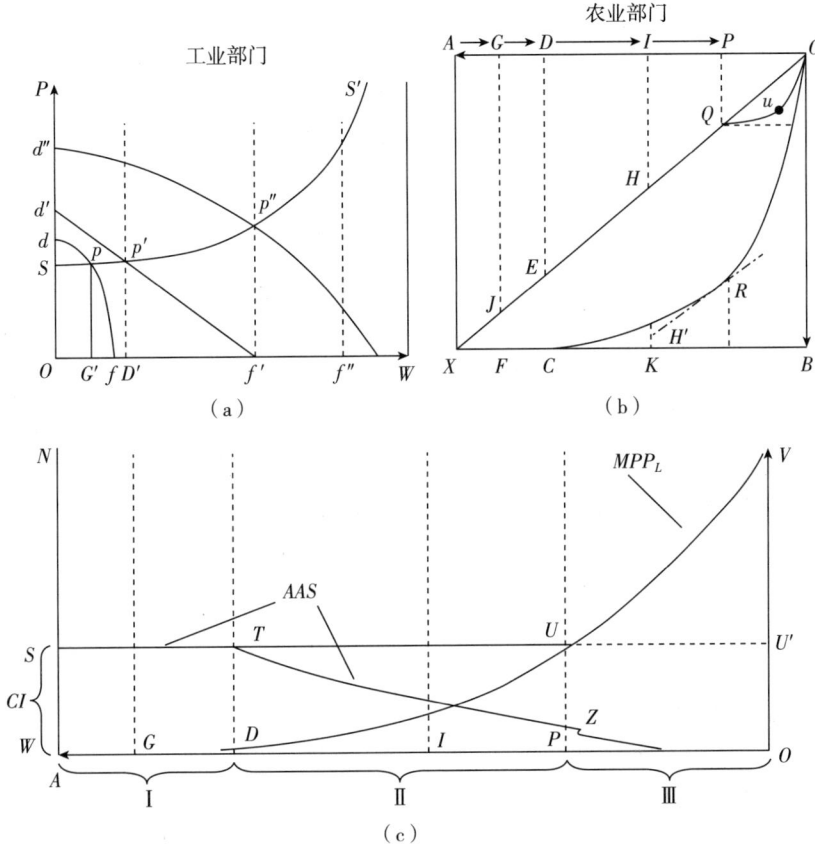

图2-2 拉尼斯—费景汉模型

资料来源:张培刚,张建华.发展经济学[M].北京:北京大学出版社,2012:391.

(2)图2-2(a)中工业部门的边际生产率曲线dpf和图2-1中刘易斯模型下的边际生产率[$D_1(k_1)$,$D_2(k_2)$,$D_3(k_3)$]存在区别。首先,刘易斯模型下,随着资本投入的增加,劳动的边际生产率也随之增加,相应的边际生产率曲线是平行外移的。而拉尼斯—费景汉模型下的边际生产率曲线虽然也随着资本投入的增加而增加,但是增加的幅度是变化的,并不能通过平行外移得到。其次,同一资本投入水平下的劳动边际生产率,刘易斯模型下的边际生产率曲线相对较为平缓,而拉尼斯—费景汉模型下的边际生产率曲线更为陡峭[见图2-2(a)]。说明拉尼斯—费景汉模型在工业部门生产过程中,是资本积累和技术进步共同推动劳动边际生产率的变化,这种边际生产率的偏转程度和刘易斯模型的

(3) 由图 2-2（c）可以看出农业部门的劳动力在向现代工业部门转移流动时，按照拉尼斯—费景汉模型的观点，首先是农业部门中劳动边际生产率为零的那部分劳动者先转移流动到工业部门，其次才是边际生产率大于零但是低于平均水平（U点以下的部分）的劳动者陆续转移。农业部门的劳动力在这两个阶段中逐步转移到工业部门，工业部门的工资水平逐渐上升。同时，在劳动力逐步转移过程中，工业和农业的产值比重、就业比重及相应的产业结构发生改变。

拉尼斯—费景汉模型是对刘易斯模型的重大发展，其指出农业对经济的发展具有重要的影响，为工业部门提供农业生产剩余的同时还为其扩张提供所需的劳动力（见图 2-3），这一模型对我国这样的发展中国家更具有现实意义，中国作为发展中国家，在"四化同步"发展的进程中，首先要重视农业劳动生产率的提高和农业的发展，只有农业发展了，农业现代化程度提高了，才能向工业部门提供必要的生产剩余和劳动力供给。

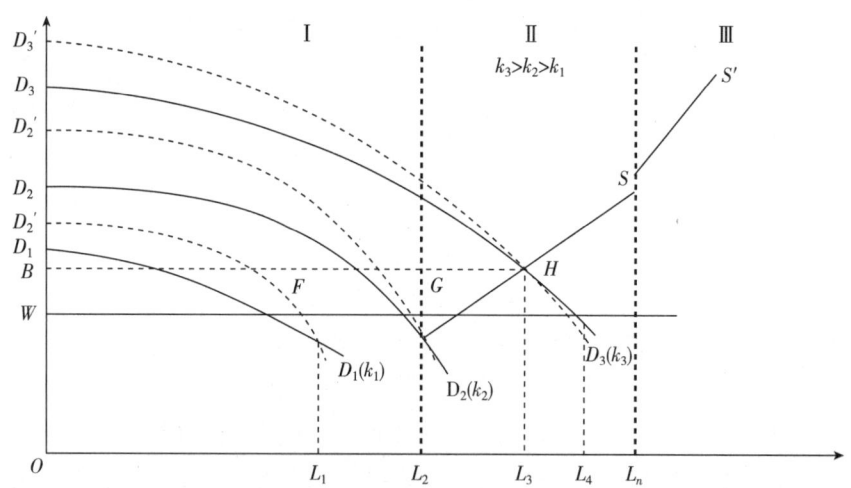

图 2-3 二元经济向现代经济转变过程中的劳动收入份额

资料来源：根据研究思路参考相关资料（张培刚，张建华，2012）由笔者绘制。

根据拉尼斯—费景汉模型引申所作的经济发展中未充分就业和充分就业的两部门边际生产比较（见图 2-4~图 2-7）可以看出经济发展中两部门的各种就业状态：

（1）在农业劳动力向工业部门转移的过程中，两部门的劳动边际生产率发展态势正好相反，前者逐步上升，后者逐步降低。图2-4中，当工业部门和农业部门的劳动边际生产率同时低于生存水准的工资，工业部门劳动力的需求总量为 AD，农业部门的劳动力需求总量为 OS，此时存在一部分剩余劳动力未能就业，此时经济发展未能实现充分就业，待就业人口为 DS。

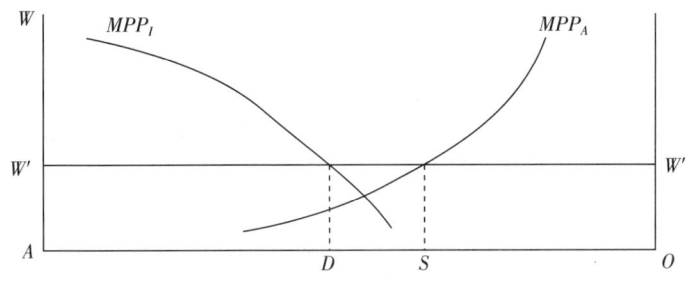

图2-4　未实现充分就业

资料来源：根据研究思路由笔者绘制。

（2）在图2-5中，随着资本投入和技术进步，工业部门由于劳动边际生产率的提高对劳动力的需求由之前的 AD 增加为 AD_1。农业部门向工业部门转移的劳动力人数增加了 DD_1，致使此时的经济系统仍然存在一部分剩余劳动力未能就业，待就业人口为 D_1S。

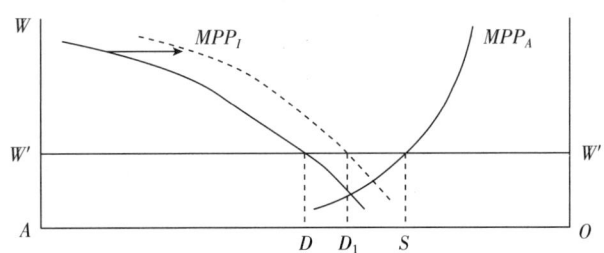

图2-5　工业部门就业增加

资料来源：根据研究思路由笔者绘制。

（3）在图2-6中，随着资本投入的进一步增加和技术进步的发展，工业部门的劳动边际生产率继续提高，对劳动力的需求进一步增加，由之前的 AD 增加为 AD_1。此时，正好农业部门的剩余劳动力转移人口等于工业部门对劳动力的需求,经济系统达到充分就业。

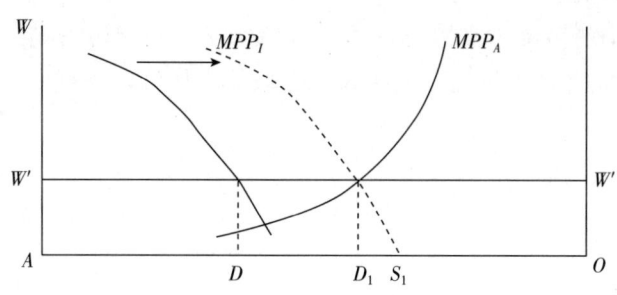

图2-6 充分就业

资料来源:根据研究思路由笔者绘制。

(4) 在图2-7中,随着资本投入的继续增加和技术进步的发展,工业部门的劳动边际生产率进一步提高,对劳动力的需求大幅增加,由之前的 AD 增加为 AD_2。此时,和之前的充分就业状态类似,农业部门的剩余劳动力转移人口等于工业部门对劳动力的需求,经济系统达到充分就业。只不过此时的农业部门本身的劳动力数量由之前的 OS 降低为 OS_2,即工业部门对劳动力的需求直接减少了农业部门的就业。

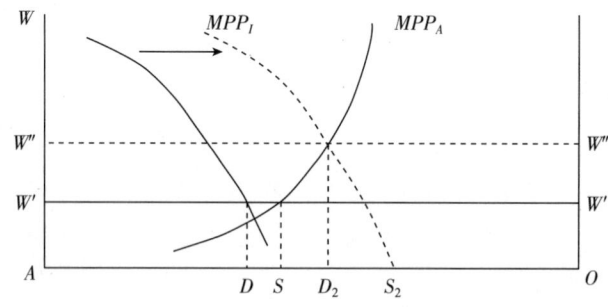

图2-7 工业部门就业增加,农业部门就业减少

资料来源:根据研究思路由笔者绘制。

结合上述分析以及中国的具体国情,中国的工业部门经过多年的发展,面临的劳动力供给曲线(见图2-8)已经由之前的劳动力无限供给 AD_1 阶段经过 AD_2 劳动力供给向右上方倾斜同时斜率较小阶段发展到了 AD_3 向右上方倾斜且斜

率逐渐加大的阶段。此时,需要工业部门和农业部门普遍提高生产率,使后者在为前者提供剩余劳动力的同时,提高自身劳动边际生产率,增加农业总产出,为工业部门的发展提供必要的保障。

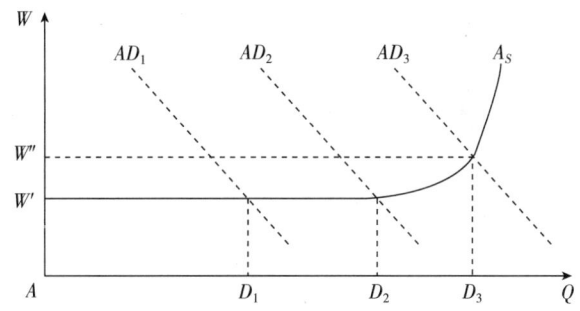

图 2-8 中国劳动力总供给曲线

资料来源:根据研究思路由笔者绘制。

对拉尼斯—费景汉模型的总结评价:

综上所述,由于拉尼斯—费景汉模型直接脱胎于刘易斯模型,所以又被称为"刘易斯—拉尼斯—费景汉模型"。其中拉尼斯和费景汉的贡献显而易见:通过分析农业部门是如何决定和影响工业部门的扩张和劳动力转移,给予了农业部门在经济发展中的重要地位,这是对刘易斯模型的一大发展。但是该模型同时存在一些缺陷,比如在分析失业和就业情况时,只重点分析了工业部门对于农业部门剩余劳动力的需求数量变化,以及在此过程中由于经济未能达到充分就业所可能造成的农业部门失业现象,对于城市部门可能出现的失业现象视而不见,未能进行分析。

4. 哈里斯—托达罗的乡城劳动力迁移与城市失业模型①

之前已经提到,拉尼斯—费景汉模型是对刘易斯模型的重大发展,很多观点和结论均可以指导发展中国家的工业部门和农业部门发展。但是,该模型存在的一个突出缺陷就是没有考虑到城市失业问题。

20世纪60年代末70年代初,随着经济的发展,很多发展中国家遇到了始料

---

① Derek Laing, Chuhwan Park, Ping Wang,张海阳. 中国城乡迁移的哈里斯—托达罗修正模型[J]. 中国劳动经济学,2006(3).

未及的城市失业现象,大批农业部门剩余劳动力涌向城市和越来越多的劳动力在城市找不到工作这两种现象并存的难题,这个难题用刘易斯模型和拉尼斯—费景汉模型均解释不了。

在此情况下,美国发展经济学家托达罗(Todaro,1969)通过引入就业概率和预期收入的概念,以拉美国家农业剩余劳动力流动和城市就业分析为基础创立了新的人口流动模型,研究了发展中国家通过农业剩余劳动力的转移实现由二元经济向一元经济转变的问题。

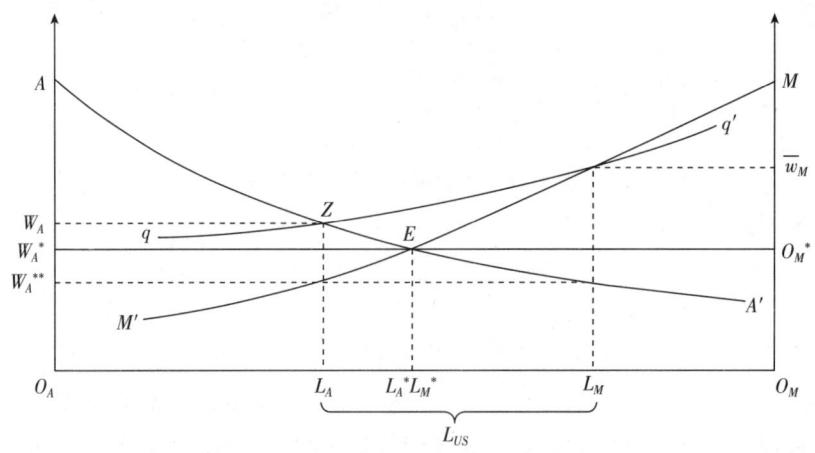

图 2-9 托达罗人口流动模型

资料来源:张培刚,张建华.发展经济学[M].北京:北京大学出版社,2012:395.

图 2-9 中,托达罗的模型同样分为工业部门和农业部门两个部门,认为随着城市工资水平的增长变化,城市部门可吸纳的就业人数会随之减少,此时农业部门工资水平低于城市部门工资,两部门间工资水平存在差异。在劳动力可以自由流动的情况下,两部门间的工资差异会诱使农村劳动力向城市部门转移,从而出现乡—城人口流动。同时,工业部门的高工资决定了其吸纳劳动力的能力有限,所以并不是每一个流向城市的劳动力都能找到就业机会进行就业,由此产生城市失业现象。对于农业剩余劳动力的转移来讲,农民是否会将转移的可能性转化为实际转移行为,主要取决于两部门间的工资水平差异和进城以后就业的概率大小两个关键要素。

托达罗模型中的一个基本观点是,农村劳动力的迁移会产生太多经济社会问题,由此托达罗主张应在工业扩张的同时大力发展农村经济以解决严重的失业问题以及采取措施缩小城乡收入差距以抑制农村劳动力的迁移。托达罗模型对于中国目前正在实施的城镇化战略具有一定的指导意义，托达罗对于发展中国家城镇部门的高失业率和农业人口的高迁移率并存的现象给予了令人信服的解释，同时其认为应该发展农业经济，缩小城乡收入差距，抑制农业人口迁移对于农业现代化的发展具有重要意义。

第三节　本章小结

本章主要分为两个部分：相关概念的界定和相关理论的介绍。

首先在相关概念的介绍部分，主要介绍和研究内容密切相关的新型工业化、信息化、新型城镇化、农业现代化以及产城融合等相关概念在本书中的界定，此部分的重点是在以上相关概念介绍的基础上，考虑到笔者的主要研究内容，最终形成一个"四化同步"进程中产城融合的新定义，对后续的主要研究内容在概念上予以界定，最终确定笔者对于产城融合的研究范围是在"四化同步"进程中针对一个区域内部的三次产业结构（即"产城融合"中的"产"的范围界定）的发展和该区域的城镇发展（即"产城融合"中"城"的范围界定）之间的协调互动关系研究。其中，对于"产"的三次产业研究包括了新型工业化、信息化、新型城镇化、农业现代化"四化"的研究，对于"城"的城镇研究主要是对新型城镇化的研究，这样就形成了"四化同步"进程中的产城融合研究主要思路和后续第三章、第四章和第五章的理论分析框架和实证研究框架。

其次在相关理论介绍部分，主要介绍在"四化同步"发展以及产城融合中的不平衡增长理论、主导部门理论、两基准理论、配第—克拉克定律、库兹涅茨人均收入影响论、主导产业扩散效应理论和经济增长阶段论、钱纳里工业化阶段理论、霍夫曼工业化经验法则、刘易斯的劳动力与两部门结构发展模型、拉尼斯—费景汉的城市化与二元经济模型、哈里斯—托达罗的乡城劳动力迁移与城市失业模型等理论，并对各理论在研究中国经济发展进程中产城融合问题的适用性进行探讨分析。

第三章 产城融合的历史回顾与"四化同步"的 VAR 模型分析[*]

本章主要内容拟分为两部分：①对新型工业化、信息化、新型城镇化、农业现代化"四化同步"发展历程以及历年来的产城融合发展历程进行历史回顾；②收集历年来的"四化"发展相关指标数据，对其进行 VAR 模型分析，考察经济发展进程中"四化"之间的相互格兰杰因果关系，通过方差分解模型和脉冲响应函数，分析"四化同步"发展中相互之间的影响关系以及影响程度，为本书后续的产城融合理论模型构建提供分析基础。

第一节 产城融合发展的历史回顾

一、城镇化发展的历史回顾

经过多年的发展，中国的城镇化进程取得了一系列成就。城镇化比率大幅提高，乡镇、县、地级市等各级城镇数量均大比例增长（见表3-1）。截至2017年年底，中国共有包括294个地级市在内的地级区划数334个，包括962个市辖区、363个县级市、1355个县、117个自治县在内的县级区划数2851个，包括21116个镇、120529个乡级、8241个街道在内的乡镇级区划数39888个。

---

[*] 本书所用原始数据均来自《新中国六十年统计资料汇编》及 2010~2018 年的《中国统计年鉴》。

第三章 产城融合的历史回顾与"四化同步"的VAR模型分析

表3-1 中国历年来城镇化发展各级城镇数量　　单位：个

年份	地级区划数	县级区划数	乡镇级区划数
1949	295	2741	
1978	340	2637	6198
1980	316	2761	
1985	327	2825	104900
1990	336	2833	65188
1995	334	2849	53360
2000	333	2861	49668
2005	333	2862	41636
2008	333	2859	40828
2014	333	2854	40381
2015	334	2850	39789
2016	334	2851	39862
2017	334	2851	39888

资料来源：来自历年《中国统计年鉴》及《新中国六十年统计资料汇编》。

从1949年中华人民共和国成立开始，统计数据显示，除了1965~1973年特殊时期期间的小幅波动之外，中国的城镇化率逐年上升，从1949年的10.64%增长至2017年的58.52%（见表3-2）。

表3-2 中国历年来城镇化率变化

年份	城镇人口比重（%）	年份	城镇人口比重（%）
1949	10.64	1975	17.34
1950	11.18	1976	17.44
1951	11.78	1977	17.55
1955	13.48	1978	17.92
1960	19.75	1979	18.96
1965	17.98	1980	19.39
1970	17.38	1981	20.16
1971	17.26	1982	21.13
1972	17.13	1983	21.62
1973	17.20	1984	23.01
1974	17.16	1985	23.71

续表

年份	城镇人口比重（%）	年份	城镇人口比重（%）
1986	24.52	2002	39.09
1987	25.32	2003	40.53
1988	25.81	2004	41.76
1989	26.21	2005	42.99
1990	26.41	2006	44.34
1991	26.94	2007	45.89
1992	27.46	2008	46.99
1993	27.99	2009	48.34
1994	28.51	2010	49.95
1995	29.04	2011	51.27
1996	30.48	2012	52.57
1997	31.91	2013	53.73
1998	33.35	2014	54.77
1999	34.78	2015	56.10
2000	36.22	2016	57.35
2001	37.66	2017	58.52

资料来源：来自历年《中国统计年鉴》及《新中国六十年统计资料汇编》。

如图3-1所示，中国的城镇化率逐年增长。和发达国家相比，中国的城镇化发展速度非常快。1978年改革开放至2017年短短的39年间，中国的城镇化率从17.92%快速发展至58.52%，这个过程比发达国家快了一倍多。

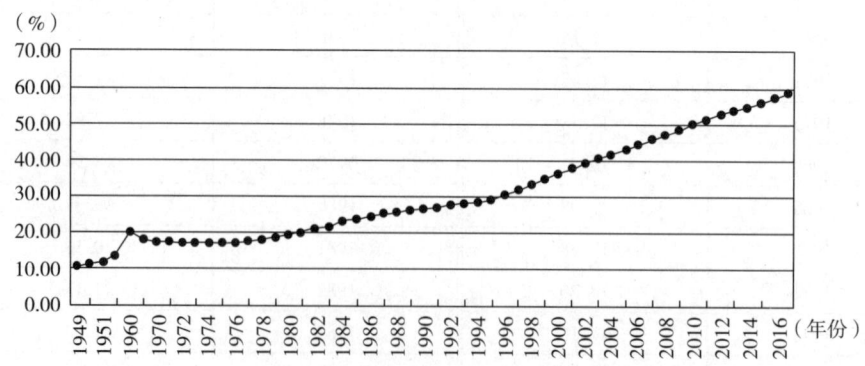

图3-1　1949~2017年中国历年来城镇化率变化趋势

资料来源：历年《中国统计年鉴》及《新中国六十年统计资料汇编》。

纵观全球各国的城镇化发展历史和进程，各发达国家进程均不相同。英国的城镇化比率从20%发展到40%经历了漫长的120年，其间从1800年的32%发展到1880年的56%也用了80年。城镇化率从20%发展到40%，法国同样经历了漫长的100年，德国经历了近80年。美国的城镇化率从1860年的20%左右发展至1930年的56%经历了70年。同样，城镇化率从20%发展到40%，苏联经历了30年（1920~1950年），日本经历了30年（1925~1955年）。综上所述，在城镇化进程中，中国的发展速度远远快于各发达国家的城镇化进程，中国正在经历世界上规模最大速度、最快的城镇化进程。

诺瑟姆（Ray. M. Northam，1979）通过对欧美各国城市化发展轨迹的分析，发现并提出了"诺瑟姆曲线"，形成了"城市化进程的阶段性规律"，指出随着时间的推移，发达国家的城市化大体上都经历了类似正弦波曲线上升的过程，以拉伸的S形曲线发展（见图3-2）。并将城市化进程划分为初期（30%以下）、中期（30%~70%）和后期（70%以上）三个阶段。

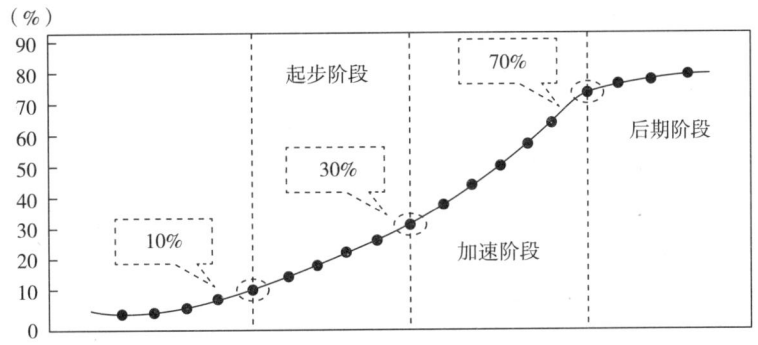

图3-2 城市化的发展规律

注：根据相关文献的考察，国际上对于诺瑟姆曲线的准确性和适用性还存在争议，就国内来讲，多数学者对于诺瑟姆曲线以及城市发展阶段的划分还是基本认可的，同时根据国内城镇化的发展历史及数据，也在一定程度上证实了诺瑟姆曲线在中国城镇化进程中的适用性。

第一个阶段是城市化起步阶段，该阶段城市化水平较低，发展速度也较慢，农业占据主导地位；第二阶段是城市化加速阶段，人口向城市迅速聚集，城市化推进很快。随着人口和产业向城市集中，市区出现了劳动力过剩、交通拥挤、住房紧张、环境恶化等问题，同期会出现郊区城市化现象；第三阶段是城市化成熟阶段，此时城市化水平比较高，城市人口比重的增长趋缓甚至停滞。有些地区可能会出现逆城市化现象。

与诺瑟姆城镇化研究过程中的 S 曲线发展态势相对照,结合中华人民共和国成立以来历年的城镇化比率发展数据,2017 年中国的城镇化率为 58.52%,可见,目前中国的城镇化正处于诺瑟姆 S 曲线中后期的加速发展阶段。

从分地区历年来的城镇化进展来看(见图 3-3),中国各地区的城镇化率从 2006 年开始均呈逐年上升趋势。其中,各分地区的城镇化率发展不一。

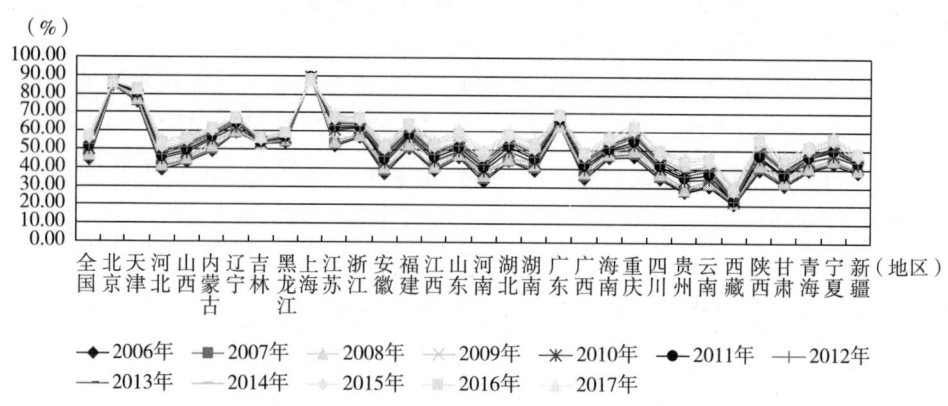

图 3-3 2006~2017 年中国及各地区城镇化变化(不含港、澳、台地区)

资料来源:历年《中国统计年鉴》及《新中国六十年统计资料汇编》。

北京、天津、上海属于城镇化发展中的一级区域,城镇化比率(北京 86.50%、天津 82.93%、上海 87.70%)均在 80% 以上,远超全国平均水平;内蒙古(62.02%)、辽宁(67.49%)、江苏(68.76%)、浙江(68.00%)、福建(64.80%)、山东(60.58)、广东(69.85%)、重庆(64.08%)等地区的城镇化比率均在 60%~70%,属于城镇化发展中的二级区域;黑龙江(59.40%)、湖北(59.30%)等地区的城镇化比率均在全国的平均水平即 58.52%~60%,属于城镇化发展中的三级区域;另外,河北(55.01%)、山西(57.34%)、吉林(56.65%)、海南(58.04%)、陕西(56.79%)、宁夏(57.98%)、安徽(53.49%)、江西(54.6%)、河南(50.16%)、湖南(54.62%)、广西(49.21%)、四川(50.79%)、贵州(46.02%)、云南(46.69%)、西藏(30.89%)、甘肃(46.39%)、青海(53.07%)以及新疆(49.38%)18 个省份城镇化比率均在全国平均水平之下,处于城镇化发展中的四级区域。城镇化发展中的一个共识就是一个区域城镇化发展的水平和该区域的经济发展水平密切相关,基本呈正向影响的关系。由此,中国城镇化发展进程中比率落后的河北等17个区域应该首先大力发展经济,提高经济水平,才能在城镇化进程中奋起直追,后来居上。

上述在进行城镇化进程的分析时,主要采用的是人口城镇化指标,即非农人口/全国总人口来进行城镇化比率的分析。之前提到,在过去多年的城镇化发展过程中,相关各方过于注重城镇化发展的速度,忽视了城镇化发展的质量,在发展中产生了诸如以下问题:城镇用地模式过于粗放,征地模式不可持续;现有城镇的治理和管理水平均有待提高,城市基础设施配置不合理,公共资源配置效率低;第三产业发展严重滞后,和目前的城镇化比率不符等。基于此,学术界和政府均提出在城镇化发展的过程中,应该更加注重城镇发展质量,注重农村人口转移到城镇以后的就业,注重农村转移人口在城镇享有的各项公共资源水平。从图3-4中(出于作图考虑,对图中数据经过相应处理,但不影响对各个指标变化趋势的分析)可以看到,从1991~2017年,在城镇化发展过程中对于公共设施的资源配置以及城镇生活质量给予了更多的关注。城市人口密度从1991年的302人/平方千米发展到2017年的2477人/平方千米,城市用水普及率从1991年的54.8%发展到2017年的98.3%,城市燃气普及率从1991年的23.7%发展到2017年的96.3%,每万人拥有的公交车辆数从1991年的2.7台发展到2017年的15台,人均拥有道路面积从1991年的3.35平方米发展到2017年的16.1平方米,人均公共绿地面积从1991年的2.07平方米发展到2017年的14.0平方米。

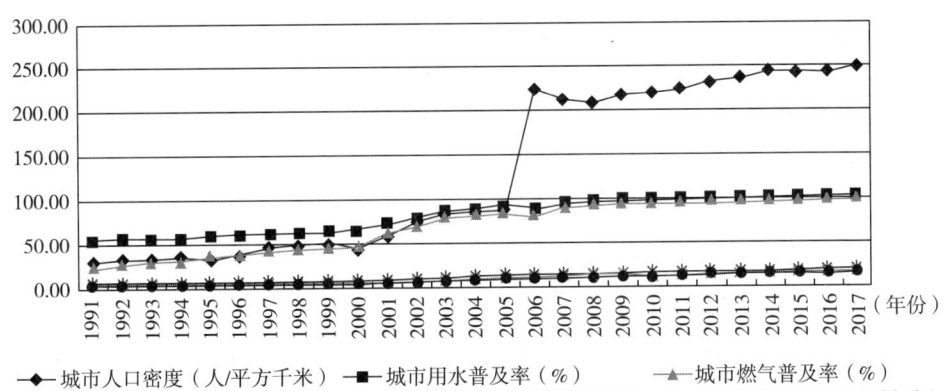

图3-4 1991~2017年中国城镇化发展主要指标变化

资料来源:历年《中国统计年鉴》及《新中国六十年统计资料汇编》。

同时，图3-5中数据显示，从1989年开始到2017年，全国城镇职工养老保险人数从5710.3万人增加到40293.3万人，保险覆盖范围大大增加。从以上数据可以看出，在过去的20多年时间里，城镇化的发展使得城镇人口密度大幅增加的同时，在生活、交通等方面的公共资源人均享有情况以及养老保险覆盖范围等也得到了极大的改善，为中国的新型城镇化进程打下了一个不错的基础。

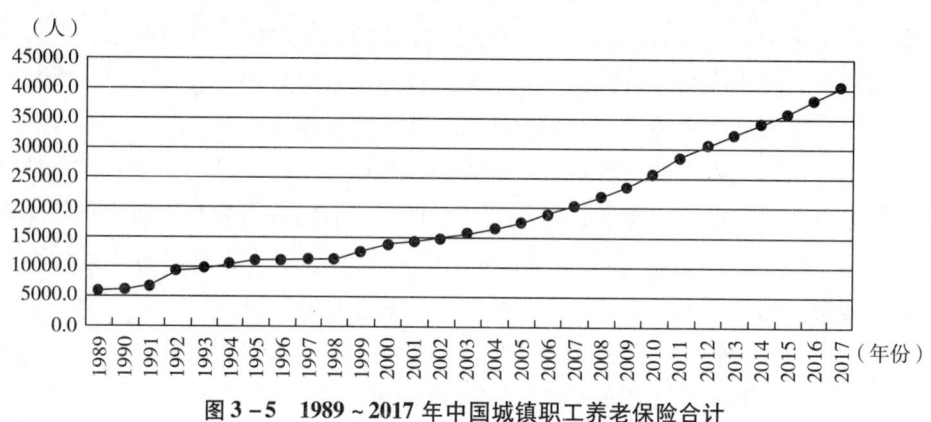

图3-5　1989~2017年中国城镇职工养老保险合计

资料来源：历年《中国统计年鉴》及《新中国六十年统计资料汇编》。

二、工业化进程的历史回顾

从图3-6中可以看出，1978年至2017年，中国的工业总产值大幅增加，从1641.4亿元大幅增长至279996.9亿元。同期工业制成品的出口总额也在大幅上

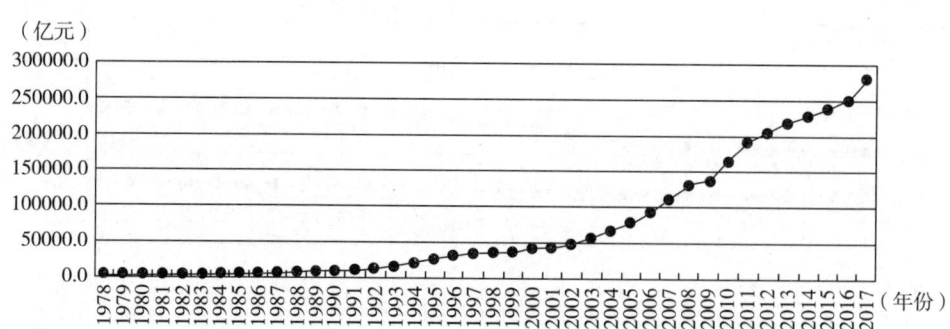

图3-6　1978~2017年中国工业总产值变化

资料来源：历年《中国统计年鉴》及《新中国六十年统计资料汇编》。

升（见图3-7），从1980年的90.05亿美元上升至2017年的21456.4亿美元，增长了约238倍。说明在工业总产值大幅增长的同时，工业化的发展使得中国经济从过去的只注重发展速度转变为既注重速度又注重产品质量的工业化发展模式，工业制成品获得了国际社会的极高认可，出口总额大幅增长。

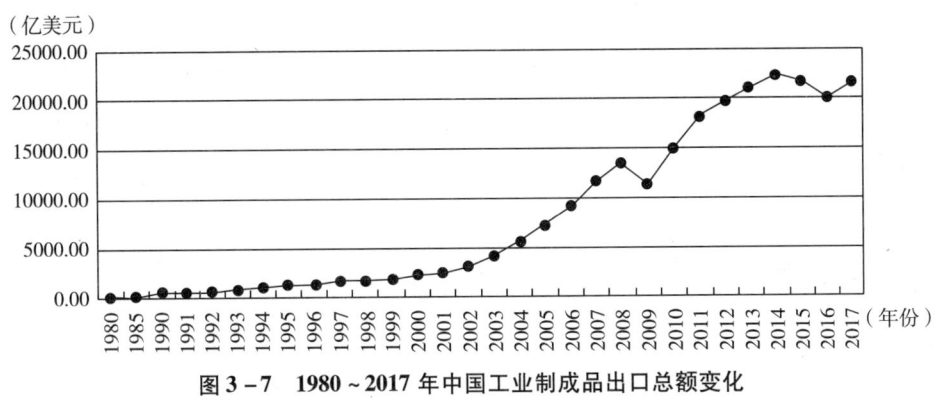

图3-7　1980~2017年中国工业制成品出口总额变化

资料来源：历年《中国统计年鉴》及《新中国六十年统计资料汇编》。

工业化的发展进程和产业结构的演进密切相关，中华人民共和国成立以来，中国的产业结构得到了巨大的发展。三次产业产值结构变化明显（见图3-8），第一产业的产值比重由1978年的27.9%下降到了2017年的7.9%，第二产业的产值比重由1978年的47.6%逐步下降到了2017年的40.5%，第三产业的产值比重由1978年的24.5%稳步上升至2017年的51.6%。可以看出，第一产业和第三产业的产值比重变化最为明显，第一产业产值比重急剧下降，第三产业产值比重持续上升。

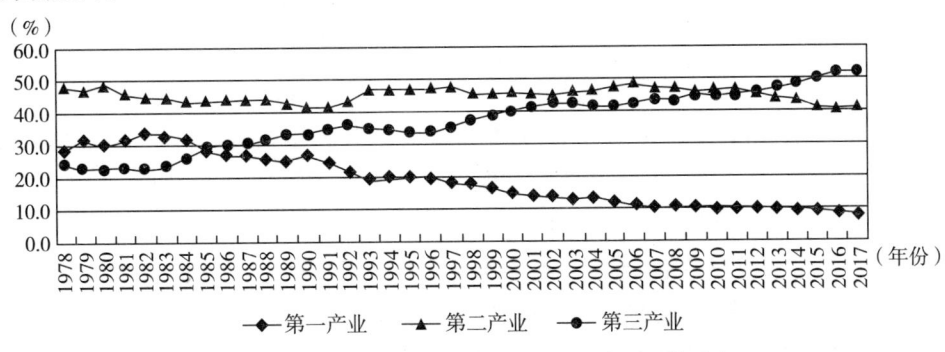

图3-8　1978~2017年中国三次产业产值结构变化

资料来源：历年《中国统计年鉴》及《新中国六十年统计资料汇编》。

这种各产业间产值结构的变化会直接影响到对相关劳动力的需求变化，导致中国的三次产业就业结构也相应发生变化（见图3-9）。可以看出，第一产业的从业人数从1952年的17317万人经过多年的缓慢攀升，到1991年达到顶峰即39098万人，随后逐步缓慢降低到20944万人；除了2002年和2003年两年内第二产业的就业人数出现小幅波动之外，长期内，第二产业和第三产业的就业人数均呈直线上升趋势，第二产业的就业人数从1952年的1531万人增长到2017年的21824万人，第三产业的就业人数增长的幅度更大，从1952年的1881万人增长到2017年的34872万人。

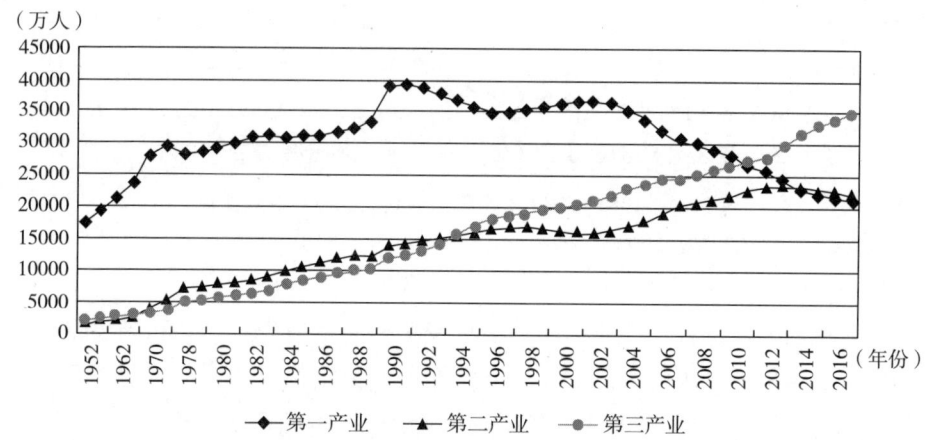

图3-9 1952~2017年中国三次产业就业人数变化

资料来源：历年《中国统计年鉴》及《新中国六十年统计资料汇编》。

从三次产业的就业比重变化（见图3-10）中可以更清楚地看出，三次产业的就业比重发生了反转性的变化。从1952年三次产业的就业比重83.5%：7.4%：9.1%到1978年成为70.55：17.3%：12.2%，再发展到2017年的27%：28.1%：44.9%。和同期的三次产业产值比重对应起来进行比较，2017年三次产业的产值比重为7.9%：40.5%：51.6%，第一产业的产值比重和就业比重明显不协调，第二产业次之，第三产业大致相符。

从1990~2017年全国三次产业贡献率（见图3-11）中也可以看出，1990年，三次产业中第一产业的贡献率最高，为40.55%，第二产业次之为39.6%，第三产业最低为19.9%；经过多年的发展和产业结构调整，2017年第一产业的贡献率锐减为4.9%，第二产业稳中有降为36.6%，第三产业由1990年的最低贡献率一跃成为贡献率最高的产业，为58.5%。

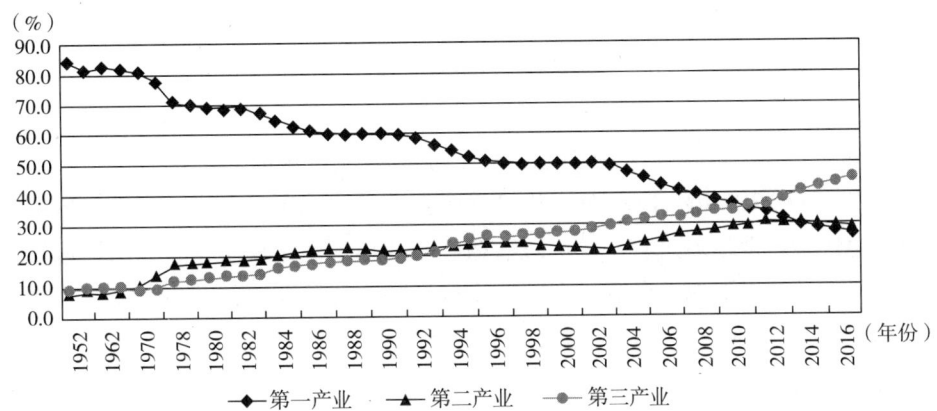

图 3-10　1952~2017年中国三次产业就业结构变化

资料来源：历年《中国统计年鉴》及《新中国六十年统计资料汇编》。

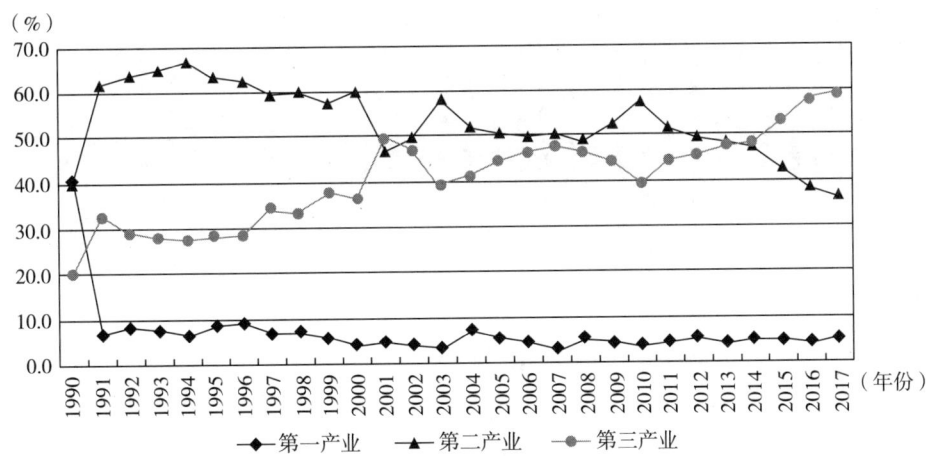

图 3-11　1990~2017年中国三次产业贡献变化

资料来源：历年《中国统计年鉴》及《新中国六十年统计资料汇编》。

中国产业结构转变的特点是从业人员三次产业中的构成结构偏离常态。以钱纳里的"标准就业结构"与中国比较发现，中国产业结构变动中第二产业超前，而第三产业滞后；从业人员配置的结构转换十分缓慢，第一产业劳动力过多，第三产业劳动力比重低下；从就业人口的三次产业分布看，第一产业比重的下降并没有引起第二产业的大变动,而是引起第三产业比重的上升;第一产业就业人员比重不仅远远高于西方工业化国家的水平,也明显高于世界上GDP水平大体相当的部分发展中国家;从行业角度看从业人员的比重,第一产业的从业人员太多,第三产业的就业人口比重还是明显偏低。

从分地区的产业发展情况来看,各地区的产业发展极不均衡(见图3-12)。从图中可以看出,2017年全国各地区的产业结构存在两极分化状态。北京地区的三次产业结构为0.4%:19%:80.6%,上海地区的产业结构为0.4%:30.5%:69.2%,这两个地区是产业发展进程中的高级区域,产业结构优化程度较高,已接近发达国家水平;天津、广东、江苏、浙江四个区域的产业结构中,第一产业比重均在5%以下,第二产业和第三产业的比重几乎大致相等,可以作为产业结构发展中的二类区域;其他区域绝大多数的第一产业比重在10%左右,第二产业比重高于第三产业比重,属于产业结构发展中的三类区域,应该采取措施提高第三产业比重。

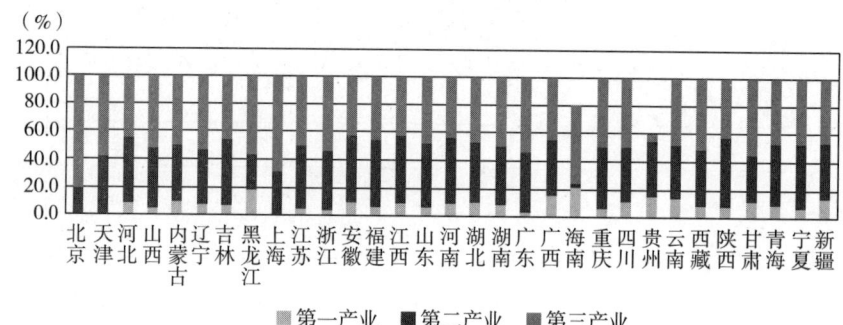

图3-12 2017年中国各地区三次产业构成(不含港、澳、台地区)

资料来源:历年《中国统计年鉴》及《新中国六十年统计资料汇编》。

三、农业现代化发展的历史回顾

在农业经济发展的过程中,和其他大多数国家相比,中国农业的发展都由特殊的国情所影响和决定。农业剩余劳动力长期存在且劳动力素质低下、农业产业结构不合理且农业劳动生产率较低、农业生产技术水平落后、生产资源匮乏、生态环境日益恶化等存在的亟待解决的问题促使中国政府层面十分重视农业问题,直接促进了农业现代化战略的提出。

经过多年的发展,中国的农业现代化发展卓有成效。图 3-13 中,第一产业总产值从 1978 年的 1018.4 亿元发展到了 2017 年的 65467.6 亿元,增长了 64.3 倍。

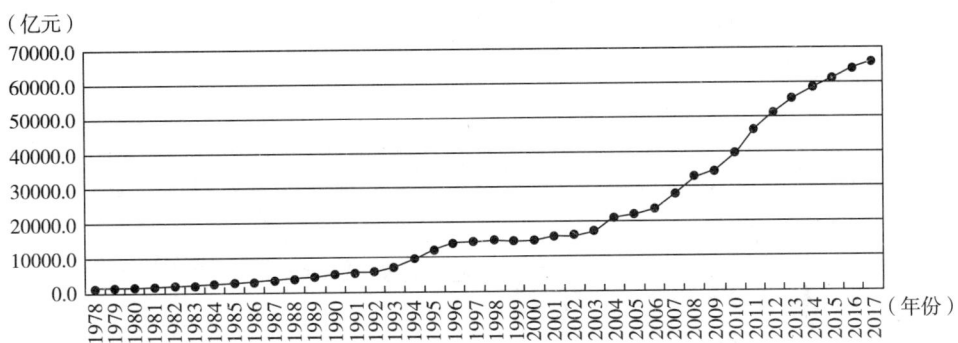

图 3-13　1978~2017 年中国工业制成品出口总额变化

资料来源:历年《中国统计年鉴》及《新中国六十年统计资料汇编》。

在农业现代化的进程中,衡量农业现代化发展水平的指标不仅限于第一产业总产值一个指标,作为从传统农业向现代农业转化的过程和手段,农业现代化是指在农业的生产中,日益用现代工业、现代科学技术和现代经济管理方法武装起来提高农业生产力的过程。农业现代化是一个相对性较强的概念,其内涵随着技术、经济和社会的进步而进步,2016 年 1 月 27 日最新发布的"中央一号文件"《关于落实发展新理念加快农业现代化　实现全面小康社会》中,提出加快农业现代化建设的几个措施:大规模推进高标准农田建设、大规模推进农田水利建设、强化现代农业科技创新推广体系建设、加快推进现代种业发展、发挥多种形式农业适度规模经营引领作用、加快培育新型职业农民、优化农业生产结构和区域布局、统筹用好国际国内两个市场和两种资源,以持续夯实现代农业基础,提高农业质量效益和竞争力;加强农业资源保护和高效利用、加快农业环境突出问题治理、加强农业生态保护和修复、实施食品安全战略,以加强资源保护和生态修复,推动农业绿色发展;推动农产品加工业转型升级,推进农村产业融合,促进农民收入持续较快增长。

多年来中国在农业现代化进程中,也从上述措施角度出发,进行了一系列的努力。从图 3-14 中的五条曲线可以看到改革开放以来,农业生产中的国家财政支农支出、全国农业机械总动力等农业现代化指标均呈稳步直线上升趋势。国家财政支农支出由1978年的76.95亿元上升到2017年的2600多亿元,全国农业机械总动力由1978年的11749.9万千瓦增加到2017年的98783.3万千瓦以上,全国农业有效灌溉面积从1978年的44965千公顷增加到2017年的67816千公顷以上,全国农业化肥施用量从1978年的884万吨增加到2017年的5859.4万吨以上,农村用电量从1978年的253.1亿千瓦小时增加到2017年的近9524.4亿千瓦小时。

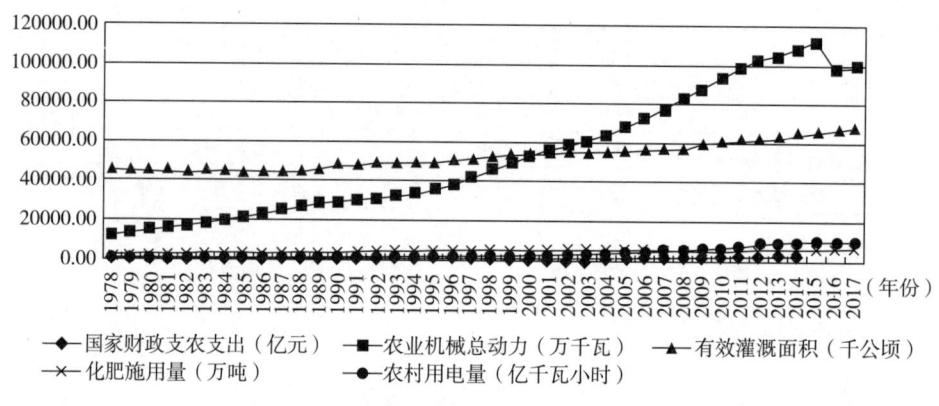

图3-14 1978~2017年中国农业发展主要指标变化

资料来源:历年《中国统计年鉴》及《新中国六十年统计资料汇编》。

同时,在农业生产过程中信息化的应用也是农业现代化的一个衡量指标,仅从全国开通互联网宽带业务的行政村比重就可以看出(见图3-15),2010~2016年,开通互联网宽带业务的行政村比重已经增长到了近97%,互联网的应用在很大程度上加强了农民在生产、销售以及技术支持上与外界的沟通和联系,可以有效促进农业现代化的进程。实际上,除了开通互联网宽带业务的行政村比重指标外,还有农民的每百人移动电话数量、农民在移动业务上的消费支出等指标均可以结合起来衡量,得到的结论不会有本质上的差异。

上述内容从农业生产中的国家财政支农支出、全国农业机械总动力等代表农村生产条件的指标以及开通互联网宽带业务的行政村比重等指标进行的分析均说明改革开放以来,经过39年的发展,农业生产条件有了大幅改善,促进农业生产力的极大提高。主要反映在三个指标上,即第一产业总产值的大幅增长(2017年的总产值比1978年增长了64.3倍),农村居民人均可支配收入和消费支出的大幅增加(见图3-16)。

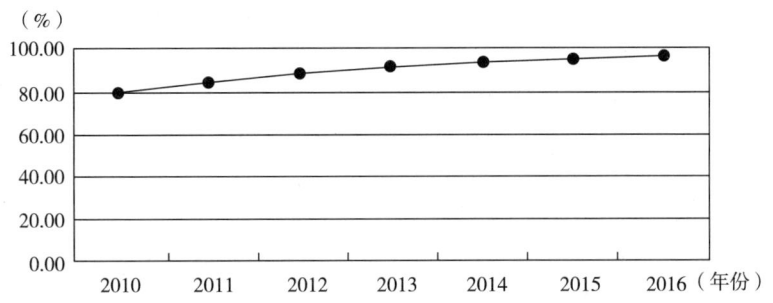

图 3-15　2010~2016 年中国开通互联网宽带业务的行政村比重变化

资料来源：历年《中国统计年鉴》及《新中国六十年统计资料汇编》。

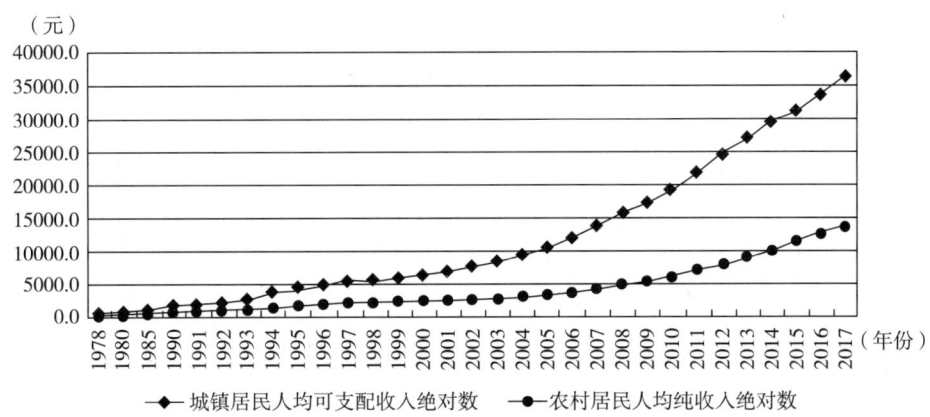

图 3-16　1978~2017 年中国工业制成品出口总额变化

资料来源：历年《中国统计年鉴》及《新中国六十年统计资料汇编》。

上述分析是从全国农业的发展来进行农业现代化进程的研究，从 2017 年分地区的各个指标上还可以看出地区间农业现代化发展差异。图 3-17 中，2017 年农村居民人均可支配收入的全国平均水平为 13432.4 元，在分地区的数据中，北京、天津、上海、江苏、浙江、福建、山东、广东的农村居民人均可支配收入均超过 15000 元，高居农业现代化发展中的一类区域；湖北、辽宁的农村居民人均可支配收入均在全国平均水平和 15000 元之间，属于农业现代化发展进程中的二类区域；其他河北、山西、内蒙古、吉林、黑龙江、安徽、江西、河南、湖南、广西、海南、重庆、四川、贵州、云南、西藏、陕西、甘肃、青海、宁夏以及新疆地区的农村居民人均可支配收入均小于全国平均水平，属于农业现代化发展进程中的三类区域,需要采取措施加快农业现代化发展进程,提高农民人均可支配收入。

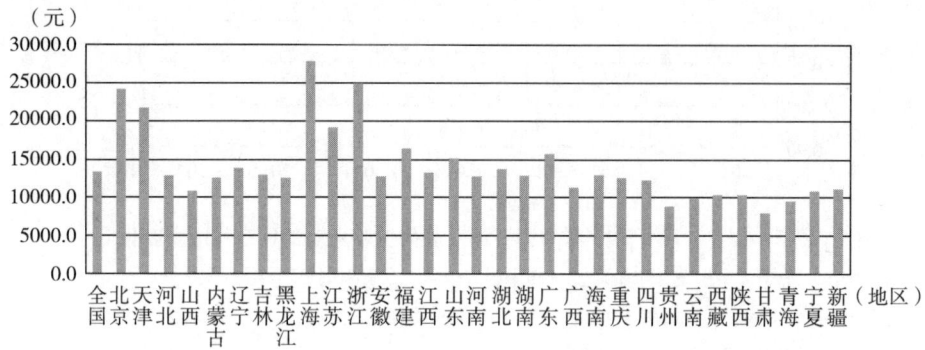

图3-17 2017年全国及各地区农村居民人均可支配收入(不含港、澳、台地区)

资料来源:历年《中国统计年鉴》及《新中国六十年统计资料汇编》。

结合图3-18中2017年农村居民人均消费支出指标来看,当年全国平均水平为10954.5元,分地区数据中,和农村居民人均可支配收入数据分析的结果基本类似,仍然是北京、天津、上海、江苏、浙江、福建、广东的农村居民人均消费支出远超全国平均水平,高居农业现代化发展中的一类区域;内蒙古、安徽、湖北、湖南以及四川的农村居民人均消费支出基本高于全国平均水平,属于农业现代化发展进程中的二类区域;河北、山西、辽宁、吉林、黑龙江、江西、山东、河南、广西、海南、重庆、贵州、云南、西藏、陕西、甘肃、青海、宁夏以及新疆地区的农村居民人均消费支出均小于全国平均水平,属于农业现代化发展进程中的三类区域。从农村居民人均可支配收入的数据分析结果对照来看,安徽、湖南、四川三个区域农村居民人均可支配收入水平低于全国平均水平,但是农村居民人均消费支出却基本高于全国平均水平。出现这种现象的原因需要结合区域经济发展情况具体分析,尽可能采取措施使得农村居民辛苦劳作一年后可以有相当数量的积蓄以供未来不时之需。

四、信息化发展的历史回顾

和世界上其他发达国家相比,中国的信息化起步较晚。但是伴随着经济的高速增长和全球信息时代的到来,经过中国政府、产业、企业以及个体等多个层面的多年努力发展,中国的信息化进程有了显著的发展和成就,电子信息产业规模大幅增长。

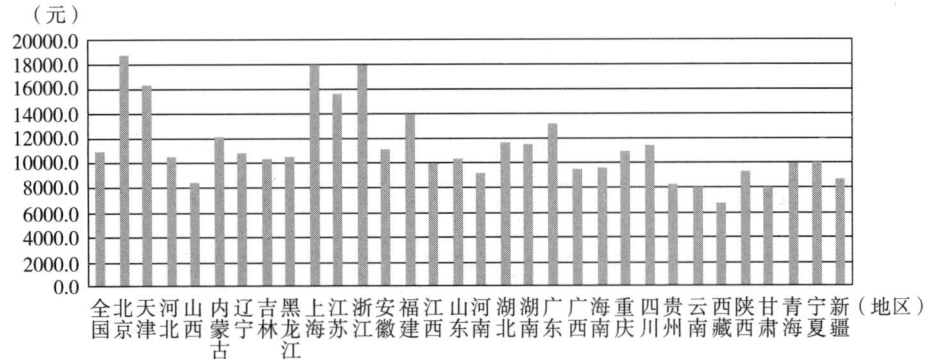

图 3-18　2017 年全国及各地区农村居民人均消费支出（不含港、澳、台地区）

资料来源：历年《中国统计年鉴》及《新中国六十年统计资料汇编》。

根据《中国信息化水平评价研究》课题组的《中国信息化水平评价研究报告》，认为国家信息化水平总指数是继国内生产总值（GDP）之后反映信息时代国家综合实力的重要指标，主要是通过资源开发利用、信息网络建设、信息技术普及与应用、信息产业发展、信息化人力资源和信息化发展政策六个方面的 20 项指标综合测算出来的。该指标体系包括信息化水平评价总指数指标体系和信息化水平部门关键性补充指标体系两部分，具体包含：每百人固定电话用户数、每百人移动电话用户数、每千人计算机数、每千人有线电视用户数、每千人互联网站数、互联网拨号接入费占人均国民总收入的比重、互联网宽带接入费占人均国民总收入的比重、固定电话使用费占人均国民总收入的比重、移动电话使用费占人均国民总收入的比重、成人识字率、受过中等教育的人口占全部人口的比重、受过高等教育的人口占全部人口的比重、综合入学率、人均国际互联网带宽、每百人宽带用户数、每百人互联网用户数、每月通信费、上网费用支出占总支出（行政支出、企业管理费、家庭支出）的比重、网上订购商品和服务总额占采购总额的比重、信息化投入总额占固定资产投资比重、信息产业研究与开发经费支出占 GDP 的比重、信息产业从业人数占全社会从业人数比重、信息产业增加值占 GDP 的比重、信息产品出口额占全部出口总额的比重以及其他一些相关指标。

根据这些相关指标，主要通过收集一些主要指标的数据，就可以看到经过多年的发展，中国的信息化取得了很大的发展和成绩。从图 3-19 和图 3-20（图中数据经过相应处理，不影响趋势变化分析）中可以看到，全国的电话普及率、移动电话普及率、移动电话交换机容量、互联网普及率、互联网上网人数、网页数、域名数、网站数、IPV4 地址数、互联网宽带接入端口数量、互联网宽带接入用户数量等技术性指标数据均在近十多年的时间内大幅增长。

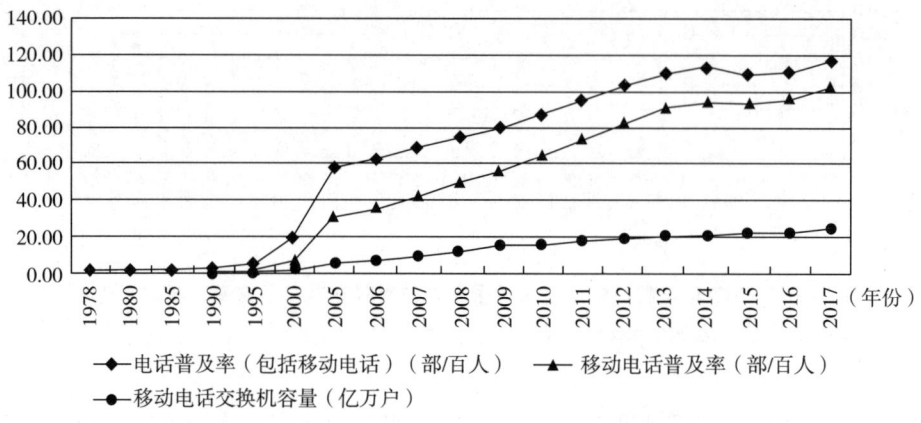

图 3－19　1978～2017 年全国电信通信服务水平变化

资料来源：历年《中国统计年鉴》及《新中国六十年统计资料汇编》。

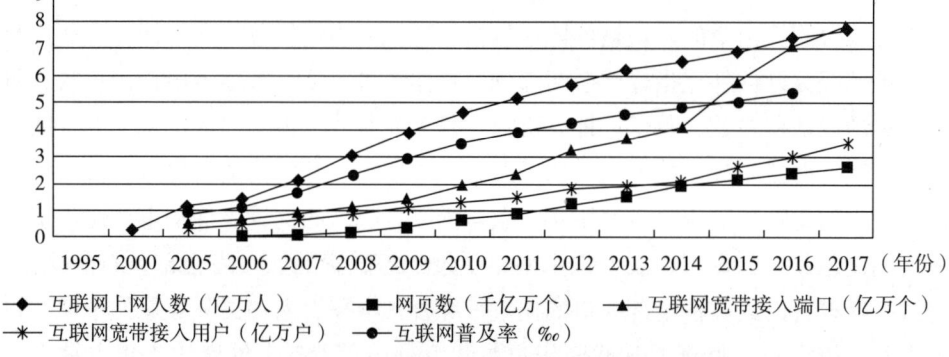

图 3－20　1995～2017 年全国互联网主要指标变化

资料来源：历年《中国统计年鉴》及《新中国六十年统计资料汇编》。

全国的电话普及率从 1978 年的每百人 0.38 部增长到 2017 年的每百人 115.91 部（增长 304 倍，年均增长 16%），移动电话普及率从 1995 年的每百人 0.3 部发展到 2017 年的每百人 101.97 部（增长 338.9 倍，年均增长 30%），移动电话交换机容量从 1990 年的 5.1 万户发展到 2017 年的 242185.8 万户（增长 47486.4 倍，年均增长 49%），互联网普及率从 2000 年的 8.5% 发展到 2016 年的 53.2%（增长 5.26 倍，年均增长 12%），互联网上网人数从 2000 年的 2250 万人发展到 2017 年的 77198 万人（增长 33.3 倍，年均增长 23%），互联网网页数从 2006 年的 447257.8 万个发展到 2017 年的 26039903.0 万个（增长 57.2 倍，年均增长 45%），域名数从 2005 年的 259.2 万个发展到了 2017 年的 3848 万个（增长 13.8 倍，年均增长 25%），网站数从 2000 年的 26.5 万个发展到了 2017 年的 533.3 万个（增长 19.1 倍，年均增长 19%），IPV4 地址数从 2000 年的 7439.1 万个发展到了 2017 年的 33870.5 万个（增长 3.55 倍，年均增长 9%），互联网宽带接入端口数量从 2005 年的 4874.7 万个发展到了 2017 年的 77599.1 万个（增长 14.9 倍，年均增长 26%），互联网宽带接入用户数量从 2005 年的 3735 万户发展到了 2017 年的 34854 万户（增长 8.33 倍，年均增长 20%）。

这些指标的数据增长和新型工业化、新型城镇化以及农业现代化中相关指标的增长很大的一个不同就是信息化中所用的指标数据增长率远远高于其他"三化"所用的指标数据增长率。这种发展差异和信息化的特征密切相关，当今信息化时代，各国的信息化发展均突飞猛进，如果一国的信息化不能紧跟时代发展，必将在未来的国际竞争中失去一席之地。由此，能够反映其发展水平的指标增长非常迅猛，也进一步说明在信息化的进程中，虽然中国起步较晚，但是可以发挥后发优势，快速发展。

上述指标的快速发展直接反映到国民经济总产值统计中的一些相关指标上，可以看到（见图 3-21），截至 2017 年年末，中国经济中的信息技术服务收入达 3.06 万亿元。软件业务收入从 2010 年的 135885509.6 万元增长至 2017 年的 551031186.6 万元（增长 4.06 倍，年均增长 22%），软件业务出口总额从 2010 年的 2673526 万美元增长至 2017 年的 5411643.3 万美元（增长 2.02 倍，年均增长 11%）。同时，根据相关统计，2017 年年末在采矿业、制造业、建筑业、批发和零售业、交通运输仓储和邮政业、信息传输软件和信息技术服务业、房地产业、科学研究和技术服务业以及文教科卫等公共事业发展中，企业拥有的网站数量（541127 个）、每百家企业拥有的网站数量（56 个）、企业使用的计算机数量总量（4742.8 万台）、每百人使用的计算机数量（26 台）等数量相比上年均有大幅度增长。

上述指标数据分析均是从全国角度进行，从分地区的信息化发展表现来看（见图 3-22），2017 年的分地区软件业务收入和软件业务出口总额统计中，广东地区的软件出口总额以 2781019.7 万美元的总额在全国各地区中独占鳌头，江苏（621901.1 万美元）、上海（344604.2 万美元）、浙江（344547.0 万美元）、辽宁（306795.0 万美元）、北京（249843.0 万美元）、山东（240015.2 万美元）、四川

(147168.7万美元)、陕西(135852.6万美元)、湖南(61844.9万美元)、天津(55912.7万美元)等地区紧随其后,其他地区的软件出口总额几乎可以忽略不计,说明这些区域相应的产业发展尚未完善。软件业务收入统计中,广东、江苏、北京、上海、浙江、山东等地收入较高居于一类区域,四川、福建、陕西、湖北、天津、重庆的软件业务收入尚可划为二类区域,其他地区的软件业务收入较低可以忽略不计,属于三类区域。这些区域若想在软件业务方面有所发展,应该在政府和企业层面均引起足够重视,采取相应策略和发展措施,促进相关产业尽快发展。

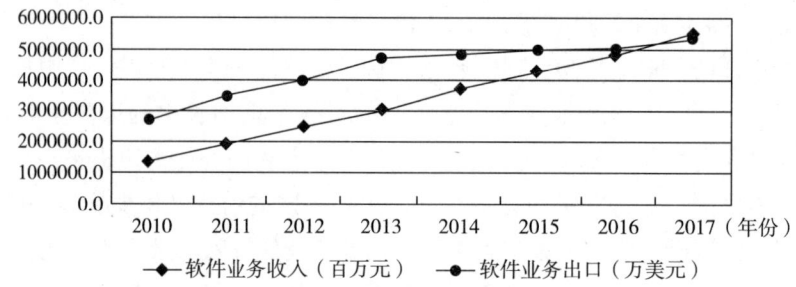

图3-21 2010~2017年全国软件发展主要指标变化

资料来源:历年《中国统计年鉴》及《新中国六十年统计资料汇编》。

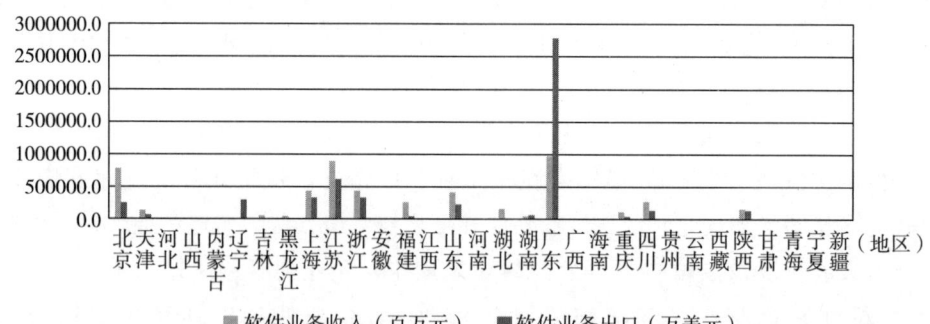

图3-22 2017年各地区软件发展主要指标(不含港、澳、台地区)

资料来源:历年《中国统计年鉴》及《新中国六十年统计资料汇编》。

从全国各地区规模以上工业企业新产品开发的相关指标来看(见图3-23),2017年在新产品开发项目数、新产品开发经费支出以及新产品销售收入三个指标的统计中,广东、江苏、浙江、山东、上海均明显高于其他区域,属于发展中的一类区域;湖南、湖北、安徽、河南、重庆、河北、北京、天津、福建、辽宁、四川、江西等地区高于其他地区同时低于一类地区的统计数据,属于发展中的二类区域;其他地区在三类指标的统计中数值均偏小,属于发展中的三类地区。

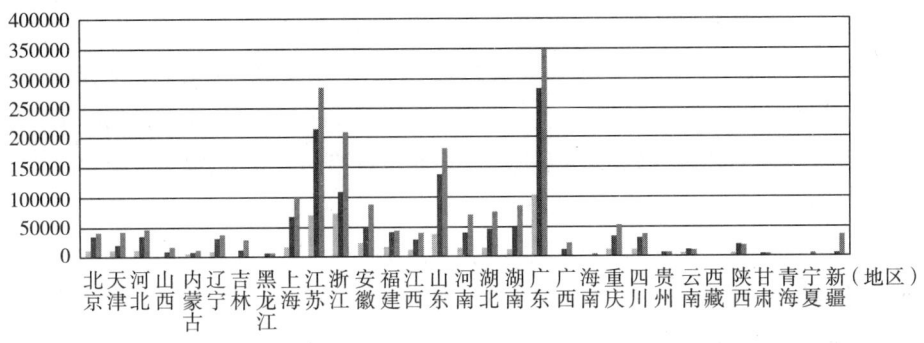

图 3-23　2017 年各地区规模以上工业企业新产品开发及生产指标(不含港、澳、台地区)

资料来源:历年《中国统计年鉴》及《新中国六十年统计资料汇编》。

从图 3-24 中可以看到,2007~2017 年的全国各地区技术市场成交额曲线中,各地区的技术市场成交额从 2007~2017 年均呈增长态势。从绝对数上来讲,北京、上海、江苏、湖北、广东、陕西等地区的指标更好,其他地区统计结果较低。

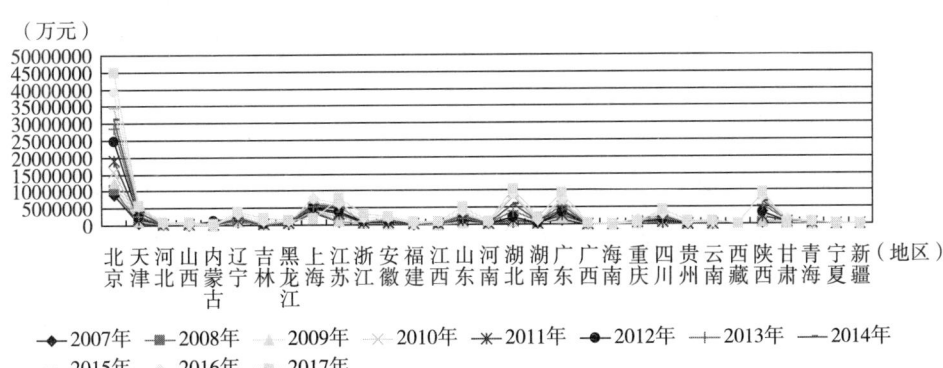

图 3-24　2007~2017 年各地区技术市场成交额变化(不含港、澳、台地区)

资料来源:历年《中国统计年鉴》及《新中国六十年统计资料汇编》。

五、"四化同步"进程中产城融合发展的进程回顾

在"四化同步"发展的视角下,产城融合的相关研究中,比较多的文献是从新型城镇化和新型工业化以及农业现代化的同步发展研究、新型城镇化和新型工业化的同步发展研究、新型工业化和信息化的融合发展研究等几个视角进行两两、三三之间的同步关系考察。徐大伟等(2012)等学者在相关研究中提到"四化"两两、三三同步过程中相互促进,若几者相互协调,会通过人均GDP、人均收入水平、人均可支配收入以及人均消费等指标的变化反映"四化同步"发展对产城融合产生的互动影响。

由此,通过人均国内生产总值的变化(见图3-25)可以判断"四化同步"进程中产城融合发展的趋势。从图中可以看出,从1978~2017年,人均国民生产总值呈稳步上升趋势。从1978年的382元上升到2017年的59660元,人均国民生产总值增长了155倍。

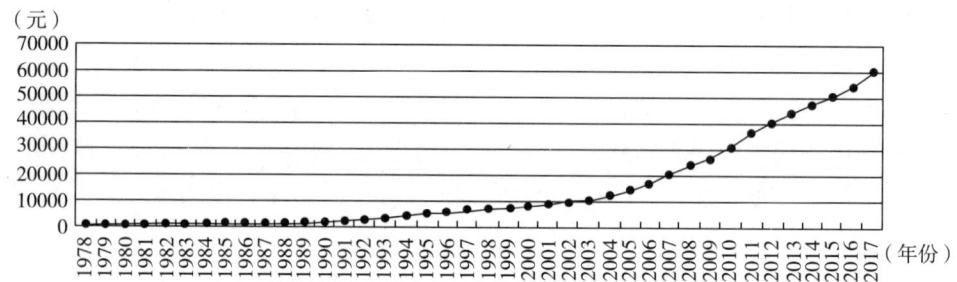

图3-25 1978~2017年全国人均GDP变化

资料来源:历年《中国统计年鉴》及《新中国六十年统计资料汇编》。

"四化同步"进程中产城融合程度除了人均国民生产总值这个指标之外,还有城乡居民人均收入绝对数及其变化趋势、城乡居民消费水平及其变化趋势等指标。从图3-26中可以看出,自1978年以来,城乡居民的人均可支配收入均大幅增长。其中,城镇居民人均可支配收入从1978年的343.4元增加到2017年的36396.2元,农村居民人均可支配收入从1978年的133.6元增加到2017年的13432.4元。1978年,城镇居民的人均可支配收入是农村居民的2.57倍,2017年城镇居民的人均可支配收入是农村居民的2.71倍,收入差距略有差距。

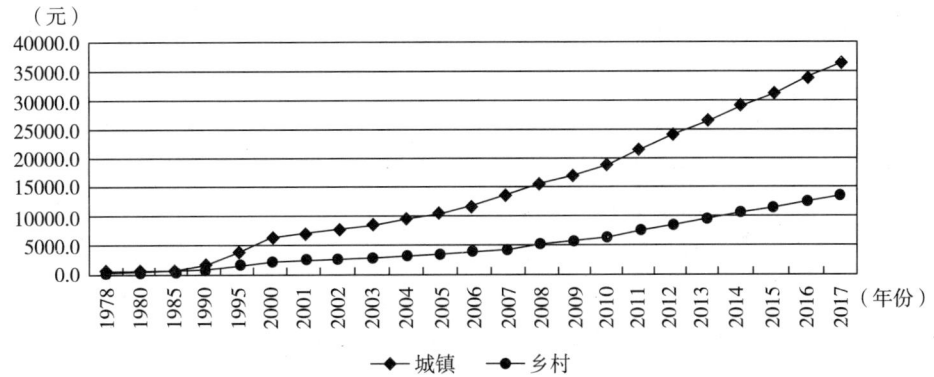

图 3-26　1978～2017 年全国城乡居民人均收入变化

资料来源：历年《中国统计年鉴》及《新中国六十年统计资料汇编》。

同时，从图 3-27 中可以看出，自 1978 年以来，城乡居民的消费水平均大幅增长。其中，城镇居民消费水平从 1978 年的 405 元增加到 2017 年的 31032 元，农村居民消费水平从 1978 年的 138 元增加到 2017 年的 11704 元。1978 年，城镇居民的消费水平是农村居民的 2.93 倍，2017 年城镇居民的消费水平是农村居民的 2.65 倍，城乡差距略有缩小。

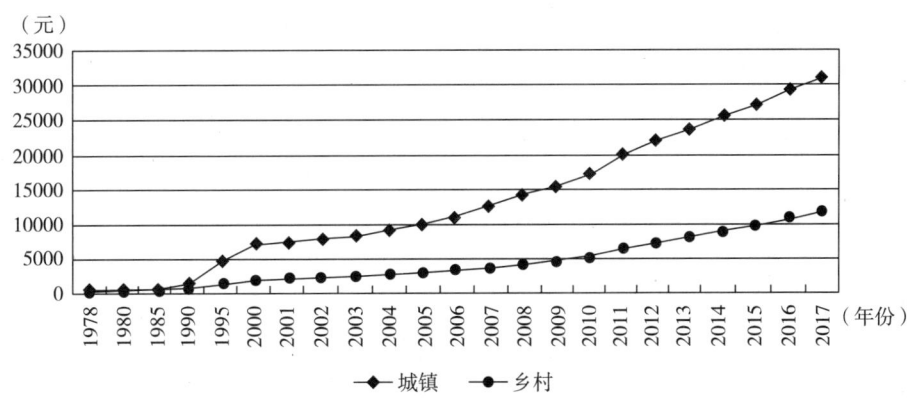

图 3-27　1978～2017 年全国居民消费水平变化

资料来源：历年《中国统计年鉴》及《新中国六十年统计资料汇编》。

上述分析是从全国的视角进行的，可以看到，经过多年的"四化同步"发展推动了产城融合程度的逐步提高，具体表现在人均国民生产总值稳步增长，城乡居民人均可支配收入和人均消费支出绝对数也在稳步增长，且城乡居民在人均可支配收入以及人均消费支出水平上的差距比较稳定，没有进一步拉大（见图3-28和图3-29）。不过，同时应该看到，虽然城乡居民在人均可支配收入以及人均消费支出水平上的差距2017年和1978年相比，没有进一步拉大，但是差距仍然存在，且较大，两个指标的城乡差距均在2.7倍左右。"四化同步"进程中的产城融合发展的终极目标是逐步消除二元经济，实现一元经济发展模式。这种终极目标的实现首先是要消除城乡差距，所以仍然需要采取措施，尽可能解决城乡差距问题。

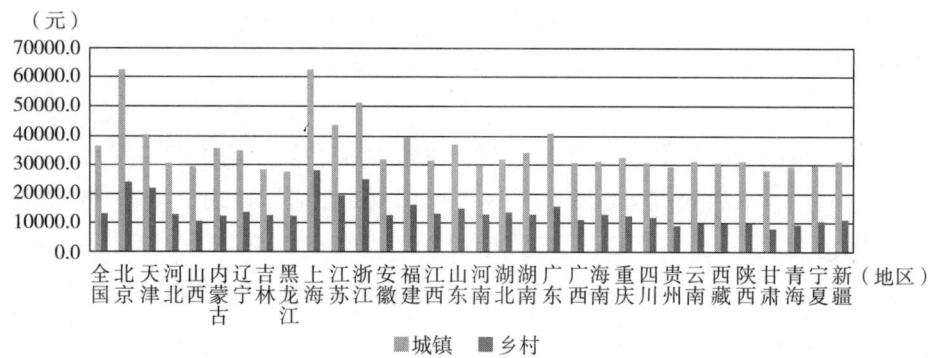

图3-28　2017年全国及各地区城乡居民人均可支配收入（不含港、澳、台地区）

资料来源：历年《中国统计年鉴》及《新中国六十年统计资料汇编》。

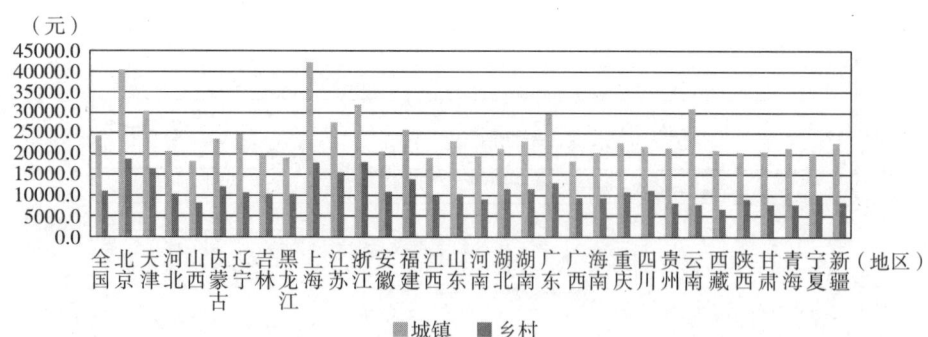

图3-29　2017年全国及各地区城乡居民人均消费支出（不含港、澳、台地区）

资料来源：历年《中国统计年鉴》及《新中国六十年统计资料汇编》。

从全国分地区的指标来看，从图3-28中可以看出，除了甘肃地区的城乡居民人均可支配收入差距为3.44倍（27763.4/8076.1）、贵州地区的城乡居民人均可支配收入差距为 3.28 倍（29079.8/8869.1）、云南地区的城乡居民人均消费支出差距为 3.14 倍（30995.9/9862.2），以及青海地区的城乡居民人均消费支出差距为 3.08 倍（29168.9/9462.3）较高之外，2017 年全国各地区的城乡居民人均可支配收入和人均消费支出的城乡差距均在 2~3 倍。首先，城乡居民在这两个指标上的差距 2~3 倍需要积极采取措施进行调整，争取尽快缩小各地区的城乡差距水平；其次，对于甘肃和西藏两个地区，更要进行有针对性的分析，因地制宜，制定发展策略，尽快提高该地区的"四化"发展水平及产城融合发展程度。

第二节 "四化同步"发展的 VAR 模型的实证分析[①]

本节主要通过收集相关数据，分析新型工业化、信息化、新型城镇化和农业现代化"四化"的发展在产城融合研究过程中"四化"之间的相关关系，通过实证结论既对后续第四章中的产城融合理论模型构建提供分析基础，同时试图对后续"四化同步"进程中产城融合的进一步深入研究提供实证前提。

一、模型设定

1980 年 Sims 提出向量自回归模型（VAR 模型），这种模型采用多方程联立的形式进行自回归，所以被称为向量自回归模型。该模型不以经济理论为基础，在模型的每一个方程中，内生变量通过对模型的全部内生变量的滞后值进行回归，从而估计全部内生变量的动态关系。

一般的模型只是描述因变量对自变量的反应，而向量自回归模型（VAR）由于考虑了模型中各变量之间的相互作用，故成为描述变量之间动态关系的较好方法。一般的 P 阶无约束 VAR 模型形式如下：

$$Y_t = A_1 Y_{t-1} + A_2 Y_{t-2} + A_3 Y_{t-3} + \cdots + A_p Y_{t-p} + \varepsilon_t, \ t = 1, 2, \cdots, T$$

其中，Y_t 表示一个 K 维向量，P 表示滞后阶数，T 表示样本个数。ε_t 表示 K

[①] 本节对于 VAR 模型概念的解释、指标选取的过程、所收集数据的来源等环节部分参考：姜玉砚，焦斌龙. 资源型区域产业结构演进与经济增长和波动的关系研究——以山西省为例 [J]. 城市发展研究，2014，21（2）.

维扰动向量,并且 ε_t 与 $t-1$ 期及其以前的变量不相关。VAR 模型可以用来检验一个变量与另一个变量之间是否存在因果关系,称之为格兰杰因果检验。VAR 模型输出结果中的系数通常来讲很难解释,而脉冲响应函数可以用来衡量来自随机扰动项的一个标准差冲击对内生变量当前和未来值的影响,通常通过系统的脉冲响应函数(Impulse Response Function,IRF)来推断 VAR 的内涵。同时,VAR 的方差分解技术(Variance Decomposition)可以考察变量相互之间在解释对方变动时的相对重要性。

二、变量选择及数据来源

作者拟通过定量计算来分析新型工业化、信息化、新型城镇化和农业现代化这"四化"之间的相关关系。

农业现代化实际上是利用现代工业技术装备农业,用现代市场经济观念和组织方式管理农业,提高农业劳动生产率和效益。笔者注重用农业生产过程中所投入的机械动力的生产率来衡量农业现代化,因此,用农业产值和农业机械动力的比值来衡量农业现代化水平,记为 NYXDH。考虑到数据的可获得性,新型城镇化水平用城镇人口占总人口比重指标来衡量,记为 XXCZH。工业化水平用第二产业产值与第二产业就业人口之比来衡量,记为 GYH。信息化水平用参与科研活动人员的人均 R&D 经费来衡量,记为 XXH(见图 3-30)。

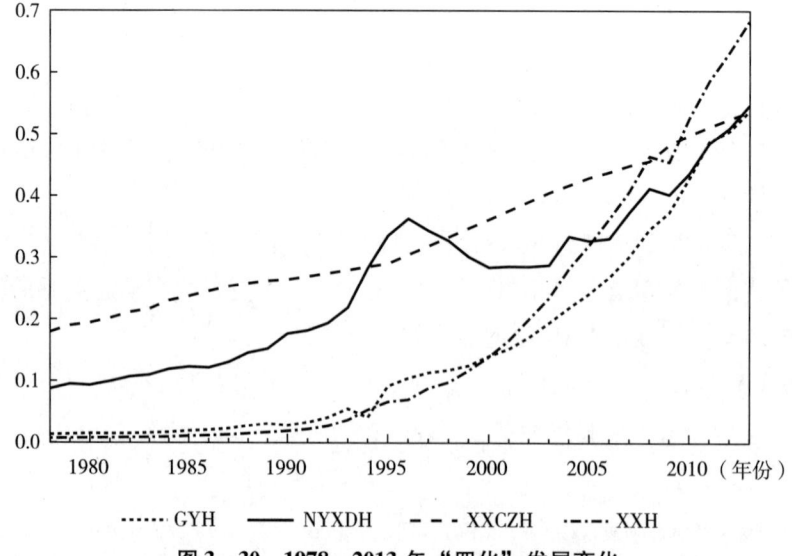

图 3-30 1978~2013 年"四化"发展变化

资料来源:历年《中国统计年鉴》及《新中国六十年统计资料汇编》。

三、变量平稳性检验及格兰杰因果检验

在对上述各相关变量的时间序列进行格兰杰因果关系检验之前，首先需要对这几个变量进行平稳性检验以避免"伪回归"问题，对"四化"数据进行 ADF 检验，显示结果如表 3 – 3 所示：

表 3 – 3　新型工业化、信息化、新型城镇化、农业现代化水平的 ADF 检验

变量	数据	T 统计量	DW 值	临界值
XXGYH	原始数据	8.184376	1.384219	– 3.610453
	一阶差分数据	0.237879	1.391420	– 3.626784
	二阶差分数据	– 5.597265	1.380690	– 3.626784
XXH	原始数据	8.317792	1.968415	– 3.610453
	一阶差分数据	– 0.323747	2.148715	– 3.626784
	二阶差分数据	– 7.985305	2.168091	– 3.626784
XXCZH	原始数据	2.098087	2.035958	– 3.615588
	一阶差分数据	– 3.424137	2.21478	– 3.615588
	二阶差分数据	– 9.924157	2.159354	– 3.621023
NYXDH	原始数据	1.561199	1.731993	– 3.610453
	一阶差分数据	– 4.797307	1.962108	– 3.615588
	二阶差分数据	– 7.169173	1.918096	– 3.626784

注：临界值是在 1% 的水平上得到的。

从表 3 – 3 中可以看出，在 1% 的显著水平上，四个变量中除了农业现代化带有常数项和趋势项的一阶滞后数据时间序列的 T 统计量小于临界值，应该拒绝零假设，认为变量都是平稳的时间序列，可以对变量进行格兰杰因果检验以外，其他新型城镇化、信息化和新型工业化三个指标均为带有常数项和趋势项的二阶滞后数据时间序列的 T 统计量小于临界值，应该进行二阶差分以获得平稳的时间序列数据。由此，决定对上述四个指标除农业现代化采用一阶差分以外，其他三个指标均采用二阶差分，处理后四个变量都是平稳的时间序列，可以对变量进行格兰杰因果检验。同时利用表 3 – 4 确定变量的最佳滞后阶数。

"四化同步"进程中的产城融合研究

表3-4 格兰杰因果检验中滞后阶数的选择

滞后阶数	LR值	FPE值	AIC值	SC值	HQ值
0	NA	1.09e-10	-11.58755	-11.40980	-11.52619
1	43.85137	6.36e-11	-12.13498	-11.54621*	-11.82818
2	44.82614	2.94e-11	-12.94478	-11.34499	-12.39253
3	26.33881*	2.46e-11*	-13.22771*	-10.91691	-12.43002*

注：*表示根据对应的标准所选择的最佳滞后阶数。

由表3-4可知，按照AIC和SC信息准则进行选择，最佳滞后阶数均为3。由此对上述四个变量的平稳时间序列进行滞后阶数为3的格兰杰因果检验，结果如表3-5所示。

表3-5 GDP和三次产业总值增长率的格兰杰因果检验（1978~2017年）

原假设	样本容量	F统计量	P值
GYH不是XXCZH的格兰杰原因	35	1.74303	0.3450*
XXCZH不是GYH的格兰杰原因		0.41290	0.1810*
NYXDH不是XXCZH的格兰杰原因	35	1.91467	0.1501*
XXCZH不是NYXDH的格兰杰原因		0.29890	0.8259
XXH不是XXCZH的格兰杰原因	35	0.15834	0.9234
XXCZH不是XXH的格兰杰原因		2.39829	0.0891*
NYXDH不是GYH的格兰杰原因	35	3.94174	0.0183*
GYH不是NYXDH的格兰杰原因		2.33259	0.0956*
XXH不是GYH的格兰杰原因	35	1.11548	0.3595*
GYH不是XXH的格兰杰原因		0.49488	0.6888
XXH不是NYXDH的格兰杰原因	35	0.32909	0.8043
NYXDH不是XXH的格兰杰原因		2.24467	0.1051*

注：*表示拒绝原假设，即A是B的原因。

针对表3-5中的格兰杰因果检验结论分析如下：

（1）新型工业化和新型城镇化的增长率波动互为格兰杰因果关系。此实证结论是显而易见的，也印证了国内外多位学者的观点。早期的城镇化理论中工业化被看作是城镇化的根本原因，认为工业化对城镇化具有明显的带动作用。钱纳里（1975）的世界发展模型中，也总是把工业化率和城镇化率放在一起进行研究，认为两者的比率和发展速度存在一定的相关关系。巴顿（1986）经研究认为城镇化与工业化之间存在必然联系，工业化是城镇化的基础，对城镇化的发展起到了重要的促进作用。张新光（2008）、黄群慧（2006）认为新型工业化和新型城镇化在发展中互相促进，两者相伴相生。笔者的实证结果认为新型城镇化和新型工业化双方互为格兰杰因果关系，在"四化同步"进程中产城融合发展的过程中，新型工业化和新型城镇化是相辅相成的，城镇作为工业发展的重要载体，必须由新型城镇化的发展为新型工业化提供发展空间。同时，新型城镇化的发展又必须以新型工业化的大力发展为依托，避免有产无城产业无依托或者有城无产的"空城""鬼城"现象，实现新型城镇化进程中有产有城，产业和城镇相互促进协调，产城融合发展的有序局面。

（2）农业现代化的增长率波动是新型城镇化波动的单向格兰杰原因，反之，新型城镇化不是农业现代化波动的格兰杰原因。在新型城镇化的进程中，农业现代化通过提高农业劳动生产率释放出大量的农村剩余劳动力转移人口，为新型城镇化提供人口基础。同时作为国民经济的基础，农业现代化的发展还为新型城镇化在发展过程中的工业产品提供了庞大的市场，也是推进新型城镇化必须大力发展的一个依赖性产业。只有农业现代化进程加快，才有可能在一定程度上改变二元经济结构，缩小城乡收入差距，加快新型城镇化进程。所以，农业现代化的增长率波动是新型城镇化波动的格兰杰原因。同时，农业现代化和新型城镇化之间的反向格兰杰因果关系不成立，是因为在农业现代化发展的进程中，对其影响最大的因素主要是新型工业化和信息化水平。早在20世纪50年代中期，美国发展经济学家刘易斯就认为，在发展中国家，主要是工业化带动城市化，城市化反作用于工业化，由此可以在一定程度上对笔者的实证结果加以解释。正是因为农业现代化的进程主要是新型工业化和信息化进程所推动，新型城镇化在农业现代化进程中也有其影响，但是这种影响程度偏小，导致实证结果认为新型城镇化不是农业现代化波动的格兰杰原因。

（3）新型城镇化增长率波动是信息化波动的单向格兰杰原因，反之，信息化不是新型城镇化波动的格兰杰原因。当经济发展到一定阶段时，新型工业化和信息化就成为互相影响共同发展的两个产业。格兰杰因果检验的第一个结论就是新型工业化和新型城镇化的增长率波动互为格兰杰因果关系，由此不难解释新型城镇化增长率波动是信息化波动的单向格兰杰原因。既然新型城镇化增长率波动是新型工业化波动的格兰杰原因，新型工业化和信息化又是相互影响共同发展的两个相关性产业，当然新型城镇化增长率波动是信息化波动的格兰杰原因，只不过这个因果关系是单向的。真正在"四化同步"发展的过程中,信息化对新型城镇化的影响是先后通过影响新型工业化、农业现代化的发展水平,最后才间接影响到新型城镇化的发展。虽然,新型城镇化分别和农业现代化、新型工业化均互为格兰杰因果关系,具体到信息化对新型城镇化的影响关系,经过农业现代化和新型工业化两个中间变量,影响就小了很多,而且同时通过农业现代化和新型工业化对新型城镇化产生影响的时候,一些指标的影响方向并没有直接关系那么清晰。由此,只能得出新型城镇化增长率波动是信息化波动的单向格兰杰原因,得不出信息化是新型城镇化波动的格兰杰原因的结论。

(4)农业现代化和新型工业化的增长率波动互为格兰杰因果关系。在"四化同步"发展的过程中,农业现代化是新型工业化加速发展的有力基础。农业现代化的发展可以通过提高农业劳动生产率,为工业化的大力发展提供源源不断的农村剩余劳动力,同时农业现代化的发展还为工业化的发展提供所需的原材料,为其生产的最终产品提供巨大的消费市场。经济学家缪尔达尔认为,当城镇化发展到一定的水平时,决定城镇部门经济是否增长的主要因素就取决于城镇本身吸取资本、劳动等生产要素的能力,而这种能力取决于城镇能否形成一种繁荣的主导产业,即城镇的工业化水平。新型工业化水平的提高通过吸纳农村剩余劳动力、为农业现代化提供物质技术装备、现代农用机械以及资金积累直接推进了农业现代化水平。

(5)信息化的增长率波动是新型工业化波动的单向格兰杰原因,反之,新型工业化波动不是信息化波动的格兰杰原因。俞立平(2011)通过实证研究了工业化和信息化之间的关系,得出了和笔者相同的结论,即信息化的增长率波动是工业化波动的单向格兰杰原因,信息化的发展通过带动制造业、信息软件及其服务业的发展确实能够大幅带动工业化的发展。但是,具体到中国经济而言,在信息化发展的过程中,除了部分信息化发展是在新型工业化发展的过程中有各次产业的发展需要而推动之外,信息化的发展程度的另外一个主要推动力来自于政府行为。在信息化发展的过程中,R&D经费支出、每万人大学毕业生比重等统计测量指标和政府行为有直接关系,这些因素直接导致实证结论得不出新型工业化是信息化波动的格兰杰原因的结论。

(6)农业现代化的增长率波动是信息化波动的单向格兰杰原因,反之,信息化波动不是农业现代化波动的格兰杰原因。农业现代化的发展要求生产过程中信息技术的大力支持,以推动农业生产转变为精准化农业和智慧化农业。党的十八大首次提出用信息化武装农业,丰富农业内涵。付诸经济实践中,直接得出农业现代化的增长率波动是信息化波动的格兰杰原因，只不过这种因果关系是单向的，反之则不成立。在当前的农村经济发展中，农业现代化在很大程度上主要来自农业生产过程中的半自动化机械、自动化机械、技术支撑以及资金支持。农业生产过程中也用到了信息技术，但这种农业中的信息技术相比其二三产业发展中用到的信息技术还相差很远，另外衡量信息化发展水平的指标中和农业现代化相关的指标也较少，上述原因都解释了信息化波动不是农业现代化波动的格兰杰原因的实证结论。

四、"四化同步"发展的脉冲响应函数分析

为了揭示新型工业化、信息化、新型城镇化、农业现代化四个指标间的动态影响关系，对笔者的四个变量建立 VAR 模型，滞后期选择 2，对各变量进行脉冲响应分析，考察在随机误差项上施加一个单位冲击后对各内生变量的当期及未来会带来什么影响。

在进行脉冲响应分析之前，需要先用 AR 根图检验 VAR 模型的平稳性，如果模型不平稳，则需要重新修改变量。VAR 模型的 AR 根检验结果如图 3 – 31 所示。

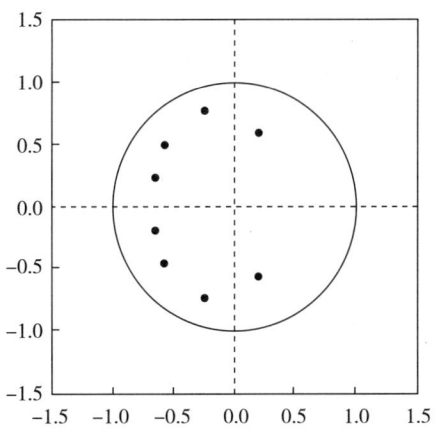

图 3 – 31　VAR 模型的 AR 根检验

从图 3 – 31 中可以看出，单位根检验的结果均落在单位圆以内，VAR 模型满足稳定性条件，可以直接进行脉冲响应分析。由于 VAR 方程各个残差之间自相关，所以，笔者使用广义脉冲函数进行分析以避免传统的 Cholesky 分解法所引起

的变量间的顺序敏感问题，分析结果如图3-32所示：

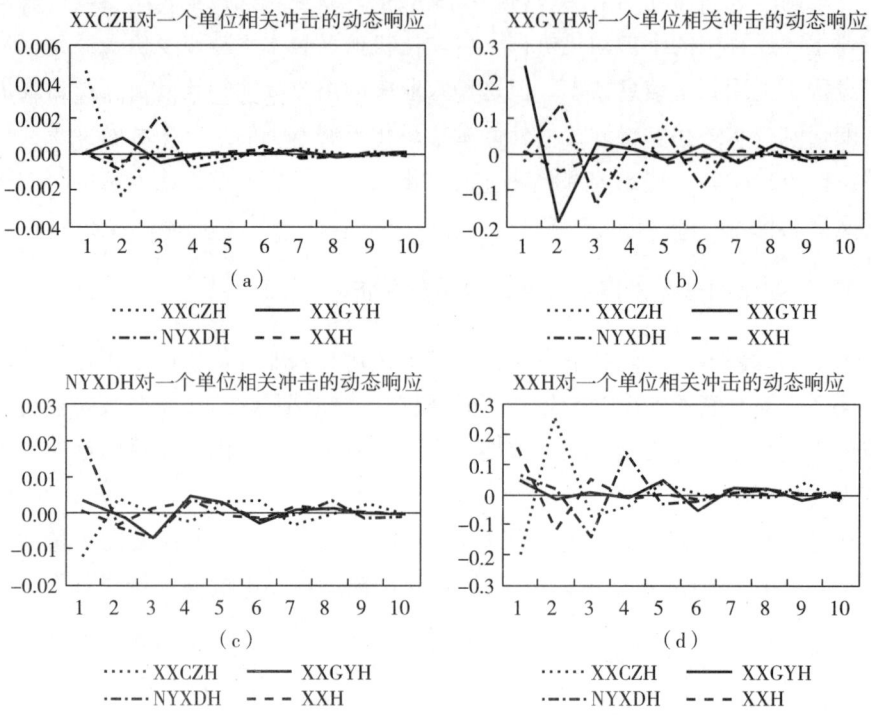

图3-32 新型工业化、信息化、新型城镇化和农业现代化波动对各变量的脉冲响应

从图3-32中可以看出：所有的分图最终都逐步收敛为零，既说明了VAR模型本身是稳定的方程系统，又说明了经济系统中的新型工业化、信息化、新型城镇化和农业现代化四个指标间本身具有自动调整的机制，能够逐渐消化系统内部的随机冲击对系统的影响。

(1) 从图3-32(a)中可以看出，新型工业化、农业现代化以及信息化波动变量的新息均会给新型城镇化带来正向冲击，只是具体各期冲击的大小及影响期存在差别，而且这些冲击衰减很快。新型工业化、信息化以及新型城镇化自身波动变量的新息对新型城镇化的冲击经过短时期的波动后在第三期期末几乎已经收敛为零。波动比较大的农业现代化也在经历第四期后跌入谷底，随后缓慢上升，第六年到达新的峰值，之后逐步调整最后收敛为零，也意味着新型工业化、农业现代化以及信息化波动变量的冲击对CZH具有收敛性和周期性。

(2) 从图3-32(b)来看，工业化的波动变量冲击对自身的影响较大，波动也更为频繁，在第二年跌入谷底，随后第三年重攀顶峰，紧接着第五年重回谷底,之后逐步衰减趋于零。而新型城镇化和农业现代化的波动变量对新型工业化的冲击次之,分别在第二年达到高峰,在第三年和第四年跌入谷底,随后第五年重攀高峰,第六年很快跌入谷底,之后逐步衰减为零。而信息化的波动变量对新型工业化的影响波动不大,影响的波动幅度也较小,在第二年达到高峰和第三年跌入谷底后,第四年之后很快趋于零值。意味着新型城镇化、农业现代化以及信息化波动变量的冲击对 GYH 具有收敛性和周期性。

(3)从图 3-32(c)来看,新型工业化、信息化、新型城镇化以及农业现代化波动变量的新息对农业现代化的冲击影响比较相似。都是波动频繁,影响较小。后期逐渐衰减为零。

(4)从图 3-32(d)来看,新型城镇化和农业现代化波动变量的新息对信息化的冲击波动和频率都较大,新型工业化和信息化自身波动变量的新息冲击相应较小,不过四个波动变量经过频率和幅度不等的波动后,均在第六年左右逐渐衰减为零。

总体来看,新型工业化、信息化、新型城镇化以及农业现代化各自的波动变量冲击对其自身和另外三个变量的影响都具有收敛性和周期性。

五、VAR 模型的方差分解

在分析了上述各变量间动态影响关系的基础上,对建立的 VAR 模型,运用方差分解技术,把系统预测的均方误差分解成各内生变量冲击所带来的影响,从而分析每个变量的随机冲击对系统预测的相对重要性,方差分解结果如图 3-33 所示。

(1)从图 3-33 中可以看出,XXCZH 增长率波动的均方误差主要是由其自身的过去值贡献的,从各期数据来看,XXCZH 增长率滞后值的贡献度各期均在 78% 以上,表明新型城镇化进程的波动在很大程度上首先是由其自身的内在运行规律决定;其次是由农业现代化的增长率决定,各期贡献度均在 14% 以上;新型工业化、信息化的增长率贡献度最小,各期分别在 3% 和 1% 左右。说明新型城镇化发展进程中城镇化发展波动的原因是多方面的,但是农业现代化的波动在很大程度上引发了城镇化的波动。

(2)新型工业化增长率波动的均方误差主要是由其自身的过去值贡献的,贡献度各期均在 52% 以上,表明新型工业化发展的波动在很大程度上首先是由其自身的内在运行规律决定的;其次是由农业现代化和新型城镇化的增长率决定,各期贡献度均在 25% 和 9% 以上;信息化的增长率贡献度最小,各期分别在 3% 左右。

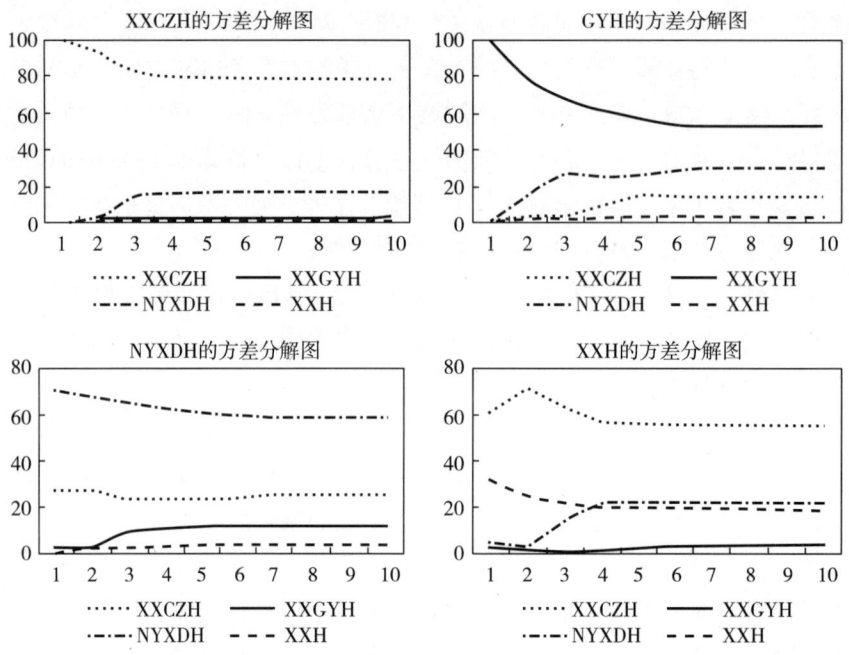

图 3-33　VAR 模型中各变量的方差分解

（3）农业现代化增长率波动的均方误差主要是由其自身的过去值贡献的，贡献度各期均在 58% 以上，表明农业现代化发展的波动在很大程度上首先是由其自身的内在运行规律决定的；其次是由新型城镇化和新型工业化的增长率决定，各期贡献度均在 23% 和 11% 以上；信息化的增长率贡献度最小，各期分别在 3% 左右。

（4）信息化增长率波动的均方误差主要是由新型城镇化的滞后值贡献的，贡献度各期均在 55% 以上，说明新型城镇化进程中大力提高信息化水平具有重要意义；另外是农业现代化和信息化自身的增长率，各期贡献度均在 21% 和 19% 以上；新型工业化的增长率贡献度最小，各期分别在 3% 左右。

第三节　本章小结

本章首先从全国范围的视角和分地区的视角分别对新型工业化、信息化、新型城镇化和农业现代化"四化"的发展历程以及"四化"发展中的历年产城融合度发展历程进行历史回顾，发现全国范围视角下，产业结构和就业结构不太协调、产业结构和城镇化发展程度不太匹配、就业结构和城镇化发展程度吻合度不高等问题；在分地区视角下，发现在"四化"发展、产城融合发展的过程中，全国各地区均存在发展不一致现象，某些地区在发展中的全国排名居于前列，某些地区居于中游，而有些地区居于下游，需要尽快采取措施加快发展。

其次收集历年的"四化"发展相关指标数据，对其在产城融合发展进程中"四化"之间的相互作用和关系进行 VAR 模型分析，考察"四化"之间的相互格兰杰因果关系，得到：新型工业化和新型城镇化的增长率波动互为格兰杰因果关系；农业现代化的增长率波动是新型城镇化波动的单向格兰杰原因，反之，新型城镇化不是农业现代化波动的格兰杰原因；新型城镇化增长率波动是信息化波动的单向格兰杰原因，反之，信息化不是新型城镇化波动的格兰杰原因；农业现代化和新型工业化的增长率波动互为格兰杰因果关系；信息化的增长率波动是新型工业化波动的单向格兰杰原因。反之，新型工业化波动不是信息化波动的格兰杰原因；农业现代化的增长率波动是信息化波动的单向格兰杰原因。反之，信息化波动不是农业现代化波动的格兰杰原因等结论。

通过脉冲响应函数，在输出的图形结果中发现所有的分图最终都逐步收敛为零，既说明了 VAR 模型本身是稳定的方程系统，又说明了经济系统中的新型工业化、信息化、新型城镇化以及农业现代化四个指标间本身具有自动调整的机制，能够逐渐消化系统内部的随机冲击对系统的影响。

通过方差分解模型，可以发现：CZH 增长率波动的均方误差首先是由其自身的过去值贡献的，其次是农业现代化的增长率，新型工业化、信息化的增长率贡献度最小；新型工业化增长率波动的均方误差首先是由其自身的过去值贡献的，其次是农业现代化和新型城镇化的增长率，信息化的增长率贡献度最小；农业现代化增长率波动的均方误差首先是由其自身的过去值贡献的，其次是新型城镇化和新型工业化的增长率，信息化的增长率贡献度最小；信息化增长率波动的均方误差首先是由新型城镇化的滞后值贡献的，其次是农业现代化和信息化自身的增长率，新型工业化的增长率贡献度最小。

通过上述研究达到了分析"四化"发展中相互之间的影响关系以及影响程度的目的，来为后续分析"四化同步"进程中的产城融合理论模型构建及进一步的深入分析提供实证基础。

第四章 "四化同步"进程中产城融合发展的理论模型构建

本章是对"四化同步"进程中产城融合发展的理论框架分析。研究思路是：①介绍柯布—道格拉斯生产函数并对其进行分析批判和拓展应用；②在此基础上对柯布—道格拉斯生产函数进行有针对性的改进，形成包含新型工业化、信息化、新型城镇化和农业现代化"四化"在内的农业部门和城镇部门两部门生产函数；③从人口视角、空间视角以及经济视角出发进行产城融合的研究思路分析；④主要从人的视角出发根据所建立的包含"四化"在内的两部门生产函数建立产城融合发展经济学理论模型，并根据所建立的模型探讨"四化"各自对产城融合度的影响方向，以对后续第五章和第六章的深入分析和实证检验提供理论基础。

第一节 农业部门和城镇部门生产函数推导

在"四化同步"进程中的产城融合发展过程中，研究的重点主要包括"四化"是否同步、如何同步以及产城融合两个内容。针对第一个内容："四化"是否同步、如何同步，诸多学者在研究过程中或对新型工业化、信息化、新型城镇化和农业现代化中的某一种情况进行深入分析研究，或对其中某两个之间相互关系进行研究，或对其中某三个之间的相互关系进行研究，也有少部分学者针对"四化"之间相互关系进行了一些研究。

在对城镇化或工业化进行研究的过程中形成了一系列经典理论和研究成果。在城镇化过程以及人口的乡—城迁移过程中的研究理论成果有刘易斯的劳动力与两部门结构发展模型、拉尼斯—费景汉的城市化与二元经济模型以及哈里斯—托达罗的乡城劳动力迁移与城市失业模型等。在工业化进程和产业结构发展演进过程中的研究理论成果有以刘易斯、赫希曼、罗斯托、钱纳里和希金斯等学者为代表的产业结构理论,其中有刘易斯(1954)的二元结构理论,赫希曼(1958)的不平衡发展理论,罗斯托(1998)的主导产业扩散效应理论和经济成长阶段理论,筱原三代平(1955)提出了"动态比较费用论",赤松要(1936,1957,1965)在战前研究日本棉纺工业史后提出的"雁行形态论"理论,关满博(1993)提出产业的"技术群体结构"概念以及马克思的资本有机构成理论和生产资料生产优先增长理论。关于产业结构的演变和工业化发展阶段相互关系的理论除了刘易斯的二元结构转变理论、赫希曼的不平衡增长理论、罗斯托的主导部门理论和筱原三代平的两基准理论外,还有配第—克拉克定律、库兹涅茨的人均收入影响理论、钱纳里的工业化阶段理论以及霍夫曼的工业化经验法则理论。上述提到的理论均在第二章国内外研究综述以及"四化同步"发展视角下产城融合进程中相关理论介绍部分进行过比较详细的介绍。

本节的相关理论拟主要介绍的理论成果,是出于笔者的主要研究内容和研究思路而定。导论中主要研究内容和研究思路部分已经提到过,笔者将把"四化同步"进程中的产城融合问题首先分为人的视角、经济视角以及空间视角三个研究维度,三个研究维度中以人的视角为主,即先以劳动力为中介进行"四化同步"进程中产城融合的理论框架研究。在此思路指导下:

(1)先分别建立包含农业现代化、信息化和新型工业化"三化"指标在内的农业部门和城镇部门的两部门生产函数,通过数学公式的推导得出农业部门剩余劳动力的供给数量公式和城镇部门对农业剩余劳动力需求数量公式。

(2)在两部门生产函数基础上,分别通过农业部门剩余劳动力供给数量和城镇部门对农业剩余劳动力需求数量对农业总产出、城镇部门总产出,农业现代化、信息化以及工业化等变量分别求一阶偏导,根据一阶偏导的正负情况判断农业总产出、城镇部门总产出,农业现代化、信息化以及工业化等变量在农业剩余劳动力的供给和城镇部门对农业剩余劳动力的需求上各自影响的方向及大小。

(3)继续分析,引入新型城镇化指标。要想实现国家层面制定的城镇化目标,农村的乡城转移人口应该达到相应的数量予以配合,同时,城镇部门通过新型工业化、信息化的发展对农业剩余劳动力的转移数量应该有相当的吸纳能力。由此,从理论上推导得出经济发展进程中的新型工业化、信息化、新型城镇化和农业现代化"四化同步"发展视角下的产城融合经济学理论模型。

按照上述思路，本章的研究以农业部门和城镇部门两部门的生产函数分析为切入点，由此，首先介绍生产函数的概念、定义、柯布—道格拉斯生产函数、索洛模型等相关内容，通过对柯布—道格拉斯生产函数和索洛模型的分析，结合笔者主要研究内容，进行有针对意义的拓展，建立农业部门和城镇部门的两部门生产函数，最终得到"四化同步"进程中的产城融合经济学理论模型。

一、对柯布—道格拉斯生产函数的质疑和改进①

（一）传统的柯布—道格拉斯生产函数及其性质

生产函数是指在一定时期内，在技术水平不变的情况下，生产中所使用的各种生产要素的数量与所能生产的最大产量之间的关系（王于娟，2012）。

柯布—道格拉斯生产函数是经济学中使用最为广泛的生产函数，通常简称为 C－D 生产函数，是由美国数学家柯布和经济学家道格拉斯根据 1899~1922 年美国制造业部门的有关数据构造出来的。他们认为，在技术经济条件不变的情况下，产出与投入的劳动力和资本的关系可以表示为：

$$Y = A(t) L^\alpha K^\beta \mu$$

其中，Y 表示产量，$A(t)$ 表示技术水平，K 表示投入的资本量，L 表示投入的劳动量，α 表示劳动力产出的弹性系数，β 表示资本产出的弹性系数，μ 表示随机干扰的影响，$\mu \leq 1$。

（二）对柯布—道格拉斯生产函数的质疑

自从柯布—道格拉斯生产函数提出之后，对它的批评也接踵而来。Phelps Brown（1957）、Samuelson（1979）等对柯布—道格拉斯生产函数在交叉工业生产方面的适用性提出了不同的看法。事实上，在既定技术条件下使给定投入实现最大产出化，意味着所投入的要素相互协调，服从整体最优化，而市场经济中投入要素分别属于不同竞争主体，各竞争主体追求各自利益最大化，因而必然相互冲突，难以实现整体最优化。在当今世界经济已经步入信息化经济时代，该函数已不符合生产函数所要求的工程技术条件不变的假设，不能再适应新的经济发展形态。

---

① 董晓花，王欣，陈利. 柯布—道格拉斯生产函数理论研究综述 [J]. 生产力研究，2008 (3): 148－150.

（三）对柯布—道格拉斯生产函数所做的改进

国内外学者对柯布—道格拉斯生产函数的典型改进如下：

（1）美国经济学家索洛在技术中性的假设下推导出增长速度方程，分离出技术进步对经济增长的贡献，这是对柯布—道格拉斯生产函数模型的重大改进。

（2）被誉为"经济计量学模式建造者之父"的丁伯根改进的柯布—道格拉斯生产函数是最为常用的。其表现形式为：

$Y_t = A_t L^\alpha K^\beta$

（3）周洛华在《信息时代的创新及其发展效应》一书中提出：基于信息时代的柯布—道格拉斯生产函数的表现形式为：

$Y = K_0^a L_0^b K_1^c L_1^d$

二、农村部门生产函数及农村剩余劳动力供给

基于以上的分析，周洛华在《信息时代的创新及其发展效应》（2001）的相关研究基础上，结合笔者的主要研究内容，在农业部门的生产函数中加入农业部门的资本等要素，并将农业部门生产中的主要投入要素资本分为非信息技术设备的资本投入、信息技术设备的资本投入两部分，将另外一种主要投入要素劳动力分为非信息技术下的劳动力投入、信息技术下的劳动力投入两部分。根据二元经济理论的基本思想，作如下假设：

（1）按照城镇化进程中的统计标准把经济系统分为农业部门和非农业部门（为笔者研究方便起见，后续将把非农业部门成为城镇部门）。其中，农业部门包括农林渔牧等第一产业，城镇部门经济主要包括工业和服务业。

（2）各部门生产函数中影响产出的主要要素有非信息技术设备的资本投入 K_{n0}、信息技术设备的资本 K_{n1}、非信息技术下的劳动力投入 L_{n0}、信息技术下的劳动力投入 L_{n1} 以及技术水平 A_{nt} 等。即农业部门生产的产出 Y_n 是非信息技术设备的资本投入 K_{n0}、信息技术设备的资本 K_{n1}、非信息技术下的劳动力投入 L_{n0}、信息技术下的劳动力投入 L_{n1} 以及技术水平 A_{nt} 这几个要素的函数。

（3）两种资本和两种劳动力可以在农业部门和城镇部门之间自由流动。

（4）技术水平可变。

根据上述一系列的假设条件，城镇化进程中农业部门的生产函数可以表示为：

$$Y_n = A_{nt} L_{n0}^{a_n} L_{n1}^{b_n} K_{n0}^{c_n} K_{n1}^{d_n} \tag{4-1}$$

其中，Y_n 表示产量；L_{n0} 表示非信息技术下的劳动力投入；L_{n1} 表示信息技术下的劳动力投入；K_{n0} 表示非信息技术设备的资本投入；K_{n1} 表示信息技术设备的资本投入；a_n、b_n、c_n、d_n 表示产出弹性，满足条件 $0 < a_n$，b_n，c_n，$d_n < 1$。

a_n 是非信息技术下的劳动力投入的产出弹性，b_n 是信息技术下的劳动力投入的产出弹性，c_n 是非信息技术设备的资本投入的产出弹性，d_n 是信息技术设备的资本投入的产出弹性。假设农产品的价格为 P_n，农业部门非信息技术的劳动力工资为 w_{n0}，信息技术的劳动力工资为 w_{n1}，农业部门生产所使用的非信息技术设备的资本投入价格为 r_{n0}，信息技术设备的资本投入价格为 r_{n1}。

则农业部门的利润函数可以表示为：

$$\pi_n = P_n A_{nt} L_{n0}^{a_n} L_{n1}^{b_n} K_{n0}^{c_n} K_{n1}^{d_n} - w_{n0} L_{n0} - w_{n1} L_{n1} - r_{n0} K_{n0} - r_{n1} K_{n1} \tag{4-2}$$

根据利润最大化的原则，就式（4-2）分别对非信息技术设备的资本投入、信息技术设备的资本、非信息技术下的劳动力投入、信息技术下的劳动力投入以及技术水平求一阶偏导数，并令其等于零，则可得到在利润最大化时的非信息技术设备的资本投入、信息技术设备的资本投入、非信息技术下的劳动力投入、信息技术下的劳动力投入以及技术水平等要素的最佳投入水平。

就式（4-2）对非信息技术下的劳动力投入求一阶偏导：

$$\frac{\partial \pi_n}{\partial L_{n0}} = a_n P_n A_{nt} L_{n0}^{a_n-1} L_{n1}^{b_n} K_{n0}^{c_n} K_{n1}^{d_n} - w_{n0} = 0$$

$$w_{n0} = a_n P_n A_{nt} L_{n0}^{a_n-1} L_{n1}^{b_n} K_{n0}^{c_n} K_{n1}^{d_n} \tag{4-3}$$

就式（4-2）对信息技术下的劳动力投入求一阶偏导：

$$\frac{\partial \pi_n}{\partial L_{n1}} = b_n P_n A_{nt} L_{n0}^{a_n} L_{n1}^{b_n-1} K_{n0}^{c_n} K_{n1}^{d_n} - w_{n1} = 0$$

$$w_{n1} = b_n P_n A_{nt} L_{n0}^{a_n} L_{n1}^{b_n-1} K_{n0}^{c_n} K_{n1}^{d_n} \tag{4-4}$$

就式（4-2）对非信息技术设备的资本投入求一阶偏导：

$$\frac{\partial \pi_n}{\partial K_{n0}} = c_n P_n A_{nt} L_{n0}^{a_n} L_{n1}^{b_n} K_{n0}^{c_n-1} K_{n1}^{d_n} - r_{n0} = 0$$

$$r_{n0} = c_n P_n A_{nt} L_{n0}^{a_n} L_{n1}^{b_n} K_{n0}^{c_n-1} K_{n1}^{d_n} \tag{4-5}$$

就式（4-2）对信息技术设备的资本投入求一阶偏导：

$$\frac{\partial \pi_n}{\partial K_{n1}} = d_n P_n A_{nt} L_{n0}^{a_n} L_{n1}^{b_n} K_{n0}^{c_n} K_{n1}^{d_n-1} - r_{n1} = 0$$

$$r_{n1} = d_n P_n A_{nt} L_{n0}^{a_n} L_{n1}^{b_n} K_{n0}^{c_n} K_{n1}^{d_n-1} \tag{4-6}$$

对上述四个公式两两相除，得到：

$$\frac{\text{式}(4-3)}{\text{式}(4-4)} = \frac{w_{n0}}{w_{n1}} = \frac{a_n}{b_n}\frac{L_{n1}}{L_{n0}} \tag{4-7}$$

$$\frac{\text{式}(4-4)}{\text{式}(4-5)} = \frac{w_{n1}}{r_{n0}} = \frac{b_n}{c_n}\frac{K_{n0}}{L_{n1}} \tag{4-8}$$

$$\frac{\text{式}(4-5)}{\text{式}(4-6)} = \frac{r_{n0}}{r_{n1}} = \frac{c_n}{d_n}\frac{K_{n1}}{K_{n0}} \tag{4-9}$$

$$\frac{\text{式}(4-6)}{\text{式}(4-3)} = \frac{r_{n1}}{w_{n0}} = \frac{d_n}{a_n}\frac{L_{n0}}{K_{n1}} \tag{4-10}$$

继续分析可得到 L_{n1}、K_{n0}、K_{n1} 的表达式：

$$\text{式}(4-7) \Rightarrow L_{n1} = \frac{b_n}{a_n}\frac{w_{n0}L_{n0}}{w_{n1}} \tag{4-11}$$

$$\text{式}(4-8) \Rightarrow K_{n0} = \frac{c_n}{b_n}\frac{w_{n1}L_{n1}}{r_{n0}} = \frac{c_n}{b_n}\frac{w_{n1}}{r_{n0}}\frac{b_n}{a_n}\frac{w_{n0}L_{n0}}{w_{n1}} = \frac{c_n}{a_n}\frac{w_{n0}L_{n0}}{r_{n0}} \tag{4-12}$$

$$\text{式}(4-10) \Rightarrow K_{n1} = \frac{d_n}{a_n}\frac{w_{n0}L_{n0}}{r_{n1}} \tag{4-13}$$

将式（4-11）~式（4-13）代入式（4-1），可以得到农业部门的产出和该部门非信息技术下的劳动力投入水平以及信息技术下的劳动力投入水平之间的关系：

$$\begin{aligned}Y_n &= A_{nt}L_{n0}^{a_n}\left(\frac{b_n}{a_n}\frac{w_{n0}L_{n0}}{w_{n1}}\right)^{b_n}\left(\frac{c_n}{a_n}\frac{w_{n0}L_{n0}}{r_{n0}}\right)^{c_n}\left(\frac{d_n}{a_n}\frac{w_{n0}L_{n0}}{r_{n1}}\right)^{d_n} \\ &= A_{nt}L_{n0}\left(\frac{w_{n0}}{a_n}\right)^{1-a_n}\left(\frac{b_n}{w_{n1}}\right)^{b_n}\left(\frac{c_n}{r_{n0}}\right)^{c_n}\left(\frac{d_n}{r_{n1}}\right)^{d_n}\end{aligned} \tag{4-14}$$

$$L_{n0} = \frac{Y_n}{A_{nt}}\left(\frac{a_n}{w_{n0}}\right)^{1-a_n}\left(\frac{w_{n1}}{b_n}\right)^{b_n}\left(\frac{r_{n0}}{c_n}\right)^{c_n}\left(\frac{r_{n1}}{d_n}\right)^{d_n} \tag{4-15}$$

$$L_{n1} = \frac{Y_n}{A_{nt}}\left(\frac{w_{n0}}{a_n}\right)^{a_n}\left(\frac{b_n}{w_{n1}}\right)^{1-b_n}\left(\frac{r_{n0}}{c_n}\right)^{c_n}\left(\frac{r_{n1}}{d_n}\right)^{d_n} \tag{4-16}$$

式（4-15）和式（4-16）是农业生产中分别对非信息技术下的劳动力的需求函数和信息技术下的劳动力需求函数。假设农村中的总劳动力水平为 TL_n，这里不区分人口总数与劳动力总数。

由于前文的分析是在利润最大化的原则下求出农业生产对劳动力的需求，因此农村总劳动力数减去农业生产中分别对非信息技术和信息技术两种状态下的劳动力的需求，剩下的就是农业部门中可供非农产业使用的剩余劳动力。农业部门供给的剩余劳动力用 L_S 表示，得：

$$L_S = TL_n - L_{n0} - L_{n1}$$

$$= TL_n - \left\{ \frac{Y_n}{A_{nt}} \left(\frac{a_n}{w_{n0}}\right)^{1-a_n} \left(\frac{w_{n1}}{b_n}\right)^{b_n} \left(\frac{r_{n0}}{c_n}\right)^{c_n} \left(\frac{r_{n1}}{d_n}\right)^{d_n} \right\} - \left\{ \frac{Y_n}{A_{nt}} \left(\frac{w_{n0}}{a_n}\right)^{a_n} \left(\frac{b_n}{w_{n1}}\right)^{1-b_n} \left(\frac{r_{n0}}{c_n}\right)^{c_n} \left(\frac{r_{n1}}{d_n}\right)^{d_n} \right\}$$

$$= TL_n - \frac{Y_n}{A_{nt}} \left(\frac{a_n}{w_{n0}}\right)^{1-a_n} \left(\frac{w_{n1}}{b_n}\right)^{b_n} \left(\frac{r_{n0}}{c_n}\right)^{c_n} \left(\frac{r_{n1}}{d_n}\right)^{d_n} \left(1 + \frac{b}{a}\frac{w_{n0}}{w_{n1}}\right) \quad (4-17)$$

式（4-17）说明农村剩余劳动力的供给水平主要是由农业生产过程中的技术水平、农业生产中非信息技术下的劳动和资本等投入的产出弹性、农业生产中信息技术下的劳动和资本等投入的产出弹性等因素来决定。从直观上看，农村转移劳动力的供给数量随着农村总劳动力的增加而增加，随着农业产出的增加而减少，这一点可以通过对式（4-17）从数学的角度予以证明。因为农村转移劳动力的供给数量关于农村总劳动力的一阶偏导 $\frac{\partial L_s}{\partial TL_n} = 1 > 0$，农村转移劳动力的供给数量关于农业产出的一阶偏导 $\frac{\partial L_s}{\partial Y_n} < 0$。基于笔者的主要研究内容，我们重点考察非信息技术下的资本价格和劳动力工资、信息技术下的资本价格和劳动力工资等因素对农村剩余劳动力供给量的影响。

针对式（4-17）分别对变量 r_{n0}、r_{n1}、w_{n0}、w_{n1} 以及 A_{nt} 求一阶偏导，根据结果分别分析 r_{n0}、r_{n1}、w_{n0}、w_{n1} 以及 A_{nt} 的变动对 L_s 的影响：

$$\frac{\partial L_s}{\partial r_{n0}} = -\frac{Y_n}{A_{nt}}\left(\frac{a_n}{w_{n0}}\right)^{1-a_n}\left(\frac{w_{n1}}{b_n}\right)^{b_n}\left(\frac{r_{n0}}{c_n}\right)^{c_n-1}\left(\frac{r_{n1}}{d_n}\right)^{d_n}\left(1 + \frac{b_n}{a_n}\frac{w_{n0}}{w_{n1}}\right) < 0 \quad (4-18)$$

（1）式（4-18）说明，农村剩余劳动力供给量是非信息技术下资本价格的减函数，非信息技术下资本的价格越高，农村剩余劳动力的供给量相应就越少。当非信息技术下劳动力和资本、信息技术下劳动力和资本等各要素的产出弹性均保持不变时，在利润最大化的原则下，利息越高，非信息技术所需投入的资本价格也就越高，此时资本要素相对越稀缺。对于农村的生产者而言，理性的生产者就倾向于用较多的其他要素去代替资本。在笔者把农业部门生产划分为信息技术和非信息技术两种情况的基础上，信息技术下的资本投入因为要承受更大的风险，所以资本价格相比非信息技术下的资本价格只能更高。此时，理性的生产者最佳选择倾向于用较多的劳动要素去代替资本要素。这样，在总的劳动力数量保持不变的情况下，农业部门能够提供给非农部门的剩余劳动力就越少。由此可以得出农村剩余劳动力供给量是非信息技术下资本价格的减函数这一结论。

$$\frac{\partial L_s}{\partial r_{n1}} = -\frac{Y_n}{A_{nt}}\left(\frac{a_n}{w_{n0}}\right)^{1-a_n}\left(\frac{w_{n1}}{b_n}\right)^{b_n}\left(\frac{r_{n0}}{c_n}\right)^{c_n}\left(\frac{r_{n1}}{d_n}\right)^{d_n-1}\left(1 + \frac{b_n}{a_n}\frac{w_{n0}}{w_{n1}}\right) < 0 \quad (4-19)$$

（2）式（4-19）的数学结果说明，农村剩余劳动力供给量也是信息技术下资本价格的减函数,信息技术下资本的价格越高,农村剩余劳动力的供给量相应就越少。同样,当信息技术下劳动力和资本信息技术下劳动力和资本等各要素的产出弹性均保持不变时,在利润最大化的原则下,利息越高,信息技术所需投入的资本价格也就越高,此时资本要素相对越稀缺。对于农村的生产者而言,理性的生产者倾向于用较多的劳动要素去代替资本要素。这样,在总的劳动力数量保持不变的情况下,农业部门能够提供给非农部门的剩余劳动力就越少。由此可以得出农村剩余劳动力供给量是信息技术下资本价格的减函数这一结论。

$$\frac{\partial L_S}{\partial w_{n0}} = (1-a_n)a_n^{1-a_n}\frac{Y_n}{A_{nt}}\left(\frac{1}{w_{n0}}\right)^{2-a_n}\left(\frac{w_{n1}}{b_n}\right)^{b_n}\left(\frac{r_{n0}}{c_n}\right)^{c_n}\left(\frac{r_{n1}}{d_n}\right)^{d_n}\left(1+\frac{b_n}{a_n}\frac{1}{w_{n1}}\right) > 0 \quad (4-20)$$

(3)式(4-20)说明,农村剩余劳动力是非信息技术下农业劳动力工资水平的增函数,非信息技术下农业劳动力的工资水平越高,农村剩余劳动力就越多。这是因为在利润最大化原则下安排生产的农业生产者,在非信息技术下劳动力和资本、信息技术下劳动力和资本等各要素的产出弹性均保持不变的情况下,非信息技术下农业劳动力的工资水平越高,生产者越愿意用更多其他投入要素代替劳动力要素。在笔者把农业部门生产划分为信息技术和非信息技术两种情况的基础上,信息技术下的劳动力因为要求的劳动力素质很高,所以与劳动力价格相比非信息技术下的劳动力价格只能更高。此时,理性的生产者最佳选择就倾向于用较多的资本要素去代替劳动力要素。这样,农业部门雇用的劳动力数量就会减少,农村剩余劳动力数量增多,即农村剩余劳动力是非信息技术下农业劳动力工资水平的增函数。

$$\frac{\partial L_S}{\partial w_{n1}} = -\frac{Y_n}{A_{nt}}\left(\frac{a_n}{w_{n0}}\right)^{1-a_n}\left(\frac{w_{n1}}{b_n}\right)^{b_n-1}\left(\frac{r_{n0}}{c_n}\right)^{c_n}\left(\frac{r_{n1}}{d_n}\right)^{d_n-1}\left(1-\frac{b_n}{a_n}\frac{w_{n0}}{w_{n1}^2}\right) < 0 \quad (4-21)$$

(4)式(4-21)说明,农村剩余劳动力也是信息技术下农业劳动力工资水平的增函数,信息技术下农业劳动力的工资水平越高,农村剩余劳动力就越多。这是因为,在利润最大化原则下安排生产的农业生产者,在非信息技术下劳动力和资本、信息技术下劳动力和资本等各要素的产出弹性均保持不变的情况下,非信息技术下农业劳动力的工资水平越高,生产者越愿意用更多的资本等要素代替劳动力要素。这样,农业部门雇用的劳动力数量就会减少,农村剩余劳动力数量增多,即农村剩余劳动力是信息技术下农业劳动力工资水平的增函数。

$$\frac{\partial L_S}{\partial A_{nt}} = \frac{Y_n}{A_{nt}^2}\left(\frac{a_n}{w_{n0}}\right)^{1-a_n}\left(\frac{w_{n1}}{b_n}\right)^{b_n}\left(\frac{r_{n0}}{c_n}\right)^{c_n}\left(\frac{r_{n1}}{d_n}\right)^{d_n}\left(1+\frac{b_n}{a_n}\frac{w_{n0}}{w_{n1}}\right) > 0 \quad (4-22)$$

(5)式(4-22)说明,农村剩余劳动力是农业生产技术水平的增函数。农业生产过程中，投入的农用机械、水利、大中型拖拉机等均提高了农业生产中的技术水平，基于笔者的主要研究内容而言，把此处的农业生产技术水平看作农业现代化水平。生产过程中，农业生产技术水平越高，劳动力生产率越高，这样就可以释放出更多的剩余劳动力。即农业技术的进步会节约对劳动的使用，导致农村剩余劳动力越多。同时，这个结论也意味着，随着技术的不断进步，农业部门能够吸纳的劳动力将越来越少，在总人口保持不变的前提下，我国的农业剩余劳动力转移的压力越来越大，要解决日益增加的农村剩余劳动力转移压力，就需要新型工业化、新型城镇化以及信息化"三化"进行配合，大力发展工业及信息产业，提高城镇对农村剩余劳动力的吸纳能力，促进"四化同步"进程中的产城融合。

三、城镇部门生产函数及对农村剩余劳动力的需求

和农业部门的生产函数分析一样，在程明望（2007）以及周洛华的《信息时代的创新及其发展效应》（2001）的基础上，结合笔者的主要研究内容，将非农业部门生产中的主要投入要素资本分为非信息技术设备的资本投入、信息技术设备的资本投入两部分，将另外一种主要投入要素劳动力分为非信息技术下的劳动力投入、信息技术下的劳动力投入两部分。根据二元经济理论的基本思想，作如下假设：

（1）按照城镇化进程中的统计标准把经济系统分为农业部门和非农业部门（为笔者研究方便起见，后续将把非农业部门称为城镇部门）。其中，农业部门包括农林渔牧等第一产业，城镇部门经济主要包括工业和服务业。

（2）各部门生产函数中影响产出的主要要素为非信息技术设备的资本投入K_{n0}、信息技术设备的资本K_{n1}、非信息技术下的劳动力投入L_{n0}、信息技术下的劳动力投入L_{n1}以及技术水平A_{nt}等。即非农业部门生产的产出Y_n是非信息技术设备的资本投入K_{n0}、信息技术设备的资本K_{n1}、非信息技术下的劳动力投入L_{n0}、信息技术下的劳动力投入L_{n1}以及技术水平A_{nt}这几个要素的函数。

（3）两种资本和两种劳动力可以在农业部门和城镇部门之间自由流动。

（4）技术水平可变。

根据上述一系列的假设条件，城镇化进程中城镇部门的生产函数可以表示为：

$$Y_c = A_{ct} L_{c0}^{a_c} L_{c1}^{b_c} K_{c0}^{e_c} K_{c1}^{d_c} \qquad (4-23)$$

其中，Y_c表示产量，L_{c0}表示非信息技术下的劳动力投入，L_{c1}表示信息技术

下的劳动力投入，K_{c0} 表示非信息技术设备的资本投入，K_{c1} 表示信息技术设备的资本投入，a_c、b_c、c_c、d_c 表示产出弹性，满足条件 $0 < a_c$、b_c、c_c、$d_c < 1$。

a_c 是非信息技术下的劳动力投入的产出弹性，b_c 是信息技术下的劳动力投入的产出弹性，c_c 是非信息技术设备的资本投入的产出弹性，d_c 是信息技术设备的资本投入的产出弹性。假设非农产品的价格为 P_c，城镇部门非信息技术的劳动力工资为 w_{c0}，信息技术的劳动力工资为 w_{c1}，城镇部门生产所使用的非信息技术设备的资本投入价格为 r_{c0}，信息技术设备的资本投入价格为 r_{c1}。则城镇部门生产的利润函数可以表示为：

$$\pi_c = P_c A_{ct} L_{c0}^{a_c} L_{c1}^{b_c} K_{c0}^{c_c} K_{c1}^{d_c} - w_{c0} L_{c0} - w_{c1} L_{c1} - r_{c0} K_{c0} - r_{c1} K_{c1} \tag{4-24}$$

根据利润最大化的原则，就式（4-24）分别对非信息技术设备的资本投入、信息技术设备的资本、非信息技术下的劳动力投入、信息技术下的劳动力投入以及技术水平求一阶偏导数，并令其等于零，则可得到在利润最大化时的非信息技术设备的资本投入、信息技术设备的资本、非信息技术下的劳动力投入、信息技术下的劳动力投入以及技术水平等要素的最佳投入水平。

就式（4-24）对非信息技术下的劳动力投入求一阶偏导：

$$\frac{\partial \pi_c}{\partial L_{c0}} = a_c P_c A_{ct} L_{c0}^{a_c-1} L_{c1}^{b_c} K_{c0}^{c_c} K_{c1}^{d_c} - w_{c0} = 0$$

$$w_{c0} = a_c P_c A_{ct} L_{c0}^{a_c-1} L_{c1}^{b_c} K_{c0}^{c_c} K_{c1}^{d_c} \tag{4-25}$$

就式（4-24）对信息技术下的劳动力投入求一阶偏导：

$$\frac{\partial \pi_c}{\partial L_{c1}} = b_c P_c A_{ct} L_{c0}^{a_c} L_{c1}^{b_c-1} K_{c0}^{c_c} K_{c1}^{d_c} - w_{c1} = 0$$

$$w_{c1} = b_c P_c A_{ct} L_{c0}^{a_c} L_{c1}^{b_c-1} K_{c0}^{c_c} K_{c1}^{d_c} \tag{4-26}$$

就式（4-24）对非信息技术设备的资本投入求一阶偏导：

$$\frac{\partial \pi_c}{\partial K_{c0}} = c_c P_c A_{ct} L_{c0}^{a_c} L_{c1}^{b_c} K_{c0}^{c_c-1} K_{c1}^{d_c} - r_{c0} = 0$$

$$r_{c0} = c_c P_c A_{ct} L_{c0}^{a_c} L_{c1}^{b_c} K_{c0}^{c_c-1} K_{c1}^{d_c} \tag{4-27}$$

就式（4-24）对信息技术设备的资本投入求一阶偏导：

$$\frac{\partial \pi_c}{\partial K_{c1}} = d_c P_c A_{ct} L_{c0}^{a_c} L_{c1}^{b_c} K_{c0}^{c_c} K_{c1}^{d_c-1} - r_{c1} = 0$$

$$r_{c1} = d_c P_c A_{ct} L_{c0}^{a_c} L_{c1}^{b_c} K_{c0}^{c_c} K_{c1}^{d_c-1} \tag{4-28}$$

对上述四个公式两两相除，得到：

$$\frac{\text{式}(4-25)}{\text{式}(4-26)} = \frac{w_{c0}}{w_{c1}} = \frac{a_c}{b_c} \frac{L_{c1}}{L_{c0}} \tag{4-29}$$

$$\frac{\text{式}(4-26)}{\text{式}(4-27)} = \frac{w_{c1}}{r_{c0}} = \frac{b_c}{c_c}\frac{K_{c0}}{L_{c1}} \tag{4-30}$$

$$\frac{\text{式}(4-27)}{\text{式}(4-28)} = \frac{r_{c0}}{r_{c1}} = \frac{c_c}{d_c}\frac{K_{c1}}{K_{c0}} \tag{4-31}$$

$$\frac{\text{式}(4-28)}{\text{式}(4-25)} = \frac{r_{c1}}{w_{c0}} = \frac{d_c}{a_c}\frac{L_{c0}}{K_{c1}} \tag{4-32}$$

继续分析可得到 L_{c1}、K_{c0}、K_{c1} 的表达式：

$$\text{式}(4-29) \Rightarrow L_{c1} = \frac{b_c}{a_c}\frac{w_{c0}L_{c0}}{w_{c1}} \tag{4-33}$$

$$\text{式}(4-30) \Rightarrow K_{c0} = \frac{c_c}{b_c}\frac{w_{c1}L_{c1}}{r_{c0}} = \frac{c_c}{b_c}\frac{w_{c1}}{r_{c0}}\frac{b_c}{a_c}\frac{w_{c0}L_{c0}}{w_{c1}} = \frac{c_c}{a_c}\frac{w_{c0}L_{c0}}{r_{c0}} \tag{4-34}$$

$$\text{式}(4-32) \Rightarrow K_{c1} = \frac{d_c}{a_c}\frac{w_{c0}L_{c0}}{r_{c1}} \tag{4-35}$$

将式（4-33）～式（4-35）代入式（4-23），可以得到城镇部门的产出和该部门非信息技术下的劳动力投入水平以及信息技术下的劳动力投入水平之间的关系：

$$\begin{aligned} Y_c &= A_{ct}L_{c0}{}^{a_c}\left(\frac{b_c}{a_c}\frac{w_{c0}L_{c0}}{w_{c1}}\right)^{b_c}\left(\frac{c_c}{a_c}\frac{w_{c0}L_{c0}}{r_{c0}}\right)^{c_c}\left(\frac{d_c}{a_c}\frac{w_{c0}L_{c0}}{r_{c1}}\right)^{d_c} \\ &= A_{ct}L_{c0}\left(\frac{w_{c0}}{a_c}\right)^{1-a_c}\left(\frac{b_c}{w_{c1}}\right)^{b_c}\left(\frac{c_c}{r_{c0}}\right)^{c_c}\left(\frac{d_c}{r_{c1}}\right)^{d_c} \end{aligned} \tag{4-36}$$

$$L_{c0} = \frac{Y_c}{A_{ct}}\left(\frac{a_c}{w_{c0}}\right)^{1-a_c}\left(\frac{w_{c1}}{b_c}\right)^{b_c}\left(\frac{r_{c0}}{c_c}\right)^{c_c}\left(\frac{r_{c1}}{d_c}\right)^{d_c} \tag{4-37}$$

$$L_{c1} = \frac{Y_c}{A_{ct}}\left(\frac{w_{c0}}{a_c}\right)^{a_c}\left(\frac{b_c}{w_{c1}}\right)^{1-b_c}\left(\frac{r_{c0}}{c_c}\right)^{c_c}\left(\frac{r_{c1}}{d_c}\right)^{d_c} \tag{4-38}$$

式（4-37）、式（4-38）是城镇部门生产中分别对非信息技术下的劳动力的需求函数和信息技术下的劳动力需求函数。假设城镇部门中的总劳动力水平为 TL_c，为了分析方便，这里不区分人口总数与劳动力总数。

根据中国经济发展的实际国情，统计数据显示，在城镇部门经济发展的过程中，与农业部门相比，工业和服务业总是处于不断扩展的阶段。因此，城镇自有劳动力供给很可能满足不了城镇部门产业的发展。因此需要农业部门的剩余劳动力转移到非农产业。由于前文的分析是在利润最大化的原则下求出城镇部门生产对劳动力的需求，因此城镇部门生产中分别对非信息技术和信息技术两种状态下的劳动力的需求总和减去城镇部门可以提供的总劳动力数量，剩下的就是城镇部门生产中对农村剩余劳动力的需求。城镇部门生产中对劳动力的额外需求用L_D表示，可以得到城镇部门的劳动力需求L_D如下：

$$L_D = L_{c0} + L_{c1} - TL_c$$

$$= \frac{Y_c}{A_{ct}} \left(\frac{a_c}{w_{c0}}\right)^{1-a_c} \left(\frac{w_{c1}}{b_c}\right)^{b_c} \left(\frac{r_{c0}}{c_c}\right)^{c_c} \left(\frac{r_{c1}}{d_c}\right)^{d_c} \left(1 + \frac{b_c}{a_c}\frac{w_{c0}}{w_{c1}}\right) - TL_c \quad (4-39)$$

式（4-39）说明城镇部门剩余劳动力的需求水平主要是由非农产业生产过程中的技术水平、非农产业生产中非信息技术下的劳动和资本等投入的产出弹性、非农产业生产中信息技术下的劳动和资本等投入的产出弹性等因素来决定。从直观上看，城镇部门对农村剩余劳动力的需求数量随着非农产业产出的增加而增加，这一点可以通过对式（4-39）从数学的角度予以证明。因为城镇部门对农村剩余劳动力的需求数量关于城镇部门自有劳动力的一阶偏导$\frac{\partial L_D}{\partial TL_c} = -1 < 0$。基于笔者的主要研究内容，我们重点考察城镇部门非农产业总产出、非信息技术下的资本价格和劳动力工资、信息技术下的资本价格和劳动力工资等因素对城镇部门关于农村剩余劳动力需求水平的影响。

针对式（4-39）分别对变量Y_c、r_{c0}、r_{c1}、w_{c0}、w_{c1}及A_{ct}求一阶偏导，根据结果分别分析Y_c、r_{c0}、r_{c1}、w_{c0}、w_{c1}及A_{ct}的变动对L_D的影响如下：

$$\frac{\partial L_D}{\partial Y_c} = \frac{1}{A_{ct}} \left(\frac{a_c}{w_{c0}}\right)^{1-a_c} \left(\frac{w_{c1}}{b_c}\right)^{b_c} \left(\frac{r_{c0}}{c_c}\right)^{c_c} \left(\frac{r_{c1}}{d_c}\right)^{d_c} \left(1 + \frac{b_c}{a_c}\frac{w_{c0}}{w_{c1}}\right) > 0 \quad (4-40)$$

（1）式（4-40）说明城镇部门对农村剩余劳动力的需求是非农产业产出的增函数。城镇部门的产出越大，对农村剩余劳动力的需求就越大。随着中国经济中第二产业和第三产业规模的不断扩大，非农产业的生产过程日益需要更多的要素投入，劳动作为其中必不可少的最重要要素，自然随着经济的发展对劳动力的需求相应日益增长。事实上，统计数据显示，中国多年来的持续不断的大规模农村剩余劳动力的转移都是基于工业和服务业的不断发展。由此可以进一步证实城镇部门对农村剩余劳动力的需求是非农产业产出的增函数的分析结论。

$$\frac{\partial L_D}{\partial r_{c0}} = \frac{Y_c}{A_{ct}} \left(\frac{a_c}{w_{c0}}\right)^{1-a_c} \left(\frac{w_{c1}}{b_c}\right)^{b_c} \left(\frac{r_{c0}}{c_c}\right)^{c_c-1} \left(\frac{r_{c1}}{d_c}\right)^{d_c} \left(1 + \frac{b_c}{a_c}\frac{w_{c0}}{w_{c1}}\right) > 0 \quad (4-41)$$

（2）式（4-41）说明，城镇部门对农村剩余劳动力的需求量是非信息技术下资本价格的增函数，非信息技术下资本的价格越高，城镇部门对农村剩余劳动力的需求水平相应就越高。当非信息技术下劳动力和资本、信息技术下劳动力和资本等各要素的产出弹性均保持不变时，在利润最大化的原则下，利息越高，非信息技术所需投入的资本价格也就越高,此时资本要素相对越稀缺。对于城镇部门的生产者而言,理性的生产者倾向于用较多的其他要素去代替资本。在笔者把城镇部门生产划分为信息技术和非信息技术两种情况的基础上,信息技术下的资本投入因为要承受更大的风险,所以资本价格相比非信息技术下的资本价格只能更高。此时,理性的生产者最佳选择就是倾向于用较多的劳动要素去代替资本要素。这样,在总的劳动力数量保持不变的情况下,城镇部门对农村剩余劳动力的需求水平只能水涨船高越来越多。由此可以得出城镇部门对农村剩余劳动力的需求水平是非信息技术下资本价格的增函数这一结论。

$$\frac{\partial L_D}{\partial r_{c1}} = \frac{Y_c}{A_{ct}}\left(\frac{a_c}{w_{c0}}\right)^{1-a_c}\left(\frac{w_{c1}}{b_c}\right)^{b_c}\left(\frac{r_{c0}}{c_c}\right)^{c_c}\left(\frac{r_{c1}}{d_c}\right)^{d_c-1}\left(1+\frac{b_c}{a_c}\frac{w_{c0}}{w_{c1}}\right) > 0 \quad (4-42)$$

(3) 式(4-42)说明,和非信息技术下资本价格变化对城镇部门劳动力需求水平的影响方向一样,城镇部门对农村剩余劳动力的需求水平是信息技术下资本价格的增函数。信息技术下资本的价格越高,城镇部门对农村剩余劳动力的需求水平相应就越高。当非信息技术下劳动力和资本、信息技术下劳动力和资本等各要素的产出弹性均保持不变时,在利润最大化的原则下,利息越高,信息技术所需投入的资本价格也就越高,此时资本要素相对越稀缺。此时,理性的生产者最佳选择倾向于用较多的劳动要素去代替资本要素。这样,在总的劳动力数量保持不变的情况下,城镇部门对农村剩余劳动力的需求水平就会越来越多。由此可以得出城镇部门对农村剩余劳动力的需求水平是信息技术下资本价格的增函数这一结论。

$$\frac{\partial L_D}{\partial w_{c0}} = -(1-a_c)a_c^{1-a_c}\frac{Y_c}{A_{ct}}\left(\frac{1}{w_{c0}}\right)^{2-a_c}\left(\frac{w_{c1}}{b_c}\right)^{b_c}\left(\frac{r_{c0}}{c_c}\right)^{c_c}\left(\frac{r_{c1}}{d_c}\right)^{d_c}\left(1+\frac{b_c}{a_c}\frac{w_{c0}}{w_{c1}}\right) < 0 \quad (4-43)$$

(4) 式(4-43)说明,城镇部门对农村剩余劳动力的需求水平是非信息技术下非农产业劳动力工资水平的减函数,非信息技术下非农产业劳动力的工资水平越高,城镇部门对农村剩余劳动力的需求水平就越低。这是因为,在利润最大化原则下安排生产的非农产业生产者,在非信息技术下劳动力和资本、信息技术下劳动力和资本等各要素的产出弹性均保持不变的情况下,非信息技术下非农产业劳动力的工资水平越高,生产者越愿意用更多其他投入要素代替劳动力要素。在笔者把城镇部门生产划分为信息技术和非信息技术两种情况的基础上,信息技术下的劳动力因为要求的劳动力素质更高,所以劳动力价格相比非信息技术下的劳动力价格只能更高。此时,理性的生产者最佳选择就是倾向于用较多的资本要素去代替劳动力要素。这样,城镇部门雇用的劳动力数量就会增加,对农村剩余劳动力的需求相应也会增多。即城镇部门对农村剩余劳动力的需求水平是非信息技术下非农产业劳动力工资水平的增函数。

$$\frac{\partial L_D}{\partial w_{c1}} = \frac{Y_c}{A_{ct}} \left(\frac{a_c}{w_{c0}}\right)^{1-a_c} \left(\frac{w_{c1}}{b_c}\right)^{b_c-1} \left(\frac{r_{c0}}{c_c}\right)^{c_c} \left(\frac{r_{c1}}{d_c}\right)^{d_c-1} \left(1 - \frac{b_c}{a_c} \frac{w_{c0}}{w_{c1}^2}\right) > 0 \quad (4-44)$$

（5）式（4-44）中，信息技术下非农产业劳动力工资水平对城镇部门关于农村剩余劳动力的需求水平的影响方向主要有城镇部门生产中非信息技术下的劳动力投入的产出弹性 a_c、非信息技术设备的资本投入的产出弹性 b_c、非信息技术的劳动力工资 w_{c0} 以及信息技术的劳动力工资 w_{c1} 四个变量的相对大小决定。在实际城镇部门的生产过程中，统计数据显示，信息技术的劳动力工资要大幅度高于非信息技术的劳动力工资，由此分析，式（4-43）的最终结果应该为正值。即城镇部门对农村剩余劳动力的需求水平是信息技术下非农产业劳动力工资水平的增函数，非信息技术下非农产业劳动力的工资水平越高，城镇部门对农村剩余劳动力的需求水平就越高。这是因为，随着城镇部门生产中信息技术的劳动力工资的提高，越来越多的就业人员会通过再培训和人力资源投资争取进入信息技术的相关产业就业，而随着信息技术相关产业的就业增加，会直接对中国经济发展中的第一、第二、第三产业产生直接的正向影响，进而促进中国的新型工业化、信息化、新型城镇化以及农业现代化进程。如此一来，农业现代化的进一步发展会释放更多的农村剩余劳动力，新型工业化和新型城镇化的进一步发展直接导致第二、第三产业规模的扩大以及对农村剩余劳动力需求量的增加。由此可以得出城镇部门对农村剩余劳动力的需求水平是信息技术下非农产业劳动力工资水平的增函数的分析结论。

$$\frac{\partial L_D}{\partial A_{ct}} = -\frac{Y_c}{A_{ct}^2} \left(\frac{a_c}{w_{c0}}\right)^{1-a_c} \left(\frac{w_{c1}}{b_c}\right)^{b_c} \left(\frac{r_{c0}}{c_c}\right)^{c_c} \left(\frac{r_{c1}}{d_c}\right)^{d_c} \left(1 + \frac{b_c}{a_c} \frac{w_{c0}}{w_{c1}}\right) < 0 \quad (4-45)$$

（6）式（4-45）说明，城镇部门对农村剩余劳动力的需求水平是城镇部门生产技术水平的减函数。城镇部门生产过程中，信息化的水平越来越高，统计数据显示，城镇固定电话普及率、移动电话普及率、互联网普及率、从事科研活动的人员数量、每年的科研活动经费支出、城镇企业单位和居民在信息产业上的消费支出等指标均显示，中国经济发展中的信息化水平正在快速增长。基于笔者的主要研究内容，把此处的城镇部门生产技术水平看作信息化水平。生产过程中，非农产业生产技术水平越高，信息化水平越高，城镇部门的劳动力生产率越高，这样就可以减少对农村剩余劳动力的需求水平。即城镇部门生产过程中的技术进步信息化水平会节约对劳动的使用，导致对农村剩余劳动力的需求减少。

第二节 "四化同步"进程中产城融合经济学理论模型构建

一、"四化同步"进程中产城融合发展的三个研究视角

考察"四化同步"进程中产城融合发展主要有人的视角、经济的视角、空间的视角等研究视角,其中人的视角是基础,经济视角是本质,空间视角是载体。"四化同步"进程中的产域融合理论机制如图1-2所示。

(一)人的视角

人的视角进行"四化同步"下产城融合的研究主要是从劳动力的角度考量,在新型工业化、信息化、新型城镇化以及农业现代化"四化"发展的过程中,按照静态均衡的基本理论,想要实现国家宏观战略层面上的城镇化目标,应该"四化同步"协调发展,正好使得农业现代化进程中释放出来的农村剩余劳动力转移到城镇的数量与工业化、信息化进程中造成的城镇现有劳动力缺口相匹配,即农村剩余劳动力的供给量正好等于城镇产业对农村剩余劳动力的需求量。此时,从人的视角出发,认为"四化"在同步协调发展方面达到了静态均衡。

新型工业化、信息化、新型城镇化以及农业现代化"四化"发展的过程中,各自对于人口视角进行"四化同步"下产城融合均有不同的影响。

(1)农业现代化发展的进程中,农业生产率随着农业现代化率的提高而大幅提高,在一定程度上极大释放农村剩余劳动力。此时,必须有新型城镇化发展的要求进行配合,以转移日益增加的农村剩余劳动力。目前衡量城镇化率的指标由人口城镇化、空间城镇化等组成,实际研究中应用较为广泛的还是人口城镇化指标。由此,根据《国家新型城镇化规划(2014-2020)》的具体要求,2020年拟达到的常住人口城市化率为60%左右,和2017年年末的58.52%相比,以目前的中国总人口来计算,尚有相当比例的农村人口需要在三年内由乡村转移到城镇。也就是说,想要在国家层面上达到城镇化发展目标,按照人口城镇化指标进行计量,必须有相应数量和比例的农村人口转移到城镇。所以,农业现代化的发展释放了大量的农村剩余劳动力,城镇化目标的实现吸纳了相应的农村剩余劳动

力，正好在人的视角上达到了静态均衡。

（2）在此过程中，信息化的发展一方面极大地促进了农业现代化的进程，进一步提高了农业生产率，释放了农村剩余劳动力；另一方面信息化通过对工业化的具体产业和产值结构产生影响，直接改变了中国经济发展中三次产业的产值结构比以及三次产业下各具体细分产业的产值结构比例。图4-1显示，从1978年改革开放以来，中国经济发展中的三次产业产值比重都发生了很大变化。第一产业的产值比重由1978年的27.9%下降到了2017年的7.9%，第二产业的产值比重由1978年的47.6%逐步下降到了2017年的40.5%，第三产业的产值比重由1978年的24.5%稳步上升至2017年的51.6%。可以看出，第一产业和第三产业的产值比重变化最为明显，第一产业产值比重急剧下降，第三产业产值比重持续上升。这种各产业间的产值结构比的变化会直接影响到对相关劳动力的需求变化上，进而对农村剩余劳动力的需求产生影响。

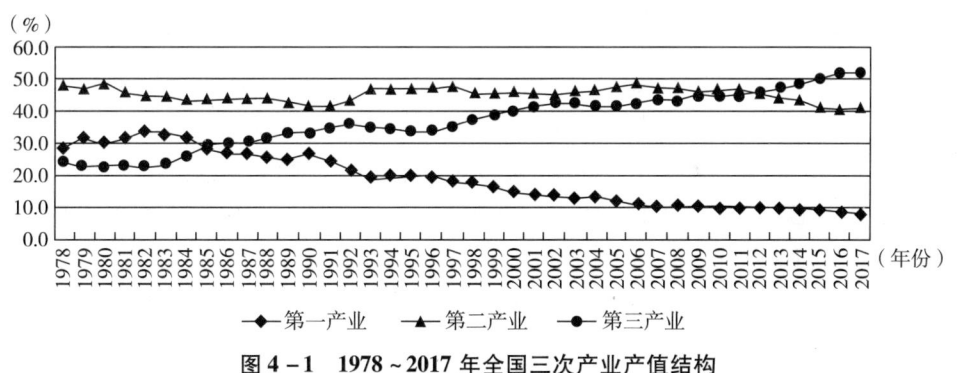

图4-1 1978~2017年全国三次产业产值结构

资料来源：历年《中国统计年鉴》及《新中国六十年统计资料汇编》。

综上，从人的视角出发，农业现代化会提高劳动生产率，释放农村剩余劳动力转移至城镇，为城镇化目标的实现提供人口基础。信息化和工业化的发展也通过提高劳动力生产率、改变三次产业产值结构比等影响对城镇关于农村剩余劳动力的需求产生影响。

（二）经济视角

从经济视角出发，"四化同步"进程中的产城融合发展研究不仅是农村剩余劳动力的供给量等于城镇产业对于农村剩余劳动力的需求量这么简单。在人口视角达到基本静态均衡的基础上，还应该进一步考察农村剩余劳动力的供给结构和城镇产业对于农村剩余劳动力的需求结构是否匹配、中国目前的三次产业产值结构和中国的宏观经济形势是否匹配、中国目前的信息化和工业化进程和国际上的相应标准相比较是否匹配、中国目前的城镇产业发展和较高的城镇化率相比是否匹配、是否存在有产无城或有城无产等产城融合方面的问题等，上述系列问题均是从经济视角出发进行考量和研究。

（1）在"四化同步"进程中的产城融合发展的过程中，按照目前中国的城镇化水平应该和中国的工业化进程、人均 GDP 水平相匹配。从图 4-2 中可以看出，1978～2017 年，中国的工业总产值大幅增加，从 1641.4 亿元大幅增长至 279996.9 亿元。目前按照统计数据以及中国社会科学院发布的《中国工业发展报告 2015》，"十二五"期间，中国已经实现了从工业化中期到工业化后期的飞跃。未来"十三五"期末，即 2020 年，中国应该基本实现工业化。当然，这种工业化发展程度以及发展目标是就中国各区域的整体平均水平来讲的。如果分区域进行分析的话，北京、上海以及广州等城市已经进入后工业化时期。从全国工业化发展的平均水平来看，中国的工业化目前正处于全面工业化的冲刺阶段，说明和国际上其他发达国家相比，中国的工业化还有相当的差距。信息化的发展恰好可以极大地促进中国工业化进程中产业结构的合理化、高级化问题，信息化的发展首先通过信息服务及相关的软件服务业的快速发展影响中国经济发展的产业结构和产值比例，使得产业结构更加合理化、高级化。其次信息化的发展还通过近年来的科研领域活动人员的数量的大幅增长、人均 R&D 经费的增长以及教育经费的增长等指标提高劳动素质，并进而提高劳动力生产率，可以进一步影响三次产业的产业产值结构比。

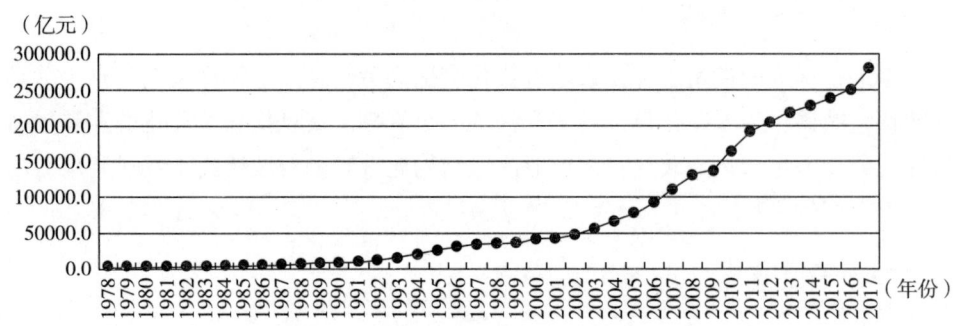

图 4-2　1978～2017 年全国工业总产值

资料来源：历年《中国统计年鉴》及《新中国六十年统计资料汇编》。

(2) 在农业现代化和城镇化发展的进程中,从经济视角出发,在农村剩余劳动力转移和城镇吸纳农村剩余劳动力的总量之间达到平衡的基础上,还应该通过调整三次产业以及三次产业下各自的具体细分产业,使得非农产业在发展过程中对农村剩余劳动力在年龄、知识结构、性别等方面的具体需求和农村剩余劳动力转移的数量在结构上也可以相互匹配。不然,就可能会产生一方面存在大量的农村剩余劳动力转移到城镇以后找不到就业岗位,另一方面城镇产业在发展的过程中存在大量的劳动力缺口以致影响产业良性持续发展的劳动力不相匹配的情况。近年来,民工荒和高就业率同时存在就意味着应该采取措施,在城镇化率快速发展的过程中,另外"三化"即工业化、农业现代化和信息化也应该均衡协调发展,达到农村剩余劳动力的转移和吸纳在数量和结构上同时均衡。

(三) 空间视角

空间视角考查"四化同步"进程中的产城融合发展主要是在中国历史上城镇化发展的过程中,过去只注重城镇化比率的提高而不注重城镇化质量的角度出发进行具体研究分析。在中国城镇化发展的历史过程中,多数城市只注重城镇化比率的提高,一味追求城镇化量上的变化,忽视了城镇化质量的同时提升,导致很多城市出现了有产无城产业发展缺少空间依托或有城无产的"鬼城"现象。所以,在新型城镇化发展的过程中,不但要重量,更要重质。不仅要实现城镇化率在数量上的目标实现,更要在城镇化的过程中,重点考察各城镇化的依托产业以及产业园区,要保证每个城镇在发展的过程中有城有产,产城高度融合。

在新型城镇化发展的过程中,除了考虑上述重量更重质的情况外,还需要对城镇化过程中,城镇居民在衣食住行等生活方面的质量、城市设施的人均覆盖程度等因素加以考量。做到农村剩余人口转移到城镇以后,衣食住行各方面不会和城镇已有居民产生过大差异进而产生不满心理。还要做到农村剩余人口转移到城镇以后,就业以及工资待遇、出行条件、人均享有的城市公共设施诸如人均绿地面积、人均公交车辆、人均道路面积、人均用水量等不会和城镇已有居民产生过大差异。上述因素的全面考虑均需要信息化和工业化发展以及城镇产业的空间配置予以配合。

综上,在新型工业化、信息化、新型城镇化以及农业现代化"四化同步"发展的过程中,对产城融合进行研究应该从人、经济、空间三个视角出发进行全面研究和分析。

二、"四化同步"进程中的产城融合经济学理论模型

在前述按照笔者主要研究内容把中国经济分为农村经济和城镇部门经济两大部分,通过两部门生产函数将农业现代化、新型工业化以及信息化"三化"作为影响生产函数的指标引入农村部门生产函数和城镇部门生产函数后,目前可以得到农村部门关于农村剩余劳动力转移的函数形式以及城镇部门经济发展的过程中对农村剩余劳动力需求的函数形式。根据上述分析已经知道,在中国整体经济发展的过程中,从人的视角考量达到静态均衡的条件就是农村剩余劳动力转移的数量正好等于城镇部门对农村剩余劳动力的需求数量,即 $L_D = L_{CZH} = L_S$,此时,引入新型城镇化指标,我们已经知道,按照人口城市化的公式,新型城镇化想要在数量上实现目标,应该从农村地区转移相当数量的剩余劳动力至城镇,即 $L_S = L_{CZH}$。由此,综合农村地区和城镇地区两部门生产函数和新型城镇化三方,得到从人的视角出发的"四化同步"进程中的产城融合经济学理论模型如下:

$$L_S = TL_n - \frac{Y_n}{A_{nt}} \left(\frac{a_n}{w_{n0}}\right)^{1-a_n} \left(\frac{w_{n1}}{b_n}\right)^{b_n} \left(\frac{r_{n0}}{c_n}\right)^{c_n} \left(\frac{r_{n1}}{d_n}\right)^{d_n} \left(1 + \frac{b_n}{a_n} \frac{w_{n0}}{w_{n1}}\right)$$

$$= L_{czh}$$

$$= L_D = \frac{Y_c}{A_{ct}} \left(\frac{a_c}{w_{c0}}\right)^{1-a_c} \left(\frac{w_{c1}}{b_c}\right)^{b_c} \left(\frac{r_{c0}}{c_c}\right)^{c_c} \left(\frac{r_{c1}}{d_c}\right)^{d_c} \left(1 + \frac{b_c}{a_c} \frac{w_{c0}}{w_{c1}}\right) - TL_c \quad (4-46)$$

由式(4-46)分析可以得出如下结论:

(1)从式(4-46)的前两部分中可以看出,"四化同步"进程中的产城融合发展过程中,新型城镇化和农业现代化的发展呈正相关关系。农业现代化的发展可以大幅提高农村劳动生产率,释放农村剩余劳动力,使其转移至城镇,提高新型城镇化率,实现新型城镇化目标。同时,新型城镇化的进一步发展通过人力资源教育投资、固定资产投资、机械化水平提高等措施又可以进一步提高农业现代化水平,提高农业劳动生产率,继续释放农村剩余劳动力转移至城镇。如此正向往复循环,新型城镇化和农业现代化互相影响和促进,均得到大力发展。

(2)从式(4-46)的后两部分中可以看出,"四化同步"进程中产城融合发展过程中,新型城镇化和工业化的发展呈正相关关系,和信息化的发展呈负相关关系。信息化的发展通过大力发展信息、软件及技术服务业在一定程度上改变了三次产业各自的产值结构比例以及三次产业下各细分产业的产值结构比例,促进了产业结构的合理化和高级化,直接影响了工业化水平。同时,信息化通过科研服务业、参与科研活动的人员数量、国家人均 R&D 经费支出变化等要素指标

的变化改变了人力资源素质,通过直接影响各产业的劳动生活率进而影响到工业化、农业现代化水平。三次产业各自劳动生产率的变化会直接影响到农村剩余劳动力的转移数量和城镇地区对农村剩余劳动力的转移需求,进而影响到新型城镇化的目标实现。

(3) 从式 (4-46) 中来看,新型城镇化和新型工业化的一阶偏导呈正相关关系。新型工业化的发展一方面提高了城镇部门工业的劳动生产率,减少了对农村剩余劳动力的转移需求;另一方面新型工业化的发展使得工业规模急剧扩大,对农村剩余劳动力的转移需求也会增加。两相比较,规模扩大导致的对农村剩余劳动力的转移需求远远超过现有工业产业劳动生产率增加对农村剩余劳动力转移需求的减少。最终,新型城镇化和新型工业化的发展呈正相关关系。新型城镇化和信息化呈负相关关系,主要是因为信息化对新型工业化生产率的大幅影响,导致城镇部门对农村剩余劳动力的转移需求呈递减趋势所致。

(4) 从式 (4-46) 的整体结构中也可以看出,笔者"四化同步"进程中的产城融合研究主要研究在经济发展的进程中,农业现代化、新型工业化以及信息化"三化"的影响及其各自两两之间的相互影响。由此在分析经济发展进程中,产城融合度的高低、产城融合中的主要影响因素以及提高产城融合度的主要措施。

三、"四化同步"发展对产城融合的具体要求

在本书的第二章,曾经通过分析对产城融合的具体内涵在"四化同步"的框架下做了一个界定,认为"四化同步"进程中的产城融合指的是在新型工业化、信息化、新型城镇化和农业现代化"四化同步"发展的进程中,通过"四化"互促互进协调发展,达到经济发展中产业结构合理,城镇产业布局优化,城镇各项服务配套设施完善,真正做到各次产业和城镇互相支撑、互相依托、相互匹配,实现经济发展进程中"四化同步"协调产城互动的发展模式。

按照上述对产城融合在"四化同步"框架下的内涵界定,分析可知"四化同步"进程中对产城融合的要求如下:

(一) 从人的视角考察"四化同步"对产城融合的要求

"四化同步"进程中的产城融合要求城镇化进程中转移到城镇的多数农业剩余劳动力在城镇中能够找到愿意就业的岗位且用人单位也愿意接收这些待就业劳动力进行就业,即城镇化进程中城镇的失业率维持在一定的较低水平。按照上述要求:

(1) 想要达到国家在特定阶段的城镇化目标,就需要转移相当数量的农村

人口进城镇,这样才能在城镇化的衡量中提高城镇化率,达到国家在相应阶段的城镇化目标[①]。

(2) 城镇化的目标在一定程度上得到实现以后,具体到城镇的就业情况,想要吸纳这些在城镇化进程中转移到城镇的农业剩余劳动力,对城镇产业部门——主要指非农产业部门的发展以及产业结构的协调提出了相应的要求。这些城镇非农产业部门在发展过程中的产业结构及各具体产业部门对劳动力的需求会对产城融合从人的视角进行衡量产生决定性的影响。城镇部门在发展过程中的产业结构协调性和就业结构需求协调性最终会影响某一特定城镇的就业率和失业率,如果城镇产业部门在工业化和信息化的进程中造成的城镇现有劳动力缺口恰好和城镇化进程中转移的农业剩余劳动力数量相匹配,就可以在城镇化大力发展的同时就地解决待就业人口,降低城镇失业率;反之如果上述情形没有发生,则失业率过高,意味着产城融合过程中劳动力没有得到妥善的安置,以致产城融合度过低需要采取措施。

(3) 在上述两点的考虑过程中,农业现代化实际上居于基础性的地位。首先只有农业现代化的发展才能通过农业劳动生产率的提高释放相当数量的农业剩余劳动力,这些剩余劳动力转移到城镇以后首先在一定程度上促进了城镇化的发展,加快了城镇化这一国家战略的尽快实现;其次转移到城镇以后的农村剩余劳动力成为待就业人口以后,给城镇造成了极大的就业压力,促使城镇产业部门尽快发展,通过工业化和信息化进程调整产业结构,吸纳转移的农业剩余劳动力。此时可以认为在"四化同步"发展的进程中,从人的视角进行考量,产城融合达到了一定的高水平融合发展。

(二) 从经济的视角考察"四化同步"对产城融合的要求

从经济视角进行"四化同步"进程中产城融合的考量是在人的视角上对产城融合考量的进一步深化和拓展。

(1) 上述从人的视角进行的考量,具体从本章所建立的产城融合经济学理论模型[式(4-46)]来进行考虑,主要是指通过农业现代化的发展释放出来的农业剩余劳动力正好等于城镇化进程中根据某一特定城镇化目标所需要转移的农业剩余人口,且正好等于城镇产业部门在工业化和信息化发展的进程中造成的

---

① 此处城镇化率的衡量主要是根据国家统计局的规定公式进行衡量:城镇常住人口/总人口=城镇化率,该公式计算出的正好是人口城镇化率,符合本书此处从人的视角进行产城融合的考量。

第四章 "四化同步"进程中产城融合发展的理论模型构建

劳动力缺口,满足上述条件就可以认为从人的视角进行考量,产城融合达到了一定的静态均衡水平①。

而从经济视角来进行考虑的话,就不止要考虑上述三部分——通过农业现代化的发展释放出来的农业剩余劳动力、城镇化进程中根据某一特定城镇化目标所需要转移的农业剩余人口、城镇产业部门在工业化和信息化发展的进程中造成的劳动力缺口——在总量上的均衡,还应该考虑这三部分的人口在结构上是否匹配,即还需要进一步考察农村剩余劳动力的供给结构和城镇产业对于农村剩余劳动力的需求结构是否匹配、中国目前的三次产业产值和结构是否协调、信息化和工业化进程是否满足产城融合的要求、目前的城镇产业发展和较高的城镇化率相比是否匹配、是否存在有产无城或有城无产等产城融合方面的问题②。

(2) 产城融合过程中经常存在一方面大量的农村剩余劳动力转移到城镇以后找不到就业岗位,另一方面城镇产业在发展的过程中存在大量的劳动力缺口以致影响产业良性持续发展的劳动力不相匹配的情况,由此在劳动力人口总量均衡的基础上,还应该通过工业化和信息化的深度融合和发展调整城镇部门内部各具体产业的发展,使得非农产业在发展过程中对农村剩余劳动力在年龄、知识结构、性别等方面的具体需求和农村剩余劳动力转移的数量在结构上相互匹配,真正提高产城融合度。

(3) 产城融合的过程中,按照以产促城、以城兴产的产城融合理解,城镇在发展的过程中应该有相应的产业发展与之相适应,否则,就会产生类似于鄂尔多斯市的情况。多年来,鄂尔多斯市在城镇化发展的过程中过于注重城镇化率的

---

① 本部分的分析主要从人、经济和空间三个视角对产城融合进行分析,其中人的视角是分析的基础,经济和空间两个视角的分析都是基于人的视角进行分析的基础来进行的。

在从人的视角进行分析时,主要从农业现代化进程中所释放出来的农村剩余劳动力转移到城镇以后是否满足城镇化目标实现所需要转移的农村人口,以及转移到城镇以后是否满足城镇部门产业发展所造成的劳动力需求缺口来进行分析。这里可能会产生的两点困惑解释如下:首先,从人的视角进行考虑达到的均衡只是劳动力供需双方绝对数量上的简单均衡,在结构及空间上的均衡会在后续分析中继续进行探讨。其次,城镇部门产业发展的过程中对劳动力的需求缺口并不全是由农村剩余劳动力的转移就业来解决,只是鉴于笔者的主要研究内容,在分析过程中,假设城镇居民的失业率在标准线以下即假设城镇居民在产业发展中已经基本达到充分就业,在这种假设前提下,城镇产业发展中的劳动力需求缺口就需要转移到城镇的农业剩余劳动力加以解决,当然,这种假设有一定的缺陷,未来的深入拓展研究中会对此问题进行详细考虑,力求使研究的前提更客观更接近现实。

② 此处的"有产无城"和"有城无产"是一般意义上的产城融合研究过程中常见的两个问题和现象,针对这两个问题,也可以通过本章建立的产城融合经济学理论模型[式(4-46)]进行分析,找到原因并进行政策上的措施建议加以解决完善,针对这两个比较典型的常见问题第五章会进行深入的分析和探讨。

提高以及城镇配套设施的建设，然而没有相应的产业发展作支撑，吸引不了相应的供需双方落户该市进行投资生产和居住消费，导致该市目前成了著名的"鬼城"和"空城"；另外，在城镇化发展的过程中，如果过于注重产业发展，忽视了城镇化在发展过程中的道路、交通、水电等公共设施的配套建设，就会使产业在高度发展的进程中失去城市依托，最终形成产业空转的情况。由此，在"四化同步"发展的进程中，需要工业化和信息化进行深度融合协调发展，通过信息相关产业的发展影响三次产业间的产业结构和就业结构，以此促进城镇化过程中城镇产业部门结构的合理化和高级化，在此基础上，城镇有关部门应该加快城镇的生活居住和生产片区的规划，在配套公共设施和相关政策上予以配合，通过这两个方面"三化"的发展努力尽可能解决产城融合过程中常见的"空城"和"空转"现象。

（三）从空间的视角考察"四化同步"对产城融合的要求

从空间视角进行"四化同步"进程中产城融合的考量主要是在经济视角基础上对产城融合中常见的"空城"和"空转"现象进行的深入分析。

（1）产城融合进程中常见的"空城"和"空转"现象从经济视角进行分析是城镇化发展进程中相应的工业化和信息化发展不相匹配，导致有的城镇空有良好发展的产业却没有相应的城市基础设施予以配套，出现"空转"现象，有的城镇在城镇化进程中发展很快却苦于没有相应的配套产业结构，导致出现"空城"现象。

从空间视角对这两个问题进行分析的话，首先在城镇化进程中除了关注人口城镇化进程外，还应该关注产业、社会、农村以及土地的城镇化，这也是产城融合对城镇化提出的要求。如果一个城镇内部的产城融合度过低，说明该城镇内部的产业结构、布局、空间规划等出现了或大或小的问题，需要采取措施加以解决。

（2）"空城"具体是指在城镇化的进程中城镇化速度大大加快，出现了一个个新城，然而这些新城在实际经济发展中并没有相应的产业支撑，导致"空城"现象出现，这些城镇化进程中出现的"空城"由于没有产业的支撑，其片区的经济增加值整体水平极为低下。在城镇化的发展中，应该产业的发展先行，需要工业化、信息化和城镇化同步推进，互相配合，依靠产业的发展支持城镇的经济建设，同时城镇化进程中要一改过去重量不重质的做法，完善各项城镇公共配套设施，以此促进城镇产业结构的合理优化升级，以避免空城现象严重泛滥。

(3)"空转"现象是指城镇化建设的进程中城镇建设和产业的发展相互偏离,城镇建设远远滞后于产业的发展,导致产业发展失去了城市的有力依托,出现"空转"现象。这种没有城镇功能完善配套单纯注重发展产业的现象多发生在城镇内部的高新区、产业园区或工业园区,这些区域在经济发展中只重工业及其他产业发展,相关的服务配套功能、公共设施配套均远远滞后,不但不能满足产业持续发展的条件,还因为配套设施欠缺导致该区域和居民息息相关的商业消费环境缺失以致高度发展的产业原本应该有的高附加值也随之流失。由此,需要在高新区、产业园区、工业园区的建设发展进程中,工业化、信息化和城镇化并重,做到工业高效可持续运行发展、信息产业等高端产业结构合理、城镇相应配套设施完备,真正实现产业和城镇的发展互相融合,产城融合度高度增加。

综上,在城镇化的进程中,城镇配套建设缺失前提下的单纯的工业园区、产业园区或高新区的建设会出现"空转"现象,而忽视产业的发展单纯地发展人居城镇会出现"空城"现象,在产城融合的进程中需要工业化、信息化以及新型城镇化在空间配置上相互融合,力争做到有产有城,产城互动,融合发展。

第三节 本章小结

本章是对"四化同步"进程中的产城融合发展的理论框架分析。为了建立"四化同步"进程中的产城融合经济学理论模型,本章的研究以农业部门和城镇部门两部门的生产函数分析为切入点,由此,首先介绍生产函数的概念、定义、柯布—道格拉斯生产函数、索洛模型等相关内容,通过对柯布—道格拉斯生产函数和索洛模型的分析,结合笔者主要研究内容,进行有针对意义的拓展,建立包含新型工业化、信息化、新型城镇化和农业现代化"四化"在内农业部门和城镇部门两部门的生产函数,通过数学公式的推导得出农业部门剩余劳动力的供给数量公式和城镇部门对农业剩余劳动力需求数量公式。

其次在两部门生产函数基础上,分别通过农业部门剩余劳动力供给数量和城镇部门对农业剩余劳动力需求数量对农业总产出、城镇部门总产出、农业现代化、信息化以及工业化等变量分别求一阶偏导,根据一阶偏导的正负情况判断农业总产出、城镇部门总产出,农业现代化、信息化以及工业化等变量在农业剩余劳动力的供给和城镇部门对农业剩余劳动力的需求上各自影响的方向及大小。

最后把"四化同步"进程中的产城融合研究分为人的视角、经济视角以及空间视角三个研究维度进行"四化同步"进程中产城融合的研究思路分析,三个研究维度中以人的视角为主,即先以劳动力为中介进行"四化同步"进程中产城融合的理论框架研究,建立起"四化同步"进程中的产城融合经济学理论模型,并根据所建立的模型探讨"四化"各自对融合度的影响,同时从人、经济、空间的视角分别阐述了"四化同步"进程中产城融合的具体要求。

第五章 中国历年来各地区的产城融合实证分析

本章拟用主成分分析法对"四化同步"发展进程中1978~2017年历年来的中国产城融合度和2017年中国各地区的产城融合度进行实证研究：①对本章要用到的主成分分析法从概念、特点、原理以及计算步骤等方面进行介绍；②在分析主成分分析法对笔者主要研究内容适用性的基础上，分别对"四化同步"发展进程中1978~2017年的产城融合度以及2017年当年中国各地区的产城融合度进行实证分析，希望能将"四化同步"发展过程中影响产城融合度的多个指标综合成少数几个主成分因子，为后续对策建议提供基础。[①]

[①] 本部分对于"四化同步"发展进程中1978~2017年的产城融合度以及2017年当年中国各地区的产城融合度进行的实证分析，主要是在第三章对"四化同步"发展中"四化"之间的相互影响关系进行VAR模型分析的基础上继续深入开展。

本部分的研究主要是基于如下思路：第一，第三章的实证结果已经证实"四化"发展过程中是相互影响共同促进的，但是在研究过程中，对于"四化"各自均只选取了一个主要指标来进行实证的研究和分析，虽然能够得到比较可靠的也符合中国经济发展实际的结论，但无论如何，指标选取过程中的单一性是第四章研究中的一个不足；第二，在此基础上，进行的"四化同步"进程中产城融合的分析首要要对第三章选取指标过程中的单一性不足予以弥补，对"四化"各自均选取10个以上的指标来进行全面分析；第三，对于"四化"各自累加起来多达近40个指标在产城融合过程中的影响程度如何衡量，哪几个指标是最终影响产城融合的主要指标，本部分拟通过主成分分析法进行分析。通过主成分分析法的主成分提取结果，看看近40个指标中哪几个属于提取出来的第一个主成分因子，就可以知道影响产城融合的决定性指标。该预期结果也可以在后续章节提高产城融合度的对策建议中提供实证基础。

综上，本章是在第三章"四化同步"VAR模型和第四章产城融合经济学理论模型的基础上对产城融合研究的进一步深化和拓展，目的是在"四化"这几个比较宽泛的概念中进一步确定影响产城融合度的几个决定性的细分指标，以在未来经济发展中有针对性地采取对策提高"四化同步"下的产城融合度，促进中国经济的持续协调健康发展。

第一节 主成分分析法介绍

一、主成分分析法概述

在进行某个问题的分析研究时,为了尽可能全面地反映影响该问题的所有因素,在进行指标变量的选取时,会根据所研究的问题性质尽可能地选取较多的指标,以达到全面客观地反映问题的目的。

在对所选取的较多的变量指标进行分析时,实际上,这些指标变量可能两两之间或者多个之间存在一定的相关关系,此时认为这些存在相互关系的指标变量有一定的重叠性。此时就需要想办法缩减指标变量的个数,同时又要保证在缩减变量个数的过程中,不会造成信息丢失或者信息不完整的情况,以解决这些指标变量由于相关性造成的重叠问题。即应该想办法做到,即使变量缩减以后,这些保留的变量仍然能够在最大程度上代表缩减之前的那些指标变量所包含的信息,这样就会避免缩减变量可能造成的信息丢失或信息不完整的情况。

主成分分析法正是以最少的信息丢失为前提,将研究问题初始状态中众多的原有变量经过一定的数学分析过程,综合提取出较少的几个综合指标来代表之前的众多原有变量。主成分分析法所提取出来的为数较少的综合指标具有主成分个数远远少于原有变量的个数、提取出来的主成分能够反映原有变量的绝大部分信息、提取出来的主成分之间互不相关等特点。

二、主成分分析的基本原理[①]

科学研究中的任何一个研究对象,往往都是包含众多要素的复杂系统。在研究过程中如果根据实际情况来进行变量指标的选取,就会造成选取的变量太多从而增加分析问题的难度和复杂性。主成分分析正是把原来多个变量划为少数几个综合指标的一种统计分析方法。其基本思想是设法将原来众多的具有一定相关性的 p 个指标 $x_1, x_2, \cdots, x_p$,重新组合成一组较少个数的互不相关的综合指标 F_m

---

① 本部分内容参考:张永峰,胡蓉. 主成分分析模型的多指标综合评价方法 [J]. 西南民族大学学报(自然科学版),2013,39(3):362-365.

来代替原来指标。

假定有 n 个样本，每个样本共有 p 个变量，构成一个 $n \times p$ 阶的数据矩阵：

$$X = \begin{bmatrix} x_{11} & x_{12} & \cdots & x_{1p} \\ x_{21} & x_{22} & \cdots & x_{2p} \\ \vdots & \vdots & \ddots & \vdots \\ x_{n1} & x_{n2} & \cdots & x_{np} \end{bmatrix} \quad (5-1)$$

记原变量指标为 x_1，x_2，$\cdots$，x_p，降维处理后的新指标为 z_1，z_2，$\cdots$，z_m ($m \leq p$)，则：

$$\begin{cases} z_1 = l_{11}x_1 + l_{12}x_2 + \cdots + l_{1p}x_p \\ z_2 = l_{21}x_1 + l_{22}x_2 + \cdots + l_{2p}x_p \\ \qquad \cdots \\ z_m = l_{m1}x_1 + l_{m2}x_2 + \cdots + l_{mp}x_p \end{cases} \quad (5-2)$$

系数 L_{ij} 的确定原则：

(1) z_i 与 $z_j (i \neq j; i, j = 1, 2, \cdots, m)$ 互不相关。

(2) z_1 是 x_1，x_2，$\cdots$，x_p 的一切线性组合中方差最大者，z_2 是与 z_1 不相关的 x_1，x_2，$\cdots$，x_p 的所有线性组合中方差最大者；z_m 是与 z_1，z_2，$\cdots$，z_{m-1} 都不相关的 x_1，x_2，$\cdots$，x_p 的所有线性组合中方差最大者。

(3) 新变量指标 z_1，z_2，$\cdots$，z_m 分别称为原变量指标 x_1，x_2，$\cdots$，x_p 的第 1，第 2，$\cdots$，第 m 主成分。

三、主成分分析的计算步骤

（一）计算相关系数矩阵

$$R = \begin{bmatrix} r_{11} & r_{12} & \cdots & r_{1p} \\ r_{21} & r_{22} & \cdots & r_{2p} \\ \vdots & \vdots & \ddots & \vdots \\ r_{p1} & r_{p2} & \cdots & r_{pp} \end{bmatrix} \quad (5-3)$$

$r_{ij}(i, j = 1, 2, \cdots, p)$ 为原变量 x_i 与 x_j 的相关系数，$r_{ij} = r_{ji}$，其计算公式为

$$r_{ij} = \frac{\sum_{k=1}^{n}(x_{ki} - \overline{x}_i)(x_{kj} - \overline{x}_j)}{\sqrt{\sum_{k=1}^{n}(x_{ki} - \overline{x}_i)^2 \sum_{k=1}^{n}(x_{kj} - \overline{x}_j)^2}} \quad (5-4)$$

(二) 计算特征值与特征向量

解特征方程 $|\lambda I - R| = 0$,求出特征值,按大小顺序排列;$\lambda_1 \geq \lambda_2 \geq \cdots \geq \lambda_p \geq 0$。分别求出对应于特征值 λ_i 的特征向量 $e_i(i=1,2,\cdots,p)$,要求 $\|e_i\|=1$,即 $\sum_{j=1}^{p} e_{ij}^2 = 1$,其中 e_{ij} 表示向量 e_j 的第 j 个分量。

(三) 计算主成分贡献率及累计贡献率

$$\text{贡献率:} \frac{\lambda_i}{\sum_{k=1}^{p} \lambda_k} \quad (i=1,2,\cdots,p) \tag{5-5}$$

$$\text{累计贡献率:} \frac{\sum_{k=1}^{i} \lambda_k}{\sum_{k=1}^{p} \lambda_k} \quad (i=1,2,\cdots,p) \tag{5-6}$$

一般取累计贡献率达 85%~95% 的特征值,$\lambda_1,\lambda_2,\cdots,\lambda_m$ 所对应的第 1,第 2,…,第 m ($m \leq p$) 个主成分。

(四) 计算主成分载荷

$$l_{ij} = p(z_i, x_j) = \sqrt{\lambda_i} e_{ij} (i, j=1,2,\cdots,p) \tag{5-7}$$

(五) 各主成分得分

$$Z = \begin{bmatrix} z_{11} & z_{12} & \cdots & z_{1m} \\ z_{21} & z_{22} & \cdots & z_{2m} \\ \vdots & \vdots & \vdots & \vdots \\ z_{n1} & z_{n2} & \cdots & z_{nm} \end{bmatrix} \tag{5-8}$$

第二节 1978~2017 年中国产城融合度实证分析

一、指标的选取

本部分对于"四化同步"发展进程中 1978~2017 年的产城融合度以及 2017

年中国各地区的产城融合度进行的实证分析,主要是在第三章对"四化同步"发展中"四化"之间的相互影响关系进行 VAR 模型分析的基础上继续深入开展。

本部分的主要研究思路:

(1) 第三章在做新型工业化、信息化、新型城镇化和农业现代化相互之间的格兰杰因果分析时,因为研究出发点只是分析"四化同步"进程中的产城融合研究过程中"四化"中两两之间的相互影响关系,所以只是选取了有代表性的四个指标:第一产业总产值/农业机械总动力、第二产业人均总产值、非农人口比重、从事科研活动的人员人均 R&D 经费等分别代表农业现代化、新型工业化、新型城镇化和信息化水平进行实证研究和分析,虽然能够得到比较可靠的也符合中国经济发展实际的结论,但无论如何,指标选取过程中的单一性是第三章研究中的一个不足。

(2) 本部分拟在此不足分析的基础上,在进行"四化同步"进程中产城融合的分析时首先要对第三章选取指标过程中的单一性这个不足予以弥补,新型工业化、信息化、新型城镇化和农业现代化的评价指标进行全面细化,对"四化"各自均选取多达 10 个以上的指标来进行分析,力争在全面客观的基础上进行中国历年来的"四化同步"进程中产城融合水平以及分地区的产城融合情况的实证评价和研究,以在后续章节给出有针对性的政策建议①。

1) 工业化的度量指标有工业的贡献率、工业总产值占总 GDP 的比值、工业对 GDP 增长的拉动、工业固定资产投资、工业企业利润总额、工业企业人均主营业务收入、工业企业单位数、工业企业人均工资、制造业总产值、第二产业就业比重、第二产业产值比重等。

---

① 在对"四化同步"发展进程中 1978~2017 年中国历年来的产城融合度以及 2017 年当年中国各地区的产城融合度进行实证分析时的指标选取问题上,笔者主要是考虑到本书的主要研究内容——"四化同步"进程中的产城融合研究——得出产城融合的研究背景即笔者是在"四化同步"发展的大背景下进行产城融合的相关研究,基于此方面考虑,在选取指标时首先从"四化"着手,根据前述分析,在第三章中对"四化"进行 VAR 模型分析时,选取的指标过于单一,本章在对产城融合进行分析时要对这一欠缺和不足加以弥补,拟在"四化"下每一化均采取多个指标进行分析,以使最终的实证分析结果更可靠。

同时在对"四化"下的每一化具体指标选取过程中,结合了第四章建立产城融合经济学理论模型过程中的分析思路,在第四章中是通过人、经济、空间三个视角进行分析最终建立了一个产城融合经济学理论模型。由此,本部分在选取指标时,除了考虑"四化"下每一化的指标数量更完善,还考虑到了理论分析中人、经济、空间的研究思路,所以本书后续建立的指标体系既可以分为新型工业化、信息化、新型城镇化和农业现代化四个大类,也可以分为人、经济、空间三个大类,只是在形成指标体的表格中(表 5-1、表 5-2、表 5-7)对各具体指标进行重新位置安排即可。关于上述考虑,会在本章实证结果的分析解释中进行进一步详细说明。

2）农业现代化的度量指标有第一产业总产值比重、第一产业总产值、第一产业就业比重、农村居民人均消费支出、农村居民人均可支配收入、各种半机械化、机械化的农业生产资料价格指数、农村固定资产投资、农业机械总动力、国家财政支农支出、有效灌溉面积、化肥施用量等。

3）信息化的度量指标有每百人固定电话用户数量、每百人移动电话用户数量、每千人计算机数量、每千人有线电视用户数量、每千人互联网站数、互联网消费支出占人均国民总收入的比重、固定电话使用费占人均国民总收入的比重、移动电话使用费占人均国民总收入的比重、成人识字率、受过中等教育的人口占全部人口的比重、受过高等教育的人口占全部人口的比重、综合入学率、人均互联网带宽、每百人宽带用户数量、每百人互联网用户数、每月通信费、上网费用支出占总支出的比重、网上订购商品和服务总额占采购总额的比重、信息化投入总额占固定资产投资的比重、信息产业研究与开发经费支出占GDP的比重、信息产业从业人员占全社会从业人员总数的比重、信息产业增加值占GDP的比重、信息产品出口额占全部出口总额的比重、技术市场成交额、专利申请授权量等以及一些关键性的补充指标。

4）新型城镇化的度量指标有非农人口比重、非农产业产值比重、城镇就业人员比重、城镇失业率、医疗保险覆盖率、城市人口密度、城市用水普及率、燃气普及率、每万人拥有公共交通车辆数量、人均拥有道路面积、人均公共绿地面积、每万人拥有公共厕所数量等。

对于"四化"各自累加起来多达近40个指标在产城融合过程中的影响程度如何衡量、哪几个指标是最终影响产城融合的主要指标等问题的分析研究，由于上述"四化"的这些指标度量单位并不统一、每个指标对最终测量值的权重没有统一标准等原因，导致目前为止并没有一个统一的或者学术界认可度较高的研究分析方法或工具。本部分拟通过主成分分析法进行分析。通过主成分分析法的主成分提取结果，看看近40个指标中哪几个属于提取出来的第一个主成分因子，就可以知道影响产城融合的决定性指标。

（3）根据主成分的分析结果，考察细分以后的"四化"各指标中哪些属于提取出来的第一个主成分因子，就可以知道对"四化同步"进程中产城融合具有决定性影响的指标，从而可以有针对性地提出政策建议和措施来提高未来经济发展进程中的"四化同步"进程中产城融合度。

综上，本部分是在第三章"四化同步"VAR模型基础上对产城融合研究的进一步深化和拓展，目的是在"四化"这几个比较宽泛的概念中进一步确定影响产城融合度的几个决定性的细分指标。因为在第三章的实证分析和第四章的理论模型构建中已经可以确认,在经济发展的进程中,新型工业化、信息化、新型城镇化和农业现代化"四化"之间存在相互影响关系,其两两之间或存在双向的格兰杰因果关系,或存在单向的格兰杰因果关系。但是,具体在考察产城融合度时,不能简单地得出是新型工业化、信息化、新型城镇化和农业现代化中哪一化的发展不太同步,从而影响了产城融合度的提高。出于研究结论更好地为经济现实服务的目的,应该不仅得出"四化"中的某一化发展稍显欠缺应该加强,还应该根据主成分分析的结果进一步找到发展稍显欠缺的某一化中具体应该针对性加强的一些细分指标,这样才能在未来的经济发展中提出针对性极强的政策建议和措施对策。

二、主成分分析法的适用性

根据前述分析,主成分分析采用降维的思路来精简变量,通过让原始变量指标间的线性组合变异程度最大化,达到能够只用几个少量的主要成分因子就能解释原始数据大部分的差异,更好地揭示所研究内容的变量之间的内在关系规律。

主成分分析中各因子的权重确定是由综合评价的贡献率来确定的,这样就使得各个因子权重的确定更加客观、科学,不受主观因素的干扰。

在进行"四化同步"进程中产城融合的实证分析中已经提到,新型工业化、信息化、新型城镇化和农业现代化"四化"中任何一化的发展水平衡量均需要选取至少10个左右的指标,才能尽可能全面客观地反映"四化"的发展水平,才有可能继续深入进行"四化同步"进程中产城融合程度的衡量。

对于"四化"各自选取如此之多的指标,在实际研究中,首先分析的难度加大,其次分析过程中各指标间难免会存在相关性较强而对"四化同步"进程中的产城融合度的影响造成指标信息重叠的问题。主成分分析法正好可以通过降维思路将具有相关性的指标进行综合变为少数几个代表性较强的主成分因子,来进行更具针对性的分析研究。

由此,本部分采用主成分分析法进行"四化同步"进程中全国历年来的产城融合分析以及2017年全国各地区的产城融合度分析。

在采用主成分分析法进行实证研究过程中,对于收集到的数据拟采用SPSS 18.0软件进行分析,SPSS 18.0目前已经更名为PASW Statistics 18.0软件,所以后续提到所用的软件时,均用PASW Statistics 18.0软件来表示。

三、指标的调整

对于新型工业化、信息化、新型城镇化和农业现代化在同步发展进程中的产城融合研究,首先在于指标体系的选择。

在前述分析的基础上,研究初期,拟采用如表 5-1 所示的各指标变量总共 47 个:

表 5-1 "四化同步"进程中产城融合度评价指标体系[1]

一级指标	二级指标	三级指标
产城融合度	新型工业化	第二产业就业比重
		第二产业产值比重
		第二产业人均 GDP
		城镇居民消费指数
		城镇居民人均可支配收入
		工业企业单位数
		工业总产值
		年末资产
		工业贡献率
		人均利润
		人均税收
		城镇固定资产投资
	信息化	电话单机数量
		城市电话数量
		乡村电话数量
		电话普及率
		微型电子计算机数量
		科技活动人员数量
		科研经费支出
		技术市场成交额
		专利申请授权量
		挖潜改造资金和科技三项费用
		教育经费
		每万人大学毕业生比重
		研究生毕业数

第五章　中国历年来各地区的产城融合实证分析

续表

一级指标	二级指标	三级指标
产城融合度	新型城镇化	非农人口比重
		非农产业产值比重
		城镇就业人员比重
		城镇失业率
		医疗保险覆盖率
		城市人口密度
		城市用水普及率
		城市燃气普及率
		每万人拥有公共交通车辆
		人均拥有道路面积
		人均公共绿地面积
		每万人拥有公共厕所
	农业现代化	第一产业产值比重
		第一产业就业比重
		农村居民消费指数
		农村居民人均可支配收入
		农村固定资产投资
		国家财政支农支出
		农业机械总动力
		有效灌溉面积
		化肥施用量
		农村用电量

注：在对"四化同步"进程中产城融合进行主成分分析时的指标选择问题上，第二章在对产城融合作一个"四化同步"进程中的新的定义时已经提到过，和现有参考文献中"产"主要是针对城镇中的二三产业的相关研究不同，本书中的产城融合研究时的"产"是指包括一、二、三产业在内的更广范围内的产城融合研究。之所以这样考虑的原因在于，笔者是基于"四化同步"进程中进行的产城融合研究，实际上，即使是在某个城镇内部的产城融合过程中，其产城融合度的高低也要受到新型工业化、信息化、新型城镇化和农业现代化"四化"发展的影响。也就是说，产城融合度的高低和农业现代化（第一产业）的发展密切相关，农业现代化的大力发展通过提高农业劳动生产率解放了一大批农村剩余劳动力，这些农村剩余劳动力在新型城镇化进程汇总转移到城镇以后分别在二三产业就业，促进了城镇内部二三产业的发展，既改变了一、二、三产业的就业结构，也同时改变了一、二、三产业的产值结构；既促进了城镇内部产城融合度的提高，也在笔者所定义的更广泛的范围内实现了产城融合度的提高。

由此，为了更好地突出笔者的研究视角，在对历年来的中国产城融合度以及 2017 年中国分地区的产城融合度进行实证分析时，"产"均包括一、二、三产业在内的产业相关指标（这种考虑体现在表 5 - 1 以及后续相应表格中的非农人口就业比重、非农产业就业比重、城镇就业人员比重、第二产业就业比重、第二产业产值比重、工业总产值、第一产业产值比重、第一产业就业比重等相关指标的设定上）。也正是基于这种考虑，后续在对 2017 年中国分地区的产城融合度进行分析和比较时，并没有选取一些具体的城市来进行产城融合度的比较，而是主要按照各直辖市及省份的划分来进行省域间的产城融合度比较，试图通过省际区域间产城融合度的比较来对各省未来的经济发展进程提供一些政策上的对策和建议。

在对表 5-1 中的 47 个指标进行数据收集的过程中，新型工业化、信息化、新型城镇化和农业现代化在发展过程中，上述指标中很多指标尤其是农业现代化和信息化的一些指标，有统计记录的均比较晚。基于中国经济发展中的实际情况，信息化主要出现在 1978 年以后的经济发展中。由此，本部分实证收集数据环节主要从 1978 年开始进行收集，所用数据均来自《新中国 60 年统计资料汇编》及 2010~2017 年的《中国统计年鉴》。缺失数据在分析时通过 PASW Statistics 18.0 软件用最近的均值进行弥补。

对上述各指标收集 1978~2017 年的时间序列数据，各指标的时间序列值共有 37 个数据，上述指标共有 47 个，指标数大于数据数。主成分分析中，对于指标数量和数据序列数量的最基本要求就是指标变量不能大于数据数量，否则，PASW Statistics 18.0 软件统计下来会认为数据矩阵为非正定矩阵。由此需要对上述 47 个数据在分析前进行相应的精简。另外，在主成分分析过程中，如果某几个指标的数据变量之间存在很强的相关性，也会导致这几个数据的时间序列因为强相关而使矩阵为非正定矩阵，直接影响实证分析最终结果的准确性和实用性。

为了实证结果的准确客观性，对上述 47 个指标经分析后认为：

（1）农村居民消费支出和农村居民人均可支配收入之间存在一定的相关性，这两个指标可以由农村居民人均可支配收入为代表，删掉农村居民消费支出指标。

（2）城市电话数量和乡村电话数量以及电话单机数量在一定程度上均和电话普及率存在一定的相关性，可以以电话普及率指标为代表，删掉城市电话数量和乡村电话数量以及电话单机数量三个指标；当然，在衡量信息化水平时，移动电话数量、人均移动电话消费支出、计算机数量、人均互联网宽带消费支出等信息化时代的指标均具有典型性，只是考虑到上述几个数据均在 1995 年前后才有相应的统计数据，因此在进行时间序列的分析时没有考虑到这些指标，这种处理可能会对最终的实证结果造成影响，后续会在分地区的产城融合分析时予以考虑和增加数据变量。

（3）教育经费和研究生毕业数量均和每万人大学毕业生比重存在一定的相关性，可以由每万人大学毕业生比重指标进行代表，删掉教育经费和研究生毕业数量两个指标。

（4）城镇居民人均消费支出和城镇居民人均可支配收入在一定程度上存在相关性，由城镇居民人均可支配收入指标进行代表，删掉城镇居民人均消费支出指标。

（5）工业总产值、年末资产、人均利润及人均税收四个指标和工业企业单位数在一定程度上存在相关性，可以由工业企业单位数进行代表，删掉工业总产值、年末资产、人均利润及人均税收四个指标。

（6）第一产业就业比重、第二产业就业比重、第二产业人均总产值、非农产业产值比重、城镇就业人员比重五个指标分别和第二产业产值比重、非农人口比重以及城镇失业率存在一定的相关性，可以由第二产业产值比重、非农人口比重以及城镇失业率为代表，删掉第一产业就业比重、第二产业就业比重、第二产业人均总产值、非农产业产值比重、城镇就业人员比重五个指标。

上述删掉的指标本身在分析笔者的主要研究内容"四化同步"进程中的产城融合过程中具有较强的针对性，只是因为这些指标和所设定的其他指标之间存在强相关性，可以由目前存在的其他指标予以代表进行实证分析和研究。

另外，农村用电量和每万人拥有公共厕所数量两个指标，对笔者的主要研究内容产城融合研究的针对性不是很强，贡献度不是很高，所以予以删除；医疗保险覆盖率、挖潜改造资金和科技三项费用、微型电子计算机数量这三个指标在分析新型城镇化的城镇发展质量以及信息化水平评价时均有较强的针对性和贡献度，只是数据收集时上述三个指标的数据很不完善，因此予以删除。

综上分析，在对设立的47个指标进行相关性分析、数据的可得性分析之后，对指标进行精简后，得到如下新的针对性更强的"四化同步"进程中产城融合度分析评价指标框架（见表5-2）：

表5-2 "四化同步"进程中产城融合度评价指标体系[2]

一级指标	二级指标	三级指标
产城融合度	新型工业化	第二产业产值比重
		城镇居民人均可支配收入
		工业企业单位数
		城镇固定资产投资
	信息化	电话普及率
		科技活动人员数量
		科研经费支出
		技术市场成交额
		专利申请授权量
		每万人大学毕业生比重

续表

一级指标	二级指标	三级指标
产城融合度	新型城镇化	非农人口比重
		城镇失业率
		城市人口密度
		城市用水普及率
		城市燃气普及率
		每万人拥有公共交通车辆
		人均拥有道路面积
		人均公共绿地面积
	农业现代化	第一产业产值比重
		农村居民人均可支配收入
		农村固定资产投资
		国家财政支农支出
		农业机械总动力
		有效灌溉面积
		化肥施用量

四、1978~2017年"四化同步"进程中产城融合度主成分分析实证检验结果

根据产城融合度分析评价的指标体系框架，经过一系列数据检验与变量修正以及标准化后，最终确定25个指标作为因子进行主成分分析。

（一）KMO检验和Bartlett检验

在进行主成分分析时，需要首先对指标数据作KMO检验和Bartlett检验，其次根据检验结果判断所用的指标数据是否适合用主成分进行分析。

KMO统计量的取值在0和1之间。KMO值越接近于1，意味着变量间的相关性越强，说明所选取的变量越适合作因子分析；反之，越接近于0，意味着变量间的相关性越弱，说明所选择的变量越不适合作因子分析。一般来讲，KMO值只要大于0.6就认为比较适合用主成分进行分析，当然，该值越大越好。另外，Bartlett检验主要用来进行显著性检验，只有$Sig < 0.05$才可以接受显著性检验。

经PASW Statistics 18.0软件检验，本次实证所用数据的KMO测定值为

0.847，非常适合用主成分进行分析，其次，Bartlett 的球形度检验显示在 0.001 的水平上显著相关（见表 5-3）。

表 5-3 KMO 和 Bartlett 的检验

取样足够度的 Kaiser – Meyer – Olkin 度量		0.847
Bartlett 的球形度检验	近似卡方	3860.693
	df	300
	Sig.	0.000

（二）主成分输出结果分析

根据软件 PASW Statistics 18.0 的输出结果，按照特征根大于 1 和累计贡献率达到 80% 以上这两个主成分提取的基本原则，依次提取反映产城融合度水平的主成分，得出各主成分得分的方差与方差累计贡献率（见表 5-4）。

表 5-4 "四化同步"进程中产城融合的主成分分析结果

成分	解释的总方差					
	初始特征值			提取平方和载入		
	合计	方差（%）	方差累计贡献率（%）	合计	方差（%）	方差累计贡献率（%）
1	11.272	44.838	44.838	11.272	44.838	44.838
2	8.652	32.217	77.055	8.652	32.217	77.055
3	1.843	7.335	84.390	1.843	7.335	84.390
4	0.984	3.841	88.231			

注：提取方法：主成分分析法。

一般认为，当提取的主成分因子对被解释变量的累计贡献率达到 80% 以上时就是较好的主成分分析结果。从表 5-4 中可以看出，笔者实证结果针对 25 个原始数据变量提取出的三个主成分因子累计贡献率已经达到 84.390%，所以可以认为是较好的主成分分析结果。

碎石图可以直观看出主成分分析法提取的三个主成分，可以在高达 84.390% 的可信水平上解释"四化同步"进程中产城融合度（见图 5-1）。

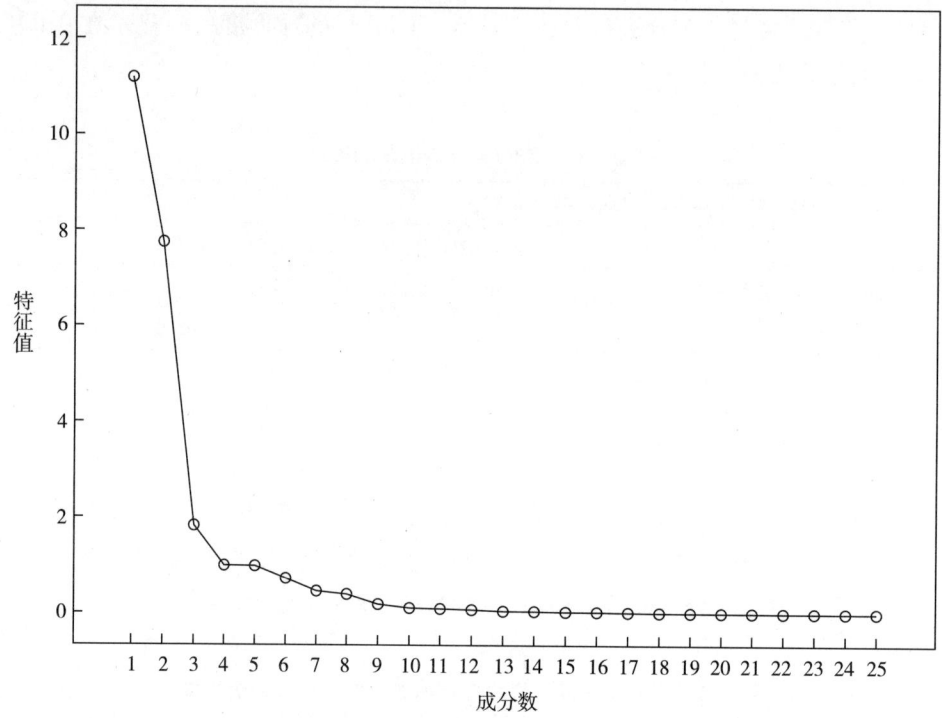

图 5-1 "四化同步"进程中产城融合的主成分分析碎石图

(三) 从主成分分析法中提取出来的三个主成分分析

如表 5-5 所示,第一产业产值比重、农村居民人均可支配收入、有效灌溉面积、电话普及率、第二产业产值比重、城镇居民人均可支配收入、工业企业单位数、非农人口比重、城市人口密度、城市用水普及率、城市燃气普及率、每万人拥有公共交通车辆、人均拥有道路面积、人均公共绿地面积 14 个指标属于提取出来的第一个主成分。

农村固定资产投资、国家财政支农支出、农业机械总动力、化肥施用量、技术市场成交额、专利申请授权量、每万人大学毕业生比重、城镇固定资产投资、城镇失业率九个指标属于提取出来的第二个主成分。

科技活动人员数量和科研经费支出两个指标属于提取出来的第三个主成分。

表 5-5　1978~2017 年中国"四化同步"进程中产城融合分析的成分矩阵

成分矩阵[a]

项目	成分		
	1	2	3
第一产业产值比重	-0.841	-0.373	0.053
农村居民人均可支配收入	0.918	0.060	0.006
农村固定资产投资	-0.223	0.813	0.030
国家财政支农支出	0.037	0.986	0.072
农业机械总动力	-0.388	0.904	0.092
有效灌溉面积	-0.891	0.487	0.165
化肥施用量	-0.634	0.831	0.138
电话普及率	0.972	0.201	-0.091
科技活动人员数量	0.714	-0.153	0.841
科研经费支出	0.641	-0.136	0.787
技术市场成交额	0.032	0.967	0.101
专利申请授权量	0.026	0.923	0.151
每万大学毕业生比重	-0.215	0.967	0.048
第二产业产值比重	0.783	-0.063	0.042
城镇居民人均可支配收入	0.968	0.153	-0.071
工业企业单位数量	0.735	-0.124	0.659
城镇固定资产投资	0.054	0.980	0.051
非农人口比重	0.934	-0.318	-0.126
城镇失业率	0.042	0.524	-0.237
城市人口密度	0.786	0.103	-0.258
城市用水普及率	0.924	0.341	-0.176
城市燃气普及率	0.912	0.329	-0.114
每万人拥有公共交通车辆	0.958	0.234	-0.148
人均拥有道路面积	0.867	0.206	-0.038
人均公共绿地面积	0.928	0.261	-0.073

注：a 提取方法：主成分分析法。
提取结果：已提取了三个主成分。

（四）PASW Statistics 18.0 软件所做出结果分析

PASW Statistics 18.0 软件将原始数据的 25 个指标降维得到了三个主要变量来反映"四化同步"进程中产城融合度水平，同时得到各主成分的旋转矩阵以及所要解释的最终变量"四化同步"进程中的产城融合度的结果如表 5-6 所示：

表 5-6 "四化同步"进程中产城融合分析中各指标的旋转矩阵

年份	主成分1	主成分2	主成分3	产城融合度
1978	-1.17885	-0.68798	-0.10044	-18.7103
1979	-1.20462	-0.68092	-0.09993	-18.9431
1980	-1.20462	-0.69143	-0.0222	-18.8826
1981	-1.23443	-0.77407	0.14299	-19.5552
1982	-1.23281	-0.77297	0.21911	-19.3896
1983	-1.26068	-0.83433	0.37358	-19.8951
1984	-1.27217	-0.8527	0.4553	-20.0169
1985	-1.25435	-0.83579	0.47589	-19.6488
1986	-1.20299	-0.76207	0.43179	-18.583
1987	-1.20784	-0.73412	0.44614	-18.3944
1988	-1.21963	-0.7108	0.47659	-18.29
1989	-1.21146	-0.63698	0.40893	-17.7498
1990	-1.23304	-0.62163	0.44315	-17.8099
1991	-1.1699	-0.5697	0.41747	-16.7475
1992	-1.12702	-0.5116	0.40252	-15.8445
1993	-1.10793	-0.42306	0.37943	-14.9867
1994	-1.09013	-0.35519	0.35416	-14.3075
1995	-1.04936	-0.26869	0.3243	-13.2352
1996	-1.0208	-0.18085	0.3075	-12.2652
1997	-0.9801	-0.1054	0.28071	-11.2738
1998	-0.96658	-0.047	0.28635	-10.6594
1999	-0.93104	0.02253	0.28012	-9.73405
2000	-0.8953	0.10513	0.28157	-8.69108
2001	-0.76633	0.24521	0.17457	-6.35713
2002	-0.67141	0.44779	-0.01064	-4.06258

续表

年份	主成分1	主成分2	主成分3	产城融合度
2003	-0.54177	0.65738	-0.13728	-1.21815
2004	-0.47653	0.90594	-0.10463	1.498469
2005	-0.43699	1.09549	-0.08458	3.447003
2006	-0.37196	1.34944	-0.14725	6.029004
2007	-0.29335	1.56062	-0.15489	8.531924
2008	-0.2447	1.84729	-0.14443	11.31778
2009	-0.21476	2.18774	-0.09105	14.38951
2010	-0.11868	2.0721	-0.02408	14.69068
2011	-0.03389	2.3684	0.01714	18.01184
2012	0.02932	2.73735	0.10903	21.74718
2013	0.09381	2.97997	0.15281	24.42968
2014	0.1551	3.52458	0.36391	29.72292
2015	0.1732	3.7846	0.4769	31.84753
2016	0.2014	4.0052	0.6273	34.91206
2017	0.2487	4.3192	0.8124	37.01148

对于PASW Statistics 18.0软件所做出的结果进行解释：

（1）主成分分析中数据的原始变量和主成分之间存在如下关系：主成分的数量一定要比原始数据变量少；原始数据变量的绝大多数信息都保留在了提取出来的主成分因子中；原始数据变量之间可能存在相关关系，但提取出来的主成分相互之间是各自独立的，互不相关的。

（2）主成分分析中初始的原始数据变量可能存在量纲不统一，数据没有标准化等问题，PASW Statistics 18.0软件在对原始数据变量进行主成分分析之前会自动检测原始变量对其进行标准化，最终得到统一结果。

（3）基于第一个解释，笔者针对中国历年来的"四化"数据所进行的产城融合主成分分析，最终提取出了三个主成分因子。首先，提取出来的三个主成分因子累计贡献率为84.390%，可以认为原始数据变量的绝大多数信息（84.390%）都保留在提取出来的三个主成分中。

（4）主成分分析中，根据各指标的相关关系或者每个数据变量的离散变异程度可以确定各主成分因子的权重。将每个主成分因子得分与其对应的权重进行线性加权求和,即可得出历年来某一年的三个主成分各自得分。

针对每一年计算出来的三个主成分得分情况,通过 PASW Statistics 18.0 软件分析结果中各主成分对最终被解释变量"四化同步"进程中产城融合度的贡献率进行加权求和,可以得到历年来每一年的产城融合度。

(5)有必要对主成分分析结果中最后得出来的最终解释变量"四化同步"进程中的产城融合度的历年数值进行解释。表5-6中得出来的产城融合度只是 PASW Statistics 18.0 软件的一个计算结果,从得分的具体数值来看没有意义。例如我们不能说中国1978年的产城融合度就是-18.7103,2017年的产城融合度就是确切的37.01148。但是历年来得分的变化趋势完全可以进行解释和应用,可以从其历年来的得分差异以及得分走势来判断中国1978年以来"四化同步"发展进程中产城融合度的变化情况。鉴于上述理由,最后得分数据经过了相关处理对具体得分进行了调整,在不改变历年来数据间正负性质、相对大小以及变化趋势的情况下,力图能够对中国历年来的"四化同步"进程中的产城融合度进行更有价值的解释和说明。

(6)从1978年开始直至2017年,表5-6中的统计结果显示,除了1981~1985年的数据反复之外,在中国经济发展"四化同步"进程中的产城融合度基本上呈逐年增长和优化态势,从1978年的-18.7103逐步优化至2017年的37.01148。笔者倾向于认为得分为负的年份产城融合度较差,有待于提升优化。由此,截至2004年以前,中国经济发展中的产城融合度在统计结果上持续为负,说明应该进行各方面的调整和优化。从2004年开始,产城融合度由负数转变为正数,且逐年增长,说明随着中国经济发展中的产业结构调整、产业优化,加快工业化、信息化、发展农业现代化以及全面开展新型城镇化等系列决策和措施,使得中国经济中"四化同步"进程中的产城融合度逐年提升和优化。

(7)本次实证统计分析结果显示,主成分分析结果提取出了三个主成分,且这三个主成分对于最终被解释变量的累计贡献率高达83.077%。在做实证分析前进行指标体系的选择时,基于笔者的主要研究内容,首先是将拟考虑的所有变量划分为新型工业化、信息化、新型城镇化和农业现代化四大类型,然后在上述四大类型下各自进行细分选取变量指标。基于这样的指标选取方法,理论上应该提取出来四个主成分正好分别代表新型工业化、信息化、新型城镇化和农业现代化四类变量信息会更符合初始的研究假设。事实上,最终 PASW Statistics 18.0 软件经过分析的最终结果提取出了三个主成分,和预期的四个主成分提取结果稍有

出入。出现这种现象的解释如下:

回顾表 5-4 中的主成分贡献率以及特征值数据,按照主成分分析法的主成分提取原则,当因子的特征值得分大于 1 时,就可以被提取出来作为主成分。本次实证结果提取出来的三个主成分因子的特征值得分分别为 11.272、8.652 和 1.843,紧随其后的第四个因子特征值得分为 0.984,因为小于 1,不能作为主成分进行提取。出现这种结果的可能原因在于:在之前选取指标体系时已经分析过,信息化的指标中有很多针对性较强的指标,诸如移动电话用户数量、互联网用户数量、宽带用户数量、互联网宽带消费支出等数据,因为中国经济发展的实际国情,均在 1990 年之后才有上述指标的统计数据。本次实证研究的时间序列分析从 1978 年开始,出于数据收集以及中国的信息化发展实际情况等原因,只能舍弃移动电话用户数量、互联网用户数量、宽带用户数量、互联网宽带消费支出等对信息化水平有较强贡献的数据指标。这种指标选取的考量直接影响到了实证研究的最终分析结果,即只提取了三个代表性强的主成分,第四个因子的特征值得分为 0.984 被排除在了主成分之外,即使这样第四个因子的特征值得分也比较接近于 1,基于主要研究内容也完全可以把第四个因子提取出来作为第四个主成分进行分析,这样一来,四个主成分对最终被解释变量产城融合度的累计贡献率就由之前三个主成分的 84.390% 增加至 88.231%。只是根据 PASW Statistics 18.0 软件的主成分分析原则仅提取了现在的三个主成分,对研究结论不会产生本质影响。针对这种指标选取上的问题,在后续 2017 年中国分地区产城融合度分析时会予以考虑和调整。

第三节 2017 年中国分地区"四化同步"进程中的产城融合度分析

在上文针对中国 1978～2017 年"四化同步"进程中的产城融合度实证分析的基础上,本部分进一步针对 2017 年中国分地区"四化同步"发展进程中的产城融合度进行实证分析。

一、指标的选取

分地区进行新型工业化、信息化、新型城镇化和农业现代化在同步发展进程中的产城融合研究，同样是对指标评价体系的选择。

参考前文评价中国 1978～2017 年产城融合度分析时的指标评价体系，有针对性地增加了非农产业产值比重、工业增加值、年末资产、利润总额、机械化农具以及教育经费等指标，形成 2017 年中国及分地区"四化同步"进程中产城融合度分析评价指标体系（见表 5-7）。

表 5-7　"四化同步"进程中产城融合度评价指标体系框架

一级指标	二级指标	三级指标
产城融合度	新型工业化	第二产业产值比重
		城镇居民人均可支配收入
		工业企业单位数
		工业增加值
		年末资产
		利润总额
		城镇固定资产投资
	信息化	电话普及率
		科技活动人员数量
		科研经费支出
		技术市场成交额
		专利申请授权量
		教育经费
		每万人大学毕业生比重
	新型城镇化	非农人口比重
		非农产业产值比重
		城镇失业率
		城市人口密度
		城市用水普及率
		城市燃气普及率
		每万人拥有公共交通车辆
		人均拥有道路面积
		人均公共绿地面积

第五章 中国历年来各地区的产城融合实证分析

续表

一级指标	二级指标	三级指标
产城融合度	农业现代化	第一产业产值比重
		农村居民人均可支配收入
		农村固定资产投资
		国家财政支农支出
		农业机械总动力
		有效灌溉面积
		化肥施用量
		机械化农具

注：该表格中的指标主要是针对 2017 年中国各分地区的产城融合度分析比较，在对 1978～2017 年的产城融合度进行实证分析时所设定的指标基础上（见表 5-2）进行针对性的调整形成的。

同样，在对指标进行选取时，除了考虑"四化"中每一化的指标数量更完善，还要考虑理论分析中人、经济、空间的研究思路，所以本书后续建立的指标体系既可以分为新型工业化、信息化、新型城镇化和农业现代化四类，也可以分为人、经济、空间三个大类，只要在表格中对各具体指标进行重新位置安排即可。关于上述考虑，会在本部分实证结果的分析解释中进行进一步详细说明。

二、分地区"四化同步"进程中产城融合度主成分分析实证检验结果

（1）KMO 检验和 Bartlett 检验。

经 PASW Statistics 18.0 软件检验，数据的 KMO 测定值为 0.846，Bartlett 球形检验显示在 0.001 的水平上显著相关（见表 5-8），说明所选取的指标数据适合用主成分进行分析。

表 5-8 KMO 和 Bartlett 的检验

取样足够度的 Kaiser – Meyer – Olkin 度量		0.846
Bartlett 的球形度检验	近似卡方	2423.435
	df	435
	Sig.	0.000

（2）主成分输出结果分析。

根据软件 PASW Statistics 18.0 的输出结果，按照特征根大于 1 和累计贡献率达到 80% 以上这两个主成分提取的基本原则，依次提取反映"四化同步"进程中的产城融合度水平的主成分，得出各主成分得分的方差与方差累计贡献率（见

表5-9)。

表5-9 "四化同步"进程中的产城融合主成分分析结果

成分	解释的总方差					
	初始特征值			提取平方和载入		
	合计	方差(%)	方差累计贡献率(%)	合计	方差(%)	方差累计贡献率(%)
1	15.936	53.647	53.647	15.936	53.647	53.647
2	6.109	19.328	72.975	6.109	19.328	72.975
3	2.452	7.461	80.436	2.452	7.461	80.436
4	1.524	5.013	85.449	1.524	5.013	85.449
5	1.064	3.475	88.924	1.064	3.475	88.924
6	1.011	3.152	92.076	1.011	3.152	92.076
7	0.713	2.376	94.452			

注：提取方法：主成分分析法。

一般认为，当提取的主成分因子对被解释变量的累计贡献率达到80%以上时就是较好的主成分分析结果。从表5-9中可以看出，笔者实证结果针对30个原始数据变量提取出的六个主成分因子累计贡献率已经达到92.076%，所以可以认为是较好的主成分分析结果。

碎石图可以直观看出主成分分析法提取的六个主成分，可以在高达92.076%的可信水平上解释"四化同步"进程中的产城融合度（见图5-2）。

(3) 从表5-10中可以看出，在主成分分析法提取出来的六个主成分中：农村固定资产投资、国家财政支农支出、农业机械总动力、有效灌溉面积、化肥施用量、科技活动人员数量、科研经费支出、技术市场成交额、专利申请授权量、每万人大学毕业生比重、工业企业单位数、工业增加值、年末资产、利润总额、城镇固定资产投资15个指标属于提取出来的第一个主成分。

第一产业产值比重、农村居民人均可支配收入、电话普及率、城镇居民人均可支配收入、非农人口比重、城市用水普及率、城市燃气普及率、每万人拥有公共交通车辆八个指标属于提取出来的第二个主成分。

城市人口密度、人均拥有道路面积、人均公共绿地面积三个指标属于提取出来的第三个主成分。

第五章 中国历年来各地区的产城融合实证分析

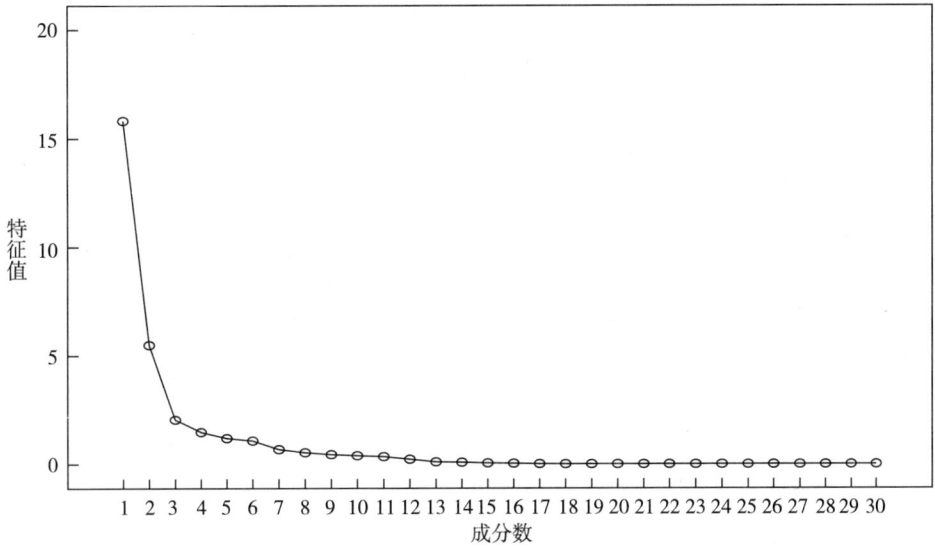

图5-2 "四化同步"进程中的产城融合主成分分析碎石图

表5-10 2017年中国分地区"四化同步"进程中的产城融合成分矩阵

项目	成分矩阵[a]					
	成分					
	1	2	3	4	5	6
第一产业产值比重	-0.087	-0.713	0.046	0.046	0.351	0.224
农村居民人均可支配收入	0.031	0.923	-0.172	0.067	-0.103	-0.020
农村固定资产投资	0.994	-0.083	-0.014	0.011	0.012	0.008
国家财政支农支出	0.995	-0.078	-0.023	-0.014	0.015	0.000
农业机械总动力	0.991	-0.123	0.006	0.014	0.013	-0.010
有效灌溉面积	0.989	-0.102	-0.011	0.026	0.027	0.000
化肥施用量	0.990	-0.121	-0.014	0.012	0.031	0.022
机械化农具	0.041	0.123	0.216	0.073	0.873	0.021
电话普及率	0.025	0.887	-0.074	-0.345	0.039	0.001
科技活动人员数量	0.990	0.029	0.018	-0.017	-0.023	-0.003
科研经费支出	0.993	0.024	0.031	-0.007	-0.029	-0.002
技术市场成交额	0.941	0.156	-0.049	-0.171	0.032	0.084

续表

项目	成分矩阵ᵃ					
	成分					
	1	2	3	4	5	6
专利申请授权量	0.963	0.058	0.004	-0.051	-0.019	-0.003
教育经费	0.998	-0.043	-0.021	-0.032	0.006	-0.002
每万大学毕业生比重	0.997	-0.056	-0.020	0.004	0.006	0.013
第二产业产值比重	-0.024	-0.031	0.024	0.236	-0.264	0.901
城镇居民人均可支配收入	0.107	0.921	-0.158	-0.131	-0.074	-0.022
工业企业单位数量	0.987	-0.003	0.023	-0.002	-0.018	0.000
工业增加值	0.989	-0.027	0.003	-0.001	-0.007	-0.005
年末资产	0.999	-0.005	0.004	-0.013	-0.002	-0.005
利润总额	0.989	-0.036	-0.027	0.010	0.001	0.006
城镇固定资产投资	0.998	-0.049	0.005	0.007	0.005	0.003
非农人口比重	0.051	0.941	-0.113	0.167	0.005	-0.033
城镇失业率	0.207	-0.263	-0.185	0.613	-0.276	-0.392
城市人口密度	-0.077	-0.230	-0.664	0.352	0.271	-0.069
城市用水普及率	0.078	0.662	0.254	0.473	0.061	0.072
城市燃气普及率	0.132	0.691	0.184	0.531	0.176	0.018
每万人拥有公共交通车辆	0.071	0.745	-0.028	-0.131	0.127	0.108
人均拥有道路面积	0.032	-0.192	0.845	0.252	-0.069	-0.058
人均公共绿地面积	0.061	0.171	0.823	-0.224	-0.131	-0.174

注：a 提取方法：主成分分析法。

提取结果：已提取了六个成分。

城镇失业率指标属于提取出来的第四个主成分；机械化农具指标属于提取出来的第五个主成分；第二产业产值比重指标属于提取出来的第六个主成分。

由此，PASW Statistics 18.0 软件将原始数据的 30 个指标降维得到了六个主要变量来反映"四化同步"进程中的产城融合度水平，同时得到各主成分的旋转矩阵以及所要解释的最终变量产城融合度的结果如表 5-11 所示。

表 5-11　"四化同步"进程中的产城融合分析中各指标旋转矩阵

地区	主成分1	主成分2	主成分3	主成分4	主成分5	主成分6	产城融合度
全国	5.44423	-0.36548	-0.19026	-0.14257	0.12213	0.02416	85.14362
北京	-0.06602	3.25462	-0.18047	-2.72045	0.53548	0.96421	90.03021
天津	-0.19382	1.41236	-0.52484	1.33041	-0.03402	-0.28874	82.41392
河北	-0.06732	-0.0022	0.93834	0.78764	-0.23231	-0.65472	77.73121
山西	-0.12496	-0.23585	-0.48563	0.78521	-0.25033	-0.30735	70.84134
内蒙古	-0.1934	0.06352	2.10323	0.02357	-0.05417	-0.63241	76.24275
辽宁	-0.12214	0.60515	0.075124	0.18216	0.60372	-0.04521	76.38654
吉林	-0.22658	-0.37384	-0.35324	-0.15781	0.01249	-0.23317	68.36251
黑龙江	-0.18631	-043262	-0.87884	1.23463	0.88417	-0.55261	69.35245
上海	-0.122153	2.36155	-2.41386	1.01486	-0.25474	-0.77548	90.48322
江苏	0.21325	1.02126	1.23411	0.40452	-0.32864	-0.17875	86.25487
浙江	0.03564	1.78451	0.41251	-0.10214	-0.65103	-0.11203	84.32354
安徽	-0.10344	-0.22474	1.21504	0.79805	1.76454	0.02148	77.99808
福建	-0.15641	0.67824	-0.10021	0.43615	-0.20512	-0.21142	76.55114
江西	-0.23256	-0.49304	-0.12548	0.85781	-0.23543	-0.33415	69.45672
山东	0.18124	0.43561	2.30451	0.68274	-0.15034	-0.38125	85.24174
河南	-0.05618	-0.89145	-1.42131	-0.30213	0.689671	0.02745	67.12476
湖北	-0.10027	-0.15412	0.16845	1.38203	-1.41723	5.00141	79.31426
湖南	-0.11124	-0.49827	-1.03519	0.85411	-1.40256	-0.22414	68.56482
广东	0.17546	1.13457	0.19613	-1.01849	-0.23261	-0.08617	91.37357
广西	-0.2302	-0.75342	0.18541	-0.20102	-0.11304	0.16153	68.27925
海南	-0.31768	-0.12546	1.18645	-0.20345	3024105	1.12547	76.28371
重庆	-0.23946	0.10461	0.78253	-0.15264	-0.22417	-0.48575	73.40273
四川	-0.11048	-0.52388	-0.68251	-0.08912	-0.17562	-0.43247	68.21437
贵州	-0.2457	-1.01645	-0.45278	-1.09645	-0.72156	-0.00215	61.1475
云南	-0.19456	-0.88543	-0.12415	0.21383	-0.16301	-0.12410	66.72154
西藏	-0.38145	-1.42165	-0.32751	-2.84134	-0.50416	0.17658	54.9857
陕西	-0.13451	-0.10014	-0.30215	0.64271	1.99286	-0.11463	74.63254

续表

地区	主成分1	主成分2	主成分3	主成分4	主成分5	主成分6	产城融合度
甘肃	-0.27541	-0.86524	-0.00142	-1.00314	0.78544	0.65231	66.32132
青海	-0.18745	-0.11246	-0.18324	0.01745	0.98655	0.243647	71.23512
宁夏	-0.19547	-0.09142	1.84355	0.07841	-1.21436	-0.13427	70.42311
新疆	-0.18735	-0.23146	-0.01875	0.85414	1.02377	0.65434	72.34218

注：不含港、澳、台地区。

(4) 对于 PASW Statistics 18.0 软件所做出的结果进行解释如下：

1) 主成分分析中初始的分地区原始数据变量可能存在量纲不统一，数据没有标准化等问题，PASW Statistics 18.0 软件在对原始数据变量进行主成分分析之前会自动检测原始变量对其进行标准化，最终得到统一结果。

2) 针对 2017 年中国及各分地区的"四化"数据所进行的主成分分析，最终提取出了六个主成分因子。首先，提取出来的六个主成分因子累计贡献率为 92.076%，可以认为原始数据变量的绝大多数信息（92.076%）都保留在提取出来的六个主成分中。

3) 主成分分析中，根据各指标的相关关系或者每个数据变量的离散变异程度可以确定各主成分因子的权重。将每个主成分因子得分与其对应的权重进行线性加权求和，即可得出 2017 年中国及各分地区的六个主成分各自得分。

针对 2017 年中国及各分地区计算出来的六个主成分得分情况，通过 PASW Statistics 18.0 软件分析结果中各主成分对最终被解释变量"四化同步"进程中的产城融合度的贡献率进行加权求和，可以得到 2017 年中国及各分地区的"四化同步"进程中的产城融合度。

4) 有必要对主成分分析结果中最后得出来的最终解释变量"四化同步"进程中的产城融合度的 2017 年中国及各分地区数值进行解释。表 5-11 中得出来的产城融合度只是 PASW Statistics 18.0 软件的一个计算结果，从得分的具体数值来看没有意义。例如我们不能说中国 2017 年的产城融合度就是确切的 85.14362，江苏的产城融合度就是确切的 86.25487，但是可以利用表中数字对 2017 年中国及各分地区的产城融合数值差异进行解释和应用。鉴于上述理由，最后得分数据经过了相关处理对具体得分进行了调整，在不改变 2017 年中国及各分地区数据间相对大小的情况下，力图能够对 2017 年中国及各分地区产城融合度进行更有价值的解释和说明。

5) 和前文 1978～2017 年中国历年来"四化同步"进程中的产城融合分析结果相比，2017 年中国及各分地区数值均为正值，说明经过多年的产业结构调整、产业优化、加快工业化、信息化、发展农业现代化以及全面开展新型城镇化等系列决策和措施，使得中国以及各分地区经济发展中的产城融合度逐步得到了提升和优化。按照各地区最终"四化同步"发展过程中的产城融合度得分情况来看，可以将中国各地区分为产城融合度较高、中等、较低、很低四个水平。其中，北京、上海、江苏、浙江、山东、广东等直辖市或省份由于最终得分在 80 以上，属于产城融合度较高的水平；天津、河北、内蒙古、山西、辽宁、安徽、福建、湖北、海南、重庆、陕西、新疆、青海、宁夏等直辖市或省份得分均在 70～80，属于产城融合度中等水平；吉林、黑龙江、江西、河南、湖南、广西、四川、云南、甘肃、贵州等省份得分均在 60～70，属于产城融合度较低水平；西藏的得分小于 60，属于产城融合度极低水平。

上述结论中绝大多数直辖市或省份在"四化同步"发展进程中的产城融合度得分相对大小基本符合中国以及各分地区经济发展的实际情况，新疆的最终得分可能会和实际情况有出入，主要是由于收集指标数据时，新疆地区的某几个指标数据缺失，分析时 PASW Statistics 18.0 软件通过均值进行弥补加以分析，导致和实际经济略有不符，其他各分地区基本均符合经济实际。

第四节 本章小结

本章首先对主成分分析法从概念、特点、原理以及计算步骤等方面进行介绍。

其次在分析主成分分析法对笔者主要研究内容适用性的基础上，在对"四化同步"进程中产城融合进行主成分分析时的指标选择问题上，对笔者的主要研究内容产城融合中的"产"作了一个"四化同步"进程中的范围界定，和现有参考文献中"产"主要是针对城镇中的二三产业的相关研究不同，笔者中的产城融合研究时的"产"是指包括一、二、三产业在内的更广范围内的产城融合研究，之所以对"产"做这种范围界定的原因，本章正文和两处脚注均已详细说明。

在此研究范围界定的前提下，本章分别对 1978~2017 年的"四化同步"进程中的产城融合度以及 2017 年中国各地区"四化同步"进程中的产城融合度进行实证分析。在实证分析的指标选取问题上，文中进行了详细说明，即指标的选取除了考虑"四化"下每一化的指标数量更完善，还考虑到了理论分析中人、经济、空间的研究思路，所以本章中建立的指标体系既可以分为新型工业化、信息化、新型城镇化、农业现代化四个大类，也可以分为人、经济、空间三个大类，只是在形成指标体的相应表格中（见表 5-1、表 5-2 和表 5-7）对各具体指标进行重新位置安排即可，并在本章实证结果的分析解释中对上述考虑作了进一步详细说明。

在对全国 1978~2017 年的"四化同步"进程中的产城融合度进行实证分析时，通过主成分分析法提取出了三个主成分因子，发现：第一产业产值比重、农村居民人均可支配收入、有效灌溉面积、电话普及率；第二产业产值比重、城镇居民人均可支配收入、工业企业单位数、非农人口比重、城市人口密度、城市用水普及率、城市燃气普及率、每万人拥有公共交通车辆、人均拥有道路面积、人均公共绿地面积 14 个指标属于提取出来的第一个主成分；农村固定资产投资、国家财政支农支出、农业机械总动力、化肥施用量、技术市场成交额、专利申请授权量、每万大学毕业生比重、城镇固定资产投资、城镇失业率九个指标属于提取出来的第二个主成分；科技活动人员数量和科研经费支出两个指标属于提取出来的第三个主成分。根据最终被解释变量即"四化同步"进程中的产城融合度的数值发现历年来中国的产城融合度是逐年提升稳步增加的。

在对全国 2017 年分地区的"四化同步"进程中的产城融合度进行实证分析时，通过主成分分析法提取出了六个主成分因子，发现：农村固定资产投资、国家财政支农支出、农业机械总动力、有效灌溉面积、化肥施用量、科技活动人员数量、科研经费支出、技术市场成交额、专利申请授权量、每万大学毕业生比重、工业企业单位数、工业增加值、年末资产、利润总额、城镇固定资产投资 15 个指标属于提取出来的第一个主成分；第一产业产值比重、农村居民人均可支配收入、电话普及率、城镇居民人均可支配收入、非农人口比重、城市用水普及率、城市燃气普及率、每万人拥有公共交通车辆 8 个指标属于提取出来的第二个主成分；城市人口密度、人均拥有道路面积、人均公共绿地面积 3 个指标属于提取出来的第三个主成分；城镇失业率指标属于提取出来的第四个主成分；机械化农具指标属于提取出来的第五个主成分；第二产业产值比重指标属于提取出来的第六个主成分。根据最终被解释变量即"四化同步"进程中的产城融合度的数值将全国各地区分为产城融合发展中的一、二、三类地区。

综上,通过主成分分析法将影响"四化同步"发展进程中的产城融合度的多个指标综合成少数几个主成分因子,试图为后续的原因发现以及对策建议提供基础。

第六章　产城融合的主要问题分析："空城"与"空转"

产城融合概念的提出本身就是基于城镇化发展进程中"产城分离"现象而提出的发展思路，在城镇化进程中，城镇的建设和产业的发展应该相互协调，否则就会造成没有产业支撑的土地城镇化（即"空城"现象）和没有城镇依托的产业园区（即"空转"现象），上述"空城"和"空转"是城镇化进程中没有和工业化、信息化相互协调发展所导致的两个主要问题。

本章主要是在第四章建立的产城融合经济学理论模型的基础上，对产城融合过程中常见的两个典型问题——"空城"与"空转"——进行理论与实际分析[①]，并提出解决的对策建议。

第一节　"空城"和"空转"的具体表现

一、"空城"现象的具体表现

"空城"即所谓的"鬼城"，在城镇化发展进程中，当城镇化的速度快于工业化的发展，使得城镇的发展中失去了产业的强有力支撑，就会产生"空城"现象，所以判断一个城镇是否是"空城"，主要看该城镇部门的产业发展是否与城市建设同步，如果产业的发展严重滞后就会产生"空城"。

---

① 此处的"空城"与"空转"指的是——有产无城和有城无产——一般意义上的产城融合研究过程中常见的两个典型问题和现象，针对这两个问题，拟通过第四章建立的产城融合经济学理论模型进行深入分析和探讨，找到原因并进行政策上的措施建议加以解决完善。

在本书前几章论述的基础上进行总结,可以清楚地发现在产城融合的进程中,某些区域各次产业的发展和城镇化的进程相比或稍显滞后或严重滞后,由此存在很多"空城"现象,主要表现在以下几个方面[①]:

(一)"空城"现象之一——就业结构和产业结构不匹配

在产城融合的进程中,一个重要的判断指标就是产值结构和就业结构是否相匹配,两者的不相匹配会在一定程度上导致"空城"现象的出现。

目前中国范围内的就业结构和产业结构不匹配主要表现在第一产业的就业比重远远高于其相应的产值比重,同时第三产业的就业比重远远低于其相应的产值比重。从图6-1中可以看出,1978年的三次产业结构为27.9:47.6:24.5,当年相应的三次产业就业结构为70.5:17.3:12.2,2017年的三次产业结构为7.9:40.5:51.6,当年相应的三次产业就业结构为27:28.1:44.9。从数据中可以看出,第三产业的产值比重从1978年的24.5%发展到2017年的51.6%,同期第三产业的就业比重从1978年的12.2%发展到2017年的44.9%。不论是从1978年的第三产业产值比重和相应的就业比重(24.5%:12.2%)来看,还是从2017年的两个数据对比(51.6%:44.9%)来看,都可以看出在中国城镇化和工业化发展的进程中,就业结构和产值结构不太匹配。1978年的第三产业以24.5%的较高产值比重才吸纳了当年12.2%的就业人口,同样2017年的第三产业有了较高发展,但仍然以51.6%的产值比重才吸纳了44.9%的就业人口。

这一结论同样可以通过对第一产业的产值比重和就业比重进行对比得到。从数据中可以看出,第一产业的产值比重从1978年的27.9%发展到2017年的7.9%,同期第一产业的就业比重从1978年的70.5%发展到2017年的27.0%。不论是从1978年的第一产业产值比重和相应的就业比重(27.9%:70.5%)来看,还是从2017年的两个数据对比(7.9%:27.0%)来看,都可以看出在中国城镇化和工业化发展的进程中,就业结构和产值结构不太匹配。第一产业和第三产业的产值比重变化最为明显,第一产业产值比重急剧下降,第三产业产值比重

---

① 如正文中所述,"空城"主要是指城镇化的发展速度快于工业化的发展速度,导致城镇在发展中失去了产业的有力支撑,从而产生"空城"现象。在分析"空城"的几种具体表现时,笔者没有从一般意义上的"空城"或"鬼城"人口稀少、楼盘空置、造城运动等众所周知的表面现象出发进行现象的归类总结,而是试图透过现象看本质,从就业结构和产业结构不协调、信息化区域发展不均衡、农业现代化进程缓慢等几方面出发探讨"空城"的具体表现,因为正是这些问题的存在才会最终导致人口稀少、楼盘空置、造城运动等现象的发生,最终形成"空城"现象。同时,该思路也有助于本书后续的对策、建议这部分更有针对性和逻辑性。

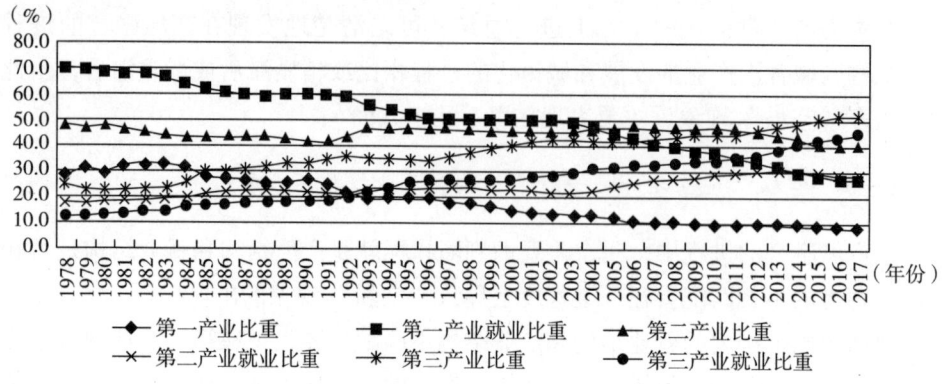

图 6-1 三次产业的产值和就业比重变化

资料来源：历年《中国统计年鉴》及《新中国六十年统计资料汇编》。

持续上升。同时，中国的三次产业就业结构也相应发生了反转性的变化。1978年的第一产业以27.9%的较低产值比重吸纳了当年高达70.5%的就业人口，同样经过多年的调整，2017年的第一产业仍然以7.9%的极低产值比重吸纳了高达27.0%的就业人口。在城镇化和工业化发展进程中，两者协同发展的重要思路就是大力发展第三产业，优化第三产业内部结构，提高第三产业对就业人口的吸纳能力，同时促进城镇化和工业化两者的协调持续健康发展。所以，综合1978～2017年的第三产业产值比重和就业比重对比数据均可以看出，工业化进程中第三产业内部的发展结构和发展模式有待进一步调整和优化，以提高第三产业对就业人口的吸纳能力，这样才能达到同时促进城镇化和工业化两者协调持续健康发展的目的。

由上述分析可知，产城融合发展的过程中应该做到产业和城市的发展相匹配，产业结构的发展和就业结构相匹配，既要做到有城有产，还要做到素质各异的各类人才均能够相应就业，失业率在安全水平以下，而就业结构和产业结构的不匹配很容易导致某些城镇在快速进行城镇化建设的同时没有相应的产业发展作为支撑，由此导致"空城"现象。

(二)"空城"现象之二——信息化区域发展不均

从全国各地区在信息化发展中的一些相关指标来看，2017年，江苏、广东、浙江、上海、山东等省市均明显高于其他区域，属于信息化发展中的一类区域；湖南、湖北、河南、北京、天津、安徽、福建、辽宁、河北、重庆、四川等地区高于其他地区同时低于一类地区的统计数据,属于信息化发展中的二类区域;其他地区在三类指标的统计中数值均偏小,属于信息化发展中的三类地区。由此,在当今信息化时代,想要在日益激烈的市场竞争乃至国际竞争中抢得先机,各地必须采取措施尽快发展信息化。尤其是山西、内蒙古、吉林、黑龙江、江西、广西、海南、贵州、云南、西藏、甘肃、青海、宁夏、新疆等地区,需要结合本地实际情况,进行因地制宜的发展,在信息化的发展中争取发挥后发优势,加快信息化进程,进而推动新型工业化、农业现代化以及新型城镇化的进程。

由上述分析可知,某些城镇信息化发展的滞后会直接影响该区域工业化的发展,进而影响到三次产业的发展,导致城镇化的建设快于产业的发展,从而产生"空城"现象。

(三)"空城"现象之三——农业现代化进程缓慢

在"四化同步"产城融合发展的进程中,工业化的发展意味着三次产业结构和三次产业就业结构的协调,综合1978~2017年的第一产业产值比重和就业比重对比数据,均可以看出,农业现代化的发展进程还远远不能跟上工业化的发展。改革开放以来,第一产业的产值比重有了大幅下降,从1978年的27.9%发展到2017年的7.9%,但是其就业比重从1978年的70.5%发展到2017年的27.0%,并没有配以相应的下降速度。说明工业化发展的过程中,农业现代化的进程需要加速,只有加快农业现代化的发展速度,提高农业劳动生产率,才能够释放较多的农业剩余劳动力,使其转移至城镇,提高城镇化率。同时,转移到城镇的农业剩余劳动力被吸纳到第二、第三产业也可以进一步提高第二、第三产业尤其是第三产业的快速发展,有利于产业结构的进一步合理安排和优化,促进"四化同步"进程中的产城融合发展进程。

从上述分析可以看出,农业现代化进程缓慢会导致农村生产率极为低下,在生产过程中并不能释放出足够的剩余劳动力转移到城镇以促进城镇相应产业的发展,使得快速发展的城镇化没有相应的就业人口作为产业发展的支撑,从而产生"空城"现象。

综上所述,就业结构和产业结构不协调、信息化区域发展不均衡、农业现代化进程缓慢等"空城"现象归根结底还是在城镇化进程中,城镇化的速度快于工业化、信息化和农业现代化的进程,这种"四化"发展速度的不匹配首先会导致农业发展过程中不能够提供足够的农业剩余人口转移至城镇以支撑城镇的产业发展;其次,工业化和信息化落后于城镇化的发展也会造成城镇中的城市建设过快的同时没有相应的二三产业发展作为支撑,最终均会形成空城现象。

二、"空转"现象的具体表现

在城镇化发展的过程中,如果过于注重城镇部门产业发展,即过于注重工业化和信息化的发展,忽视了城镇化在发展过程中的道路、交通、水电等公共设施的配套建设,使得城镇建设和产业发展相互偏离,城镇建设远远滞后于产业的发展,使产业在高度发展的进程中失去城市依托,最终形成产业"空转"的情况。

在本书前几章对中国产城融合进行历史回顾和总结的基础上,可以发现在产城融合的进程中,某些区域各次产业的发展和城镇化的进程相比或稍显滞后或严重滞后,由此存在很多"空城"现象;同时在产城融合的进程中,还存在城镇化的发展滞后于产业的发展,导致一些区域相对高度发展的产业没有相应的城镇建设作为空间支撑,从而产生"空转"现象,主要表现在以下几个方面①:

(一)"空转"现象之一——新型城镇化进程明显滞后于新型工业化的发展

诸多学者在对城镇化和工业化关系研究中,均认为城镇化和工业化的发展之间是相互影响、共同促进的。在城镇化和工业化发展的进程中,两者应该协调发展,如果某一方面发展滞后,偏离另一方面的发展进程和态势,势必会对城镇化和工业化双方的同步发展均造成负面影响。

从图6-2中可以看出,1978年,中国的城镇化比率为17.92%,当年的非农产业比重为72.1%,相应的非农产业就业比重为29.5%;2017年的城镇化率为58.52%,当年的非农产业比重为92.1%,相应的非农产业就业比重为73%。1978~2017年,城镇化率有了大幅提高,从17.92%提高到了58.52%,但是和非农产业的发展相比,非农产业的比重在同期从29.5%增长到了92.1%,从该数据中可以看出,和工业化进程相比,中国的城镇化进程还比较滞后;另外,1978~2017年,非农产业的产值比重从29.5%增长到了92.1%,同期非农产业就业比重从29.55%增加到了73%,说明一方面中国工业化进程中非农产业对劳

---

① 如正文中所述,"空转"主要是指城镇化的发展速度滞后于工业化的发展速度,导致区域高度发展的产业失去了城镇的强有力支撑,从而产生"空转"的现象。同样,在分析"空转"的几种具体表现时,笔者没有从一般意义上的公共设施建设滞后、区域空间规划不协调等众所周知的表面现象出发进行现象的归类总结,而是试图透过现象看本质,从城镇化进程滞后于工业化发展、产业结构存在区域差别等几方面出发探讨"空转"的具体表现,因为正是这些问题的存在才会最终导致公共设施建设滞后、区域空间规划不协调等现象的发生,最终形成"空转"现象。同时,该思路也有助于本书后续的对策建议部分更有针对性和逻辑性。

动力的吸纳能力有待增强,另一方面也说明中国农业现代化的进程需要加快,只有农业现代化的大力发展才有可能释放大量劳动力转移至城镇,既促进工业化的进程,又促进城镇化的快速发展。

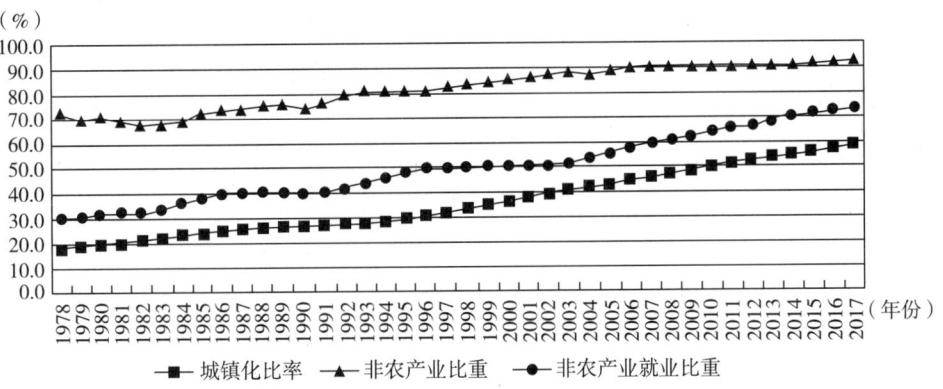

图6-2 城镇化发展的三个相关指标变化

资料来源:历年《中国统计年鉴》及《新中国六十年统计资料汇编》。

由上述分析可知,在城镇化和工业化发展的进程中,城镇化的滞后发展不但会直接影响该区域工业化的发展进而影响到整个区域的经济发展进程,同时城镇化的滞后发展还会造成城镇规划中的经济开发区、高新技术开发区、工业园区、产业转移示范区等区域产业在高度发展的情况下,缺乏相应的城镇配套功能设施建设,产业和居住区之间未能做到有效分隔与衔接,相应的公共服务设施建设无法匹配等问题,最终造成空转现象。

(二)"空转"现象之二——产业结构区域差别明显

"四化同步"进程中的产城融合研究很重要的一个评价指标就是"四化同步"发展的过程中产业结构是否合理与优化。图6-3中,北京和上海两个地区是产业结构演进中的高级区域,在工业化进程中已经步入后工业化时代,天津、广东、江苏、浙江四个区域的产业结构仅次于北京、上海而位列产业结构发展中的二类区域,产业结构合理化排名中比较靠后的是黑龙江、海南、新疆、云南、贵州等区域。

由上述分析可知,城镇化的发展进程滞后是"空转"问题的一个主要现象,除此之外,区域间的产业结构发展存在差距应该是"空转"问题的另外一个主要

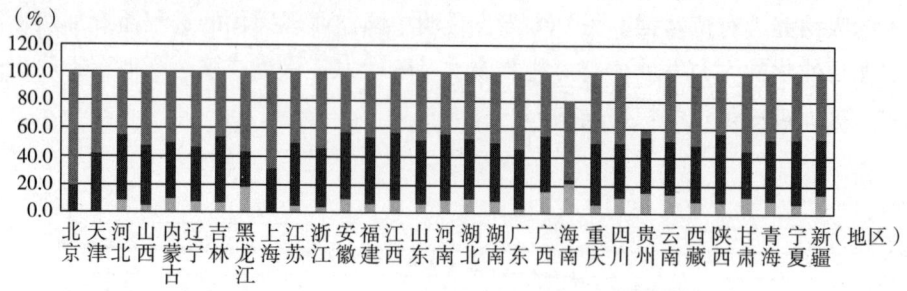

图 6-3 2017 年各地区三次产业构成

资料来源：历年《中国统计年鉴》及《新中国六十年统计资料汇编》。

表现。对于一个具体的区域来讲，城镇化的发展应该和工业化、信息化的发展相互匹配、相互协调，否则过快的城镇化发展可能会导致"空城"现象的出现，反之，过慢的城镇化发展速度就会导致"空转"现象的发生，由此，在产城融合发展的进程中，各地区均应该从本地区的实际出发，保证城镇化和工业化、信息化以及农业现代化的协调发展，同时规避"空城"和"空转"两种现象，真正做到有产有城，产城互动融合发展。

第二节 产城融合过程中的"空城"问题分析

第四章中通过农业部门和城镇非农业部门的生产函数分析，主要从人的视角出发建立了"四化同步"进程中的产城融合经济学理论模型[①]：

$$L_S = TL_n - \frac{Y_n}{A_{nt}} \left(\frac{a_n}{w_{n0}}\right)^{1-a_n} \left(\frac{w_{n1}}{b_n}\right)^{b_n} \left(\frac{r_{n0}}{c_n}\right)^{c_n} \left(\frac{r_{n1}}{d_n}\right)^{d_n} \left(1 + \frac{b_n}{a_n}\frac{w_{n0}}{w_{n1}}\right)$$

$$= L_{czh}$$

$$= L_D = \frac{Y_c}{A_{ct}} \left(\frac{a_c}{w_{c0}}\right)^{1-a_c} \left(\frac{w_{c1}}{b_c}\right)^{b_c} \left(\frac{r_{c0}}{c_c}\right)^{c_c} \left(\frac{r_{c1}}{d_c}\right)^{d_c} \left(1 + \frac{b_c}{a_c}\frac{w_{c0}}{w_{c1}}\right) - TL_c \quad (6-1)$$

上述产城融合经济学理论模型虽然是从人的视角出发进行分析和建立的，我

---

① 此处的产城融合经济学理论模型公式是为了方便分析和直接观察，所以从第四章中直接复制过来的，在第四章中的公式编号为式（4-46），此处为了格式规范起见，重新编号为式（6-1）。

们依然可以对该模型从经济和空间的视角继续进行深入探讨对"空城"问题进行分析①。

一、从人口—劳动力的视角对"空城"问题的探讨

第四章中式（4-22）即从 $\frac{\partial L_S}{\partial A_{nt}} = \frac{Y_n}{A_{nt}^2} \left(\frac{a_n}{w_{n0}}\right)^{1-a_n} \left(\frac{w_{n1}}{b_n}\right)^{b_n} \left(\frac{r_{n0}}{c_n}\right)^{c_n} \left(\frac{r_{n1}}{d_n}\right)^{d_n}$ $\left(1 + \frac{b_n}{a_n}\frac{w_{n0}}{w_{n1}}\right) > 0$ 中可以看出农村剩余劳动力是农业生产技术水平的增函数，在农业的生产过程中，投入的农用机械、水利、大中型拖拉机等均提高了农业生产中的技术水平，由此农业生产技术水平在一定程度上可以代表农业现代化的发展程度。随着农业现代化水平的日益提高，农业劳动生产率也就越高，这样通过农业现代化的发展所释放出来的农业剩余劳动力 L_S，即农村可以转移到城镇以促进城镇化发展的人口转移数量就会越多，同时按照国家在某一特定阶段的城镇化发展目标，想要实现这一城镇化发展目标，就需要转移相当数量的农村人口进入城镇 L_{czh}，从式（6-1）中来看就是 $L_S = L_{czh}$。

如果城镇化进程中由于农业现代化的发展滞后或超前，导致转移到城镇的人口少于或超出城镇化目标实现所需要转移的农村剩余劳动力，此时不管城镇部门的产业发展情况如何均会产生产城不融或产城融合度较低的现象。

（一）农业现代化发展滞后于城镇化发展和工业化发展

$$L_S = TL_n - \frac{Y_n}{A_{nt}}\left(\frac{a_n}{w_{n0}}\right)^{1-a_n}\left(\frac{w_{n1}}{b_n}\right)^{b_n}\left(\frac{r_{n0}}{c_n}\right)^{c_n}\left(\frac{r_{n1}}{d_n}\right)^{d_n}\left(1 + \frac{b_n}{a_n}\frac{w_{n0}}{w_{n1}}\right)$$

$$< L_{czh}$$

$$= L_D = \frac{Y_c}{A_{ct}}\left(\frac{a_c}{w_{c0}}\right)^{1-a_c}\left(\frac{w_{c1}}{b_c}\right)^{b_c}\left(\frac{r_{c0}}{c_c}\right)^{c_c}\left(\frac{r_{c1}}{d_c}\right)^{d_c}\left(1 + \frac{b_c}{a_c}\frac{w_{c0}}{w_{c1}}\right) - TL_c \quad (6-2)$$

在式（6-2）中的三个部分之间不再全是等号，其中，农村剩余劳动力的

---

① 第四章中针对已经建立的该模型已经从人的视角进行了详细分析，分析内容详见第四章。此处拟从经济和空间视角对该模型进行深入分析，既可以得出模型从三个视角均能对产城融合加以解释的目的，又能对产城融合过程中的两个常见问题"空城"和"空转"，从三个视角加以深入分析。

由于本章主要是针对"空城"和"空转"问题进行分析，而"空城"和"空转"问题本质上都是在城镇化进程中城镇化建设和相应的产业发展在经济功能和空间配置上不相适应所导致的，所以本章在从经济和空间视角出发进行深入探讨时，主要针对城镇化和工业化的发展进行详细分析，同时对涉及的农业现代化和信息化稍加简单分析。

供给量小于城镇化目标实现所需要转移的农业剩余劳动力数量,同时城镇部门的产业发展进程中所需要的劳动力缺口和城镇部门目标实现所需要转移的农业剩余劳动力数量之间是等号的关系,两部分结合起来考虑可以知道,由于农业现代化的发展滞后于城镇化和工业化的发展,导致农业劳动生产率没有提高至相应的水平,从而不能释放足够的农业剩余劳动力转移到城镇。如此一来导致的后果有两个:一是预期的城镇化目标实现不了;二是现有城镇部门产业发展所需要的劳动力缺口也不能得到解决;这两个后果均可以对空城问题从人的视角进行解释。

农村剩余劳动力的供给量小于城镇化目标实现所需要转移的农业剩余劳动力数量时,只是对人口城镇化的目标实现造成影响。然而在城镇化进程中,除了人口城镇化之外,还存在土地城镇化、产业城镇化、社会城镇化等具体内容,其中主要的当属土地城镇化,实际上在城镇化衡量的指标中,土地的城镇化率是仅次于人口城镇化这一主要指标之外的第二个主要衡量指标。在城镇化加速发展的今天,中国各地政府均想尽各种办法力求在上述两个指标上有所发展,以最终推动本地的城镇化进程。和人口城镇化相比,土地城镇化更容易实现和发展,针对这两种城镇化发展模式,前文已经提及,土地城镇化的发展速度远远快于人口城镇化的发展,建设用地粗放低效。事实上,在城镇化发展的过程中经常会出现上述问题,随着城镇化战略在全国的逐步推进,各地政府开始了轰轰烈烈的造城运动,尤其是党的十八大以后,城镇化发展已经上升到了国家战略的高度,响应党和政府的号召,新一轮城镇化运动发展得更为猛烈,其中尤以土地城镇化发展表现最为突出,各地出现多个新城。然而,如果没有足够的农业剩余劳动力在此进程中进行转移提高人口城镇化的发展来加以配合的话,就会造成农村剩余劳动力的供给量小于城镇化目标实现所需要转移的农业剩余劳动力数量,此时,造城运动中形成的多处新城就会因为没有足够的人口转移进行居住、就业、生产、消费等系列相关活动而变为"空城"或"鬼城"。

(二)农业现代化超前于城镇化发展和工业化发展

$$L_S = TL_n - \frac{Y_n}{A_{nt}}\left(\frac{a_n}{w_{n0}}\right)^{1-a_n}\left(\frac{w_{n1}}{b_n}\right)^{b_n}\left(\frac{r_{n0}}{c_n}\right)^{c_n}\left(\frac{r_{n1}}{d_n}\right)^{d_n}\left(1+\frac{b_n}{a_n}\frac{w_{n0}}{w_{n1}}\right)$$

$$= L_{czh}$$

$$> L_D = \frac{Y_c}{A_{ct}}\left(\frac{a_c}{w_{c0}}\right)^{1-a_c}\left(\frac{w_{c1}}{b_c}\right)^{b_c}\left(\frac{r_{c0}}{c_c}\right)^{c_c}\left(\frac{r_{c1}}{d_c}\right)^{d_c}\left(1+\frac{b_c}{a_c}\frac{w_{c0}}{w_{c1}}\right) - TL_c \quad (6-3)$$

在式(6-3)中的三个部分之间同样也不再全是等号,其中农村剩余劳动力的供给量等于城镇化目标实现所需要转移的农业剩余劳动力数量,同时城镇部门的产业发展进程中所需要的劳动力缺口小于城镇部门目标实现所需要转移的农业剩余劳动力数量,两个部分结合起来考虑可以知道,由于农业现代化的发展超前于城镇化和工业化的发展,释放了足够的农业剩余劳动力转移到城镇。如此一来产生的后果主要是城镇部门产业发展不足,对劳动力的需求缺口过小,在产业发展过程中不足以吸纳绝大多数转移到城镇的农业剩余劳动力,既造成城镇部门失业率过高,也说明产业发展不足。

前文已提及,在轰轰烈烈的造城运动中,如果农业现代化发展滞后不能释放足够的农业剩余劳动力转移到城镇的话,在城镇化发展中形成的多处新城就会因为没有足够的人口转入而形成"空城"现象,这是从人的视角对"空城"现象进行的解释。从经济视角进行分析,在城镇化进程中,各地政府急于求成、大量造城,然而很多新城并没有相应的产业发展作为支撑,加之和老城区或者已经成熟的城区相比,企业和产业更倾向于在成熟配套的城区经营,不愿意在新建城区布局。这些企业和产业的布局偏好直接导致新城的产业发展相对不足,产业发展不足又会导致对劳动力的需求偏低,吸纳劳动力的能力较差,使得新城在发展过程中缺少就业机会,从而导致新城的人口也相应偏低,最终会造成城镇建设和产业的布局以及人口的布局不相匹配的脱节现象,即"空城"现象出现。

二、从经济—就业结构视角对"空城"问题的探讨

上一小节的分析仅仅是从人口转移的角度进行分析,事实上,在人口转移到城镇以后并不是问题的结束,而是很多问题的开始。

(一)人口的绝对数量均衡同时就业结构不均衡的空城分析

首先针对式(6-1)进行分析,对式(6-1)进行简化得到 $L_S = L_{czh} = L_D$,对该式的分析如下:式中的三部分等号均成立意味着农村剩余劳动力的供给量等于城镇化目标实现所需要转移的农业剩余劳动力数量,同时城镇部门的产业发展进程中所需要的劳动力缺口正好也等于城镇部门目标实现所需要转移的农业剩余劳动力数量,由此该公式在人口的绝对数量上取得了平衡。

但是从经济视角来进行分析,就不只是人口的绝对数达到平衡那么简单。实际的产城融合进程中,在人口绝对数平衡的基础上,还存在着产业发展过程中形成的劳动力缺口的具体要求,诸如在性别、年龄、受教育程度、工作经历等方面均会产生不同的要求,而这些产业部门在发展中对劳动力在上述年龄、知识结

构、性别等方面的具体需求和农村剩余劳动力转移到城镇的数量在结构上可能会存在不相匹配和互不适应的问题，从而产生一方面存在大量的农村剩余劳动力转移到城镇以后找不到就业岗位，另一方面城镇产业在发展的过程中存在大量的劳动力缺口以致影响产业良性持续发展的劳动力不相匹配的情况，此时就会在一定程度上产生"空城"现象。究其原因，之所以会产生这些问题，主要是城镇部门在发展产业的过程中，应该考虑区域特点和区域特色，结合本区域转移的农业剩余劳动力的各种素质结构，有针对性地发展相应产业，使得城镇化进程中，既能发挥本区域特色、发展特色产业又能够考虑到待就业的劳动力结构，最终做到式（6-1），不仅在人口的绝对数量上达到均衡，从经济角度考量也能够在人口就业和产业劳动力需求的结构上实现均衡，解决"空城"问题。

（二）人口的绝对数量和就业结构同时不均衡的空城分析

式（6-1）全为等号还存在"空城"问题，若公式中等号关系不成立，则一定会产生"空城"现象和问题。

$$L_S = TL_n - \frac{Y_n}{A_{nt}}\left(\frac{a_n}{w_{n0}}\right)^{1-a_n}\left(\frac{w_{n1}}{b_n}\right)^{b_n}\left(\frac{r_{n0}}{c_n}\right)^{c_n}\left(\frac{r_{n1}}{d_n}\right)^{d_n}\left(1+\frac{b_n}{a_n}\frac{w_{n0}}{w_{n1}}\right)$$

$$> L_{czh}$$

$$> L_D = \frac{Y_c}{A_{ct}}\left(\frac{a_c}{w_{c0}}\right)^{1-a_c}\left(\frac{w_{c1}}{b_c}\right)^{b_c}\left(\frac{r_{c0}}{c_c}\right)^{c_c}\left(\frac{r_{c1}}{d_c}\right)^{d_c}\left(1+\frac{b_c}{a_c}\frac{w_{c0}}{w_{c1}}\right) - TL_c \quad (6-4)$$

式（6-4）为三部分不相等的情况，此时，农村剩余劳动力的供给量大于城镇化目标实现所需要转移的农业剩余劳动力数量，同时城镇部门的产业发展进程中所需要的劳动力缺口小于城镇部门目标实现所需要转移的农业剩余劳动力数量。这种情形下，第一个不等号意味着转移到城镇的农村人口过多，给城镇发展和建设带来极大压力；同时第二个不等号意味着涌入城镇的过于庞大的农村剩余劳动力群体在城镇产业部门并没有找到相应的就业机会，造成城镇失业率过高。两种情形结合分析认为，在城镇化进程中，城镇化的发展首先滞后于农业现代化的发展，同时城镇化进程中产业的发展滞后于城镇的建设，由此导致"空城"现象。

$$L_S = TL_n - \frac{Y_n}{A_{nt}}\left(\frac{a_n}{w_{n0}}\right)^{1-a_n}\left(\frac{w_{n1}}{b_n}\right)^{b_n}\left(\frac{r_{n0}}{c_n}\right)^{c_n}\left(\frac{r_{n1}}{d_n}\right)^{d_n}\left(1+\frac{b_n}{a_n}\frac{w_{n0}}{w_{n1}}\right)$$

$$< L_{czh}$$

$$> L_D = \frac{Y_c}{A_{ct}}\left(\frac{a_c}{w_{c0}}\right)^{1-a_c}\left(\frac{w_{c1}}{b_c}\right)^{b_c}\left(\frac{r_{c0}}{c_c}\right)^{c_c}\left(\frac{r_{c1}}{d_c}\right)^{d_c}\left(1+\frac{b_c}{a_c}\frac{w_{c0}}{w_{c1}}\right) - TL_c \quad (6-5)$$

式（6-5）同样也是三部分不相等的情况，和式（6-4）相比不同之处在于，农村剩余劳动力的供给量小于城镇化目标实现所需要转移的农业剩余劳动力数量，同时在城镇部门的产业发展进程中所需要的劳动力缺口小于城镇部门目标实现所需要转移的农业剩余劳动力数量。这种情形下，首先第一个不等号意味着转移到城镇的农村人口过少，给城镇化发展目标的实现带来极大压力；同时第二个不等号意味着涌入城镇的过于庞大的农村剩余劳动力群体在城镇产业部门并没有找到相应的就业机会，造成城镇失业率过高。两种情形结合分析，认为在城镇化进程中，农业现代化的发展首先滞后于城镇化的发展，同时城镇化进程中产业的发展滞后于城镇的建设，由此导致在冒进的城镇化进程中大量造城同时产业发展滞后而形成"空城"现象。

三、从空间—城镇化建设视角对"空城"问题的探讨

式（6-1）可以直观地从人和经济视角对"空城"现象进行分析，实际上通过对公式进行深入考察，空间视角也可以利用该公式对"空城"现象进行分析。

人口转移到城镇以后，只是从人口数量来讲达到了城镇化建设的目的，在城镇化建设的过程中人口城镇化是非常重要的一个方面①，除了人口城镇化这一因素之外，还有更多的城镇化建设质量、城镇部门产业发展、城镇的产业基础设施建设、城镇公共服务设施建设、城镇产业园区和居住区如何统一等问题均需要在城镇化建设的过程中进行考虑。

在以往城镇化建设的历史中，过于注重城镇化的发展速度，采取的是加快农村剩余劳动力转移进城镇或者土地尽快城镇化的传统发展模式。这种贪功求快的发展模式在促进中国城镇化发展的同时也造成了一系列问题，城镇的各种基础设施建设、公共服务配套设施、政府部门的市场监管、城镇部门产业结构的合理优化和调整、城镇和产业发展过程中对资源环境承载能力的考量、产业发展功能和

---

① 常见的城镇化率的衡量就是通过人口城镇化率来进行，即非农人口/总人口＝人口城镇化率，当然，对公式中的指标之一——非农人口——的确切含义和衡量目前仍然存在分歧，分歧主要体现在非农人口是城镇户籍人口还是城镇常住人口的问题上，这一分歧会直接导致中国的城镇化率的衡量出现多达18%的偏差。按照城镇常住人口进行衡量，2017年年底中国的城镇化率为58.52%，而如果按照城镇户籍人口进行衡量的话，就需要把多达2.6亿已经转移至城镇生活居住却没有城镇户籍而在很多方面享受不到城镇化建设成果的农民工减去，这样一来2017年年底中国只有40%的城镇化率。虽然在人口城镇化的衡量方面存在分歧，但是其分歧的影响主要集中在城镇化进程中的实际衡量上，不影响笔者从理论角度进行探索。

居住功能在空间上的协调等方面均存在或大或小的问题。

(一) 人口的绝对数量均衡同时空间结构不均衡的空城分析

通过对式 (6-1) 进行分析，对式进行简化处理后同时得到式：

$$L_S = L_{czh} = L_D \tag{6-6}$$

$$TL_n - \frac{Y_n}{A_{nt}} \left(\frac{a_n}{w_{n0}}\right)^{1-a_n} \left(\frac{w_{n1}}{b_n}\right)^{b_n} \left(\frac{r_{n0}}{c_n}\right)^{c_n} \left(\frac{r_{n1}}{d_n}\right)^{d_n} \left(1 + \frac{b_n}{a_n} \frac{w_{n0}}{w_{n1}}\right)$$

$$= \frac{Y_c}{A_{ct}} \left(\frac{a_c}{w_{c0}}\right)^{1-a_c} \left(\frac{w_{c1}}{b_c}\right)^{b_c} \left(\frac{r_{c0}}{c_c}\right)^{c_c} \left(\frac{r_{c1}}{d_c}\right)^{d_c} \left(1 + \frac{b_c}{a_c} \frac{w_{c0}}{w_{c1}}\right) - TL_c \tag{6-7}$$

式 (6-6) 中的三部分等号均成立，意味着农村剩余劳动力的供给量等于城镇化目标实现所需要转移的农业剩余劳动力数量，同时城镇部门在产业发展进程中所需要的劳动力缺口正好等于城镇部门目标实现所需要转移的农业剩余劳动力数量，由此该公式在人口的绝对数量上取得了平衡。式 (6-7) 中仅有的一个等号意味着农业现代化进程中释放出来的农业剩余劳动力和城镇部门产业发展进程中所需要的劳动力缺口正好相等，同样和式 (6-6) 所作的分析一样，这种等号只是意味着数量上的简单均衡，从经济视角进行分析还要求农村剩余劳动力的供需双方在年龄、知识结构、性别等方面的结构相互匹配。

从空间视角进行拓展分析，式 (6-7) 还要求在城镇产业发展的过程中，城镇中不同区域——旧城区、新城区、工业园区、产业园区、高科技园区等——的产业发展对劳动力的需求缺口和正常通勤距离范围内可以提供的劳动力供给在结构上相互匹配，做到人、经济、空间三个维度的同时均衡。而事实上，在城镇部门建设过程中：首先，旧城区、新城区、工业园区、产业园区、高科技园区等不同区域由于政策和政府发展的侧重点不同，导致在实际经济发展中，不同区域的产业发展严重不均，导致对农村剩余劳动力的需求和劳动力的供给在空间上存在不均衡。相比起新城区，企业和产业都愿意留在各方面配套比较成熟、商业环境发展完善的旧城区，而新城区在建设初期由于缺乏对企业和产业的落户吸引力，产业发展直接不足从而导致对转移到城镇的农村劳动力吸引力较弱，从而上演了空有新城区没有相应产业和就业的空城现象。

其次，对于旧城区来讲，长期的经济发展已经在旧城区建立起了基础设施、物流配套、公共服务、商业配套、道路交通、商住体系、市场监管等完善的软硬件配套。新城区和旧城区相比，建设初期由于各种原因在各项基础设施建设、公共服务等方面均无法媲美，导致新城区空间建设和产业发展无法取得高水平协同,产生"空城"问题。

(二)人口的绝对数量和空间结构同时不均衡的"空城"分析

通过对式(6-1)全为等号的情况进行分析还可能存在"空城"问题,若公式中等号关系不成立,则一定会产生"空城"现象和问题:

$$L_S = TL_n - \frac{Y_n}{A_{nt}}\left(\frac{a_n}{w_{n0}}\right)^{1-a_n}\left(\frac{w_{n1}}{b_n}\right)^{b_n}\left(\frac{r_{n0}}{c_n}\right)^{c_n}\left(\frac{r_{n1}}{d_n}\right)^{d_n}\left(1 + \frac{b_n}{a_n}\frac{w_{n0}}{w_{n1}}\right)$$

$$< L_{czh}$$

$$> L_D = \frac{Y_c}{A_{ct}}\left(\frac{a_c}{w_{c0}}\right)^{1-a_c}\left(\frac{w_{c1}}{b_c}\right)^{b_c}\left(\frac{r_{c0}}{c_c}\right)^{c_c}\left(\frac{r_{c1}}{d_c}\right)^{d_c}\left(1 + \frac{b_c}{a_c}\frac{w_{c0}}{w_{c1}}\right) - TL_c \quad (6-8)$$

式(6-8)为三部分不相等的情况,此时,农村剩余劳动力的供给量小于城镇化目标实现所需要转移的农业剩余劳动力数量,同时城镇部门的产业发展进程中所需要的劳动力缺口小于城镇部门目标实现所需要转移的农业剩余劳动力数量。这种情形下,第一个不等号意味着转移到城镇的农村人口过少,会影响到城镇化发展目标的实现;第二个不等号意味着即使转移到城镇的农业剩余劳动力数量过少却仍然难以在城镇产业部门找到相应的就业机会,造成城镇失业率过高,究其原因就在于城镇部门经济发展进程中对于产业结构的空间布局在新老城区以及各产业园区之间没有协调布局所导致,从而出现空城现象。

$$L_S = TL_n - \frac{Y_n}{A_{nt}}\left(\frac{a_n}{w_{n0}}\right)^{1-a_n}\left(\frac{w_{n1}}{b_n}\right)^{b_n}\left(\frac{r_{n0}}{c_n}\right)^{c_n}\left(\frac{r_{n1}}{d_n}\right)^{d_n}\left(1 + \frac{b_n}{a_n}\frac{w_{n0}}{w_{n1}}\right)$$

$$= L_{czh}$$

$$< L_D = \frac{Y_c}{A_{ct}}\left(\frac{a_c}{w_{c0}}\right)^{1-a_c}\left(\frac{w_{c1}}{b_c}\right)^{b_c}\left(\frac{r_{c0}}{c_c}\right)^{c_c}\left(\frac{r_{c1}}{d_c}\right)^{d_c}\left(1 + \frac{b_c}{a_c}\frac{w_{c0}}{w_{c1}}\right) - TL_c \quad (6-9)$$

式(6-9)同样也是三部分不相等的情况,和式(6-8)相比不同之处在于,农村剩余劳动力的供给量等于城镇化目标实现所需要转移的农业剩余劳动力数量,同时城镇部门在产业发展进程中所需要的劳动力缺口小于城镇部门目标实现所需要转移的农业剩余劳动力数量。这种情形下,第一个等号意味着转移到城镇的农村人口和城镇化发展目标所需要转移的人口数量相匹配;第二个不等号意味着涌入城镇的过于庞大的农村剩余劳动力群体在城镇产业部门并没有找到相应的就业机会,造成城镇失业率过高。和式(6-8)的情况相比,式(6-9)所表示的情况要稍好一点,首先农业现代化和城镇化的发展达到了相互协调,在此前提下，同样由于城镇部门的产业空间布局出现问题导致转移到城镇的农村剩余劳动力在城镇部门找不到相应的就业机会，空有各种城区却没有相应产业的高度发展作为支撑，从而产生"空城"问题。

四、"空城"问题的解决建议

在中国进行快速城镇化的进程中，由于土地城镇化的速度远远快于人口城镇化，加之城镇产业部门或发展滞后或产业空间布局不合理等问题均导致空城现象。其中鄂尔多斯市就是一个众所周知的典型例子，鄂尔多斯市在城镇化发展的过程中过于注重城镇化率的提高以及城镇配套设施的建设，这种依托于原有矿产资源的相关产业而发展出来的新城在矿产资源产业转型的背景下没有找到一个较好的接替性产业，使得新城在发展过程中没有相应的产业发展作为支撑，偏离了城镇化建设中人和产业发展的主要需求，吸引不了相应的供需双方落户该市进行投资生产和居住消费，导致该市目前成为了著名的"鬼城"和"空城"。在城镇化快速发展的今天，中国绝不仅只有一个鄂尔多斯"空城"，浙江温州、内蒙古巴彦淖尔和二连浩特、河南鹤壁和信阳以及江苏、辽宁、湖北等省的多座城市均在"中国鬼城"的名单上，由此对"空城"问题的解决迫在眉睫。

在城镇化的发展中，应该以产业的发展先行，需要工业化、信息化和城镇化同步推进，互相配合，依靠产业的发展支持城镇的经济建设，同时城镇化进程中要一改过去重量不重质的做法，完善各项城镇公共配套设施，以此促进城镇产业结构的合理优化升级，以避免空城现象严重泛滥。

具体来讲，在城镇化建设过程中，应该加强新城区的各项公共配套设施建设、公共服务建设、加强政府的市场监管，使得企业和产业的空间布局合理优化配置。对于一些已经建好的新区来讲，主要是根据该新区的地域特色发展具有地方特色和地域优势的产业，着力培育新区的经济增长点。

除了上述措施之外，在未来城镇化发展的过程中，应该本着重质不重量的原则，对新城区的建设实行严格把控，从土地城镇化的角度加强城镇用地管控，对于新区的设立制定严格的衡量标准，从人口密度、用地产出强度以及资源环境的承载能力等标准出发，在评价确实有必要建设的情况下予以批准建立新城，否则不予批准，严格控制新城区的无序扩张，这样一来就可以实现人、经济、空间三个维度的产城融合，解决"空城"问题。

第三节 产城融合过程中的"空转"问题分析

在城镇化发展的过程中,如果过于注重城镇部门产业发展,即过于注重工业化和信息化的发展,忽视了城镇化在发展过程中的道路、交通、水电等公共设施的配套建设,使得城镇建设和产业发展相互偏离,城镇建设远远滞后于产业的发展,使产业在高度发展的进程中失去城市依托,最终形成产业"空转"的情况。

这种没有城镇功能完善配套单纯注重发展产业的现象多发生在城镇内部的高新区、产业园区或工业园区[①],20世纪90年代全国各地兴起的各种开发区和工业园区建设,极大地促进了工业化和城镇化的发展,然而这些区域在经济发展中只有重工业及其他产业发展,相关的服务配套功能、公共设施配套均远远滞后,不但不能满足产业持续发展的条件,还因为配套设施欠缺导致该区域和居民息息相关的商业消费环境缺失以致高度发展的产业原本应该有的高附加值也随之流失,形成"空转"现象。

和对"空城"的分析相同,对于"空转"的分析仍然从人口、经济、空间三个视角进行考量。

根据"空转"现象的含义,"空转"主要是因为城镇化进程中城镇建设落后于产业的发展,使得产业在快速发展的过程中失去了城镇的依托所导致的。从上述含义来看,"空转"主要分析式(6-1)中的后两部分即城镇化和产业发展的关系,且两者的关系为城镇化的发展滞后于产业的发展,即用公式表示为:

$$L_{czh} < L_D = \frac{Y_c}{A_{ct}} \left(\frac{a_c}{w_{c0}}\right)^{1-a_c} \left(\frac{w_{c1}}{b_c}\right)^{b_c} \left(\frac{r_{c0}}{c_c}\right)^{c_c} \left(\frac{r_{c1}}{d_c}\right)^{d_c} \left(1 + \frac{b_c}{a_c}\frac{w_{c0}}{w_{c1}}\right) - TL_c \qquad (6-10)$$

式(6-10)说明城镇部门的产业发展进程中所需要的劳动力缺口大于城镇化进程中转移的农业剩余劳动力数量,这是产生"空转"现象的原因。在此基础上,结合式(6-1)中的农业部门生产函数,可以产生如下三种情况:

---

① "空转"问题在城镇化进程中主要集中在高新区、产业园区或工业园区等以产业发展为重心的各类园区,这些园区在建设过程中更加关注产业的发展而忽略了一些商住配套设施的建设,导致该类园区产业高度发展,与之配套的城镇建设相对滞后,基于上述分析,本节主要针对高新区、产业园区或工业园区等区域的"空转"问题进行分析。

$$L_S = TL_n - \frac{Y_n}{A_{nt}}\left(\frac{a_n}{w_{n0}}\right)^{1-a_n}\left(\frac{w_{n1}}{b_n}\right)^{b_n}\left(\frac{r_{n0}}{c_n}\right)^{c_n}\left(\frac{r_{n1}}{d_n}\right)^{d_n}\left(1 + \frac{b_n}{a_n}\frac{w_{n0}}{w_{n1}}\right)$$

$$= L_{czh}$$

$$< L_D = \frac{Y_c}{A_{ct}}\left(\frac{a_c}{w_{c0}}\right)^{1-a_c}\left(\frac{w_{c1}}{b_c}\right)^{b_c}\left(\frac{r_{c0}}{c_c}\right)^{c_c}\left(\frac{r_{c1}}{d_c}\right)^{d_c}\left(1 + \frac{b_c}{a_c}\frac{w_{c0}}{w_{c1}}\right) - TL_c \quad (6-11)$$

和

$$L_S = TL_n - \frac{Y_n}{A_{nt}}\left(\frac{a_n}{w_{n0}}\right)^{1-a_n}\left(\frac{w_{n1}}{b_n}\right)^{b_n}\left(\frac{r_{n0}}{c_n}\right)^{c_n}\left(\frac{r_{n1}}{d_n}\right)^{d_n}\left(1 + \frac{b_n}{a_n}\frac{w_{n0}}{w_{n1}}\right)$$

$$< L_{czh}$$

$$< L_D = \frac{Y_c}{A_{ct}}\left(\frac{a_c}{w_{c0}}\right)^{1-a_c}\left(\frac{w_{c1}}{b_c}\right)^{b_c}\left(\frac{r_{c0}}{c_c}\right)^{c_c}\left(\frac{r_{c1}}{d_c}\right)^{d_c}\left(1 + \frac{b_c}{a_c}\frac{w_{c0}}{w_{c1}}\right) - TL_c \quad (6-12)$$

以及

$$L_S = TL_n - \frac{Y_n}{A_{nt}}\left(\frac{a_n}{w_{n0}}\right)^{1-a_n}\left(\frac{w_{n1}}{b_n}\right)^{b_n}\left(\frac{r_{n0}}{c_n}\right)^{c_n}\left(\frac{r_{n1}}{d_n}\right)^{d_n}\left(1 + \frac{b_n}{a_n}\frac{w_{n0}}{w_{n1}}\right)$$

$$> L_{czh}$$

$$< L_D = \frac{Y_c}{A_{ct}}\left(\frac{a_c}{w_{c0}}\right)^{1-a_c}\left(\frac{w_{c1}}{b_c}\right)^{b_c}\left(\frac{r_{c0}}{c_c}\right)^{c_c}\left(\frac{r_{c1}}{d_c}\right)^{d_c}\left(1 + \frac{b_c}{a_c}\frac{w_{c0}}{w_{c1}}\right) - TL_c \quad (6-13)$$

针对上述三种情形,分别从人、经济和空间视角进行"空转"现象的分析。

一、从人口—乡城迁移的视角对"空转"问题的探讨

在从三个视角进行"空转"问题的分析时,城镇化建设均为滞后于城镇产业部门发展,即式(6-11)~式(6-13)中后两部分之间都是小于号,所以分析时主要针对式(6-11)~式(6-13)中前两部分之间的不同符号进行分析。

(一)工业化发展超前于农业现代化和城镇化的发展[①]

式(6-11)中,农村剩余劳动力的供给量等于城镇化目标实现所需要转移

---

① 在从人、经济、空间的视角对"空转"问题进行分析时,是在对式(6-1)进行改进的基础上进行的。在第四章建立产城融合的经济学理论模型时已经知道,式(6-1)实际上包含对"四化"中每一化的分析,城镇产业部门在发展的过程中均涉及工业化和信息化,需要双方深度融合,有利于产业结构的合理化和高级化,同时需要和其他"两化"即农业现代化、城镇化相互协调,才能避免发生"空城"或"空转"现象。经济发展中,往往认为工业化和信息化是一对双生子,双方在发展中互相影响协调,在本章的分析中,如果没有提及信息化就意味着对工业化的提法同时包含了工业化和信息化"两化"的发展。

的农业剩余劳动力数量,同时城镇部门的产业发展进程中所需要的劳动力缺口大于城镇化进程中转移的农业剩余劳动力数量,将两个部分结合起来考虑可以知道,农业现代化的发展和城镇化的发展相互同步,城镇化进程落后于工业化进程。

从人的视角进行考虑,首先农业现代化的发展释放了足够数量的农业剩余劳动力,使其转移到城镇促进城镇化的发展,同时城镇部门产业发展过程中形成的劳动力需求缺口远远大于这些转移到城镇寻求就业和工作岗位的农业转移劳动力,这种情形说明农业现代化和城镇化的发展相互协调,同时高新区、产业园区或工业园区等各类园区的产业发展过快,对劳动力的需求过高,城镇化进程中转移到城镇的农村剩余劳动力供给不能满足这些工业园区的劳动力需求,造成劳动力需求缺口,由此导致在这些园区的就业数量低于园区发展中的预期数量,从人的视角来看,形成"空转"现象[①]。

根据上述分析,式(6-11)中的前两部分之间的关系为相等的关系时,还存在着"空转"现象,当式(6-11)中三部分之间的关系均为不等时,更容易产生空转现象。

(二)工业化超前于城镇化,城镇化超前于农业现代化的发展

式(6-12)中三部分之间的关系均为不等,此时农村剩余劳动力的供给量小于城镇化目标实现所需要转移的农业剩余劳动力数量,同时城镇部门的产业发展进程中所需要的劳动力缺口大于城镇化进程中转移的农业剩余劳动力数量,两个部分结合起来考虑可以知道,在农业现代化和城镇化互相影响互相协调发展的过程中,双方没有达到同步发展,农业现代化的发展滞后于城镇化的发展,同时,城镇化进程落后于工业化进程。

从人的视角进行考虑,农业现代化的发展滞后于城镇化的发展导致农业现代化进程中释放的农业剩余劳动力数量不能满足城镇化目标实现所需要转移的农村人口,同时城镇部门产业发展过程中形成的劳动力需求缺口远远大于这些转移到城镇寻求就业和工作岗位的农业转移劳动力。这种情形说明从人的视角来看,城镇化进程中农业转移人口在绝对数量上首先没有达到均衡,转移到城镇的农业剩余劳动力数量过少,不能满足城镇化预期目标的实现。其次在这种不均衡状态的

---

① 在城镇化进程中,一方面工业园区存在劳动力需求缺口,另一方面城镇中的其他区域可能存在劳动力供给过剩,即城镇化发展中转移的农村剩余劳动力数量满足了城镇化目标实现的要求,但是在城镇的不同区域可能存在就业不均衡现象。

前提下，高新区、产业园区或工业园区等各类园区的产业发展过快，对劳动力的需求过高，转移到城镇的农村剩余劳动力供给不能满足其劳动力需求，造成劳动力需求缺口，导致在这些园区的就业数量低于园区发展中的预期数量，从人的视角来看，形成"空转"现象。

（三）城镇化滞后于工业化、农业现代化的发展

式（6-13）中三部分之间的关系均为不等，此时农村剩余劳动力的供给量大于城镇化目标实现所需要转移的农业剩余劳动力数量，同时城镇部门的产业发展进程中所需要的劳动力缺口大于城镇化进程中转移的农业剩余劳动力数量，两个部分结合起来考虑可以知道，在城镇化、工业化和农业现代化发展的进程中，三者并不同步，城镇化滞后于工业化、农业现代化的发展。

从人的视角进行考虑，首先农业现代化的发展超前于城镇化的发展导致农业现代化进程中释放的农业剩余劳动力数量远远超过城镇化目标实现所需要转移的农村人口，同时城镇部门产业发展过程中形成的劳动力需求缺口远远大于这些转移到城镇寻求就业和工作岗位的农业转移劳动力。这种情形说明从人的视角来看，城镇化进程中农业转移人口在绝对数量上没有达到均衡，转移到城镇的农业剩余劳动力数量过多，给城镇建设和安置转移人口带来极大压力。其次在这种不均衡状态的前提下，高新区、产业园区或工业园区等各类园区的产业发展过快，对劳动力的需求过高，转移到城镇的农村剩余劳动力供给不能满足其劳动力需求，造成劳动力需求缺口，导致在这些园区的就业数量低于园区发展中的预期数量，从人的视角来看，形成"空转"现象。

二、从经济—劳动力供需结构视角对"空转"问题的探讨

上一小节的分析仅仅是从人口转移的角度进行分析，事实上，在人口转移到城镇以后，除了需要考虑劳动力的供求双方在绝对数量上是否均衡，还应该从经济和空间视角进行经济结构和空间结构上的考察。

在上一节从人的视角进行"空转"问题的分析时，是基于对式（6-1）进行改进使公式中三部分之间的关系由之前的等号改为式（6-11）、式（6-12）、式（6-13）中三部分之间某两部分不等的关系进行分析和探讨。实际上，在对式（6-1）进行改进之前，即公式中的三部分相等时也可能会存在"空转"现象，此时，虽然从人口转移的绝对数量上来讲达到了均衡，但是在城镇建设中，某一特定城镇的不同产业园区之间对劳动力的需求在性别、年龄、知识结构、工

作经验等方面存在差异,会导致某些园区的劳动力需求缺口在一定程度上得不到满足,从而产生空转现象,具体在式(6-11)、式(6-12)、式(6-13)中三部分之间的关系由式(6-1)中的相等改为部分不等的关系,既然三部分之间在绝对数量均衡的前提下仍然可能产生空转现象,在式(6-11)、式(6-12)、式(6-13)所表示的三种情况下,产生"空转"现象的可能性只会更高。

(一)人口的绝对数量均衡同时就业的空间结构不均衡的"空转"分析

式(6-11)中,农村剩余劳动力的供给量等于城镇化目标实现所需要转移的农业剩余劳动力数量,意味着在城镇化进程中农业现代化和城镇化相互同步,农村人口的转移在绝对数量上达到了均衡。同时,由于城镇化进程落后于工业化进程,城镇部门的产业发展进程中所需要的劳动力缺口大于城镇化进程中转移的农业剩余劳动力数量,产生"空转"现象,这种由于劳动力供求在绝对数量上的不均衡会导致某些园区产生"空转"现象。

从经济视角进行深入考察,"空转"现象会在绝对数量分析基础上更加严重,各产业园区由于各自的产业发展重点不同,导致对劳动力的需求在性别、年龄、知识结构等方面均存在差异,再结合考虑转移到城镇的农村剩余劳动力在上述性别、年龄、知识结构等方面的具体结构,可以发现产业园区对劳动力的需求缺口会因为供需双方在结构上的差异而更加难以得到满足和解决,由此产生的"空转"现象会比仅从绝对数量上进行分析的"空转"现象更为严重。

(二)人口的绝对数量和就业的空间结构同时不均衡的空城分析

在式(6-12)中,三部分之间的关系均为不等,通过前述分析已经知道式(6-12)所表示的情形属于农业现代化的发展滞后于城镇化的发展,同时,城镇化进程落后于工业化进程,这种状况下,首先,城镇化进程中农业剩余劳动力转移的绝对数量在农村和城镇部门之间没有达到均衡。其次,转移到城镇以后的农村剩余劳动力在城镇产业部门需求的绝对数量上也没有达到均衡,因此,农业现代化、城镇化和工业化的发展在人口视角上绝对数量均没有达到均衡会产生"空转"现象。从经济学视角分析,在绝对数量没有达到均衡的基础上,各产业园区在发展中的不同侧重点会导致对劳动力的需求在性别、年龄、知识结构等方面均存在差异,再结合考虑转移到城镇的农村剩余劳动力在上述性别、年龄、知识结构等方面的具体结构,可以发现产业园区对劳动力的需求缺口会因为供需双方在结构上的差异而更加难以得到满足和解决,由此原本在绝对数量不均衡时产生的

"空转"现象会因为经济发展中供需双方结构的不均衡而更加严重。

式（6-13）中三部分之间的关系同样均为不等，和式（6-12）的区别主要在于式（6-13）中三部分之间的关系不等所代表的情形属于在城镇化、工业化和农业现代化发展的进程中，三者并不同步，城镇化滞后于工业化、农业现代化的发展，这种状况下从绝对数量进行分析，农业转移人口在农村和城镇部门之间没有均衡，同时城镇所有转移的农业待就业人口和产业园区对劳动力的需求数量没有达到均衡，产生"空转"现象。从经济学视角继续进行分析，和式（6-12）的分析一样，城镇所有转移的农业待就业人口在性别、年龄、知识结构等方面和产业园区对劳动力的需求结构不相匹配，导致绝对数量本就不均衡的现象会因为经济发展中劳动力供需双方在具体结构上的差异而变得更加不均衡，产生更为严重的"空转"现象。

三、从空间—城镇设施建设和产业空间布局视角对"空转"问题的探讨

在对"空转"问题进行分析时，从人和经济视角都是直观的针对式（6-11）、式（6-12）、式（6-13）进行分析，实际上通过对上述三个公式进行深入考察，这几个公式也可以从空间视角对"空转"现象进行分析。

农业剩余劳动力转移到城镇以后，只是从人口的绝对数量来讲达到了城镇化建设的目的，即达到了人口城镇化的发展目标，而在城镇化建设过程中，除了人口城镇化这一衡量指标之外，还需要考虑转移到城镇的农村剩余劳动力在性别、年龄、教育水平、专业背景等方面的供给结构和城镇经济发展中各产业园区对劳动力的需求缺口在具体结构上是否匹配。由此，从转移劳动力的绝对数量是否匹配来分析"空转"问题是从人的视角进行考察的，从城镇化发展中劳动力供需双方在性别、年龄、教育水平、专业背景等方面的具体结构分析"空转"问题是从经济视角进行考察。

实际上，"空转"现象的出现在很大程度上是由于城镇化建设中的空间结构布局出了问题产生的，这里的空间结构布局既包括城镇化建设中对于各高新区、产业园区、经济园区等工业园区的空间用地规划布局，也包括在城镇各个不同片区对于生产、生活、居住、消费、交通、娱乐等相关配套设施在配套过程中的空间布局。实际中，在上述高新区、产业园区、经济园区等工业园区建设过程中，各地政府更为侧重这些工业园区的生产配套，对相应的生活、居住、消费、商业、娱乐、交通、公共服务等方面的配套考虑较少，导致这些工业园区的经济可能高速发展，产业结构可能比较合理，然而忽略上述各方面的配套考虑，在各工

业园区大力发展产业提高经济增加值之余,对这些工业园区的生活设施以及公共服务设施考虑不周,对产业园区和居住区如何统一的问题视而不见,就会导致各工业园区在大力发展经济的过程中产业发展功能和居住功能在空间上不协调,从而形成各工业园区在快速发展产业的进程中失去了城镇强有力的支撑和依托,形成"空转"现象。

四、"空转"问题的解决建议

产业"空转"问题是城镇化进程中主要集中于各高新区、开发区、产业园区等工业园区的一种现象,作为城镇化进程中的建设热点,中国各地政府于20世纪90年代开展了轰轰烈烈的高新区、开发区、产业园区等各种工业园区的开发和建设,这种发展思路极大加快了城镇化的发展进程,各种工业园区的建设在一定程度上拓宽了城镇经济发展的新空间。与此相伴随的负面现象是:在各种工业园区建设的过程中,地方政府过于注重生产空间的发展而忽视了生活空间的发展,过于注重各工业园区的产业功能发展而忽视了园区内的城市功能建设,导致工业园区内的经济增长快于社会事业的发展,造成城镇建设进程中各工业园区在高度发展的产业背后是城市功能的弱化,使得工业园区的产业发展失去了城镇强有力的依托,形成了产业"空转"现象。

由此,需要在高新区、产业园区、工业园区的建设发展进程中,工业化、信息化和城镇化并重,做到工业高效可持续运行发展、信息产业等高端产业结构合理、城镇相应配套设施完备,真正实现产业和城镇的发展互相融合,产城融合度高度增加。

另外一个和"空转"问题紧密相关的现象就是"睡城"现象,"睡城"现象正好和第一节中探讨的"空城"现象相反,"空城"只有高度发展的产业欠缺完善配套的生活基础设施导致人气过于冷清,"睡城"作为多数城镇市民的休息居所在晚上极具人气,但同时由于绝大多数的"睡城"(比如北京的通州、回龙观、天通苑等)都和现有的城区距离过于遥远,导致"睡城"的人气也仅限于晚上,且居于"睡城"的上班族普遍通勤时间过长,由此"睡城"是"空转"问题下的一个延伸现象。

对于"空转"现象或者"睡城"现象的解决都需要在产城融合的思路下,在城镇化发展进程中,既注重人口城镇化,又注重土地城镇化;既注重产业的生产空间布局,又注重人口的生活居住空间布局;既注重城镇的经济建设,又注重城镇的人文社会发展,从根本上解决城镇化进程中的"空城"(有城无产)和

"空转"（有产无城）问题，实现有产有城、产城互动、产城融合发展的协调局面。

第四节 本章小结

本章主要是在第四章建立的产城融合经济学理论模型的基础上，对产城融合过程中常见的两个典型问题——"空城"与"空转"——进行理论与实际分析，并提出解决的对策建议。

首先对"空城"和"空转"两种问题的具体表现形式进行了分类总结，其次通过对第四章中建立的产城融合经济学理论公式进行多种形式的改进，对公式中不同发展状态下对产城融合可能造成的影响——"空城"还是"空转"——进行理论分析和探讨，主要从人、经济和功能三个视角分析了"空城"和"空转"的形成原因。第四章在建立产城融合经济学理论模型时主要是从人的视角出发进行分析从而建立起来的，本章在此基础上对所建立的理论公式进行经济和空间视角上的拓展分析，即对产城融合过程中常见的两个典型问题——"空城"与"空转"——进行了理论探讨，也是从经济和空间两个视角对第四章所建立的理论公式在人的视角基础上做的进一步说明，使得该公式的内涵更加丰富和完善。在上述分析的基础上，还尽可能地给出了一些针对性的措施和政策建议，希望更好地解决城镇化发展中的"空城"和"空转"现象，达到"四化同步"发展进程中提高产城融合度的目的。

第七章 "四化同步"进程中产城融合的对策建议

本章在前述几章对"四化同步"进程中产城融合的理论分析、实证研究、现实困境与原因剖析的基础上,拟有针对性地提出相应的对策建议,促进未来经济发展中"四化同步"协调发展以及产城融合度的提高,切实有效地促进了经济持续健康的发展。

第一节 推动产业结构优化升级,促进产城融合深度发展

本书在前述几章的分析中已经提到产业结构区域差距明显是存在的主要问题之一。实际上,在"四化同步"发展的视角下进行产城融合的研究,首先必须重视产业结构的优化升级以及产业发展的过程中区域内部对相关基础设施的完善和健全。这里所提到的产业结构包括农业在内的完整的三次产业结构,只有第一、第二、第三产业结构优化以及各产业内部具体细分的产业结构得到了优化,才能满足经济发展中"四化同步"发展的前提条件。农业的大力发展以及农业内部各细分产业的优化调整可以极大地提高农业的劳动生产率,解放农村剩余劳动力,使其转移至城镇。首先,加快了城镇化进程,推动了城镇化的大力发展;其次,转移至城镇的农村剩余劳动力进入二三产业就业后可以极大促进二三产业的发展,可以促进一二三产业之间产业结构的协调优化,同时促进工业化的大力发展,工业化发展进程中积累的资本在一定程度上又可以投入信息产业,促进信息化的大力发展,同时大力发展工业还可以通过反哺农业进一步促进农业现代化

的发展。由此,产业结构的优化调整对于促进"四化同步"发展有着正向螺旋式向上循环发展的促进力。从第三章针对"四化"在同步发展进程中的 VAR 模型结果来看,在"四化"互动的过程中,工业化的发展直接受到了来自新型城镇化和信息化发展的两重推力,产业结构的合理化得以快速发展。

一、调整农业生产结构,加快农业现代化进程

第三章中针对新型工业化、信息化、新型城镇化和农业现代化的 VAR 模型分析结果显示,农业现代化是新型工业化、信息化、新型城镇化波动的格兰杰原因,说明"四化同步"在发展的过程中,农业现代化和其他"三化"密切相关,是其他"三化"的格兰杰原因。这一结果不仅进一步明确了农业现代化在"四化同步"发展进程中的基础性地位,也说明第一产业的良性发展对于整体经济有正向影响。然而,从第四章的历史回顾中可以看到,改革开放以来,第一产业在总产值中的比重逐年递减,已经从 1978 年的 27.9% 锐减至 2017 年的 7.9%,比重过低的第一产业会在后续"四化同步"发展的进程中导致新型城镇化后继乏力,工业化进程中劳动力紧张等一系列负面影响。所以,在"四化同步"进程中,产城融合发展的过程中,政府层面应该对全国范围内的农业现代化给予足够的重视。在新型城镇化为引领的"四化"发展过程中,为了实现新型城镇化的既定目标,必须有相应数量的农业剩余劳动力转移到城镇。只有农业现代化的快速发展,提高农业生产率,才能释放足够数量的农业剩余劳动力,在转移人口的绝对数量上提供新型城镇化的人口支持。同时,因为农业现代化是工业化的格兰杰原因,意味着农业现代化的发展能够在自身发展的同时促进工业化的快速发展,这样一来,快速发展的工业化可以吸纳转移到城镇的农业剩余劳动力,从就业人口上提供新型城镇化的经济支持。

同时,第五章中针对 1978~2017 年中国"四化"同步进程中产城融合度进行主成分实证分析时得出结论:农村固定资产投资、国家财政支农支出、农业机械总动力、化肥施用量、技术市场成交额、专利申请授权量、每万大学毕业生比重、城镇固定资产投资、城镇失业率 9 个指标属于提取出来的第二个主成分。根据第五章的数据,提取出来的第二个主成分因子对于最后结果的解释有 32.217% 的贡献,说明归于第二个主成分的 14 个指标对最后结果的解释有 32.217% 的影响力,由此,提高产城融合度的第二类决定性指标就是第二个主成分所代表的这 9 个指标的发展程度上。对第二个主成分因子中所包含的具体指标进行分析,第二个主成分因子中包含的国家财政支农支出、农业机械总动力、化肥施用量等指标都属于农业现代化的衡量指标，同时，对最后结果的解释有44.838%的影响力的第一个主成分因子中的农村居民人均可支配收入和有效灌溉面积也属于农业现代化的衡量指标，由此农业现代化指标涵盖了第一、第二个主成分因子，而第一、第二个主成分因子在对最后分析结果进行解释的贡献率上高达77.055%。

第五章中，针对2017年中国各地区"四化同步"进程中产城融合度进行主成分实证分析时，得出结论：农村固定资产投资、国家财政支农支出、农业机械总动力、有效灌溉面积、化肥施用量、科技活动人员数量、科研经费支出、技术市场成交额、专利申请授权量、每万大学毕业生比重、工业企业单位数、工业增加值、年末资产、利润总额、城镇固定资产投资15个指标属于提取出来的第一个主成分。根据第五章的数据，提取出来的第一个主成分因子对于最后结果的解释有高达52.724%的贡献，说明归于第一个主成分的15个指标对最后结果的解释有52.724%的影响力。对于属于第一个主成分的15个指标来讲，农村固定资产投资、国家财政支农支出、农业机械总动力、有效灌溉面积、化肥施用量五个指标均属于农业现代化的衡量指标，说明了农业现代化在分地区的"四化同步"进程中产城融合发展也具有重要的意义。

综上，第三章的VAR模型结论和第五章的主成分分析结论，均说明在"四化同步"发展的过程中以及在"四化同步"进程中产城融合提升的进程中，农业现代化居于决定性地位。从第四章的历史回顾中可以看出，1978~2017年，国家财政支农支出、农业机械总动力、化肥施用量均呈稳步上升趋势，和化肥施用量的发展速度进行比较，国家财政支农支出和农业机械总动力的发展速度稍显缓慢。从实证结果来看，为了促进"四化同步"进程中产城融合的进一步发展，需要政府和农户以及相关企业多方努力，政府层面需要给予政策倾斜；农户层面需要转变小农生产意识，农户间加强协作，生产过程中尽可能使用半机械化或机械化农具；相关企业需要从农业生产的实际需要出发，自主创新，研发农业生产过程中的自动化农具以及生产技术。只有政府、农户、相关企业多方配合，才会提高农业现代化水平，并通过影响第一主成分因子的得分进而影响"四化同步"进程中产城融合度的评价。

以山西省为例，山西长期以来的重工业发展没有对农业起到很好的反哺作用，农业整体发展比重低于全国的平均水平，应该以农业发展规模化、生产手段现代化、经营产业化、结构布局区域化为目标，注重各地区的区位特色和优势，加强农业科技示范园区建设，以点带面，优化农业经营结构。比如朔州市在农业方面的区位优势产品是玉米、瓜菜、小杂粮、马铃薯和高校畜牧等，而运城市临猗县作为传统农业大县，主打农业产品就是苹果。同时，延伸产业链，生产高技术含量的产品，加强农业科技和市场的不断结合，扶持和引导一大批企业投资发展特色农产品深加工业和劳动密集型产业。比如临猗县引进和扶持恒兴果汁等水果加工企业启动实施了35万亩苹果提质增效工程。大同市的春阳公司高科技保健食品——苦荞芸香苷项目建设成功，重新取得QS认证并正式投产，进一步提升了农业现代化。

二、走新型工业化道路，优化第二产业内部结构

第三章中针对新型工业化、信息化、新型城镇化以及农业现代化的VAR模型分析结果显示，工业化是新型城镇化、农业现代化波动的格兰杰原因。在"四化同步"发展的过程中，快速发展的工业化可以吸纳转移到城镇的农业剩余劳动力，从就业人口上提供新型城镇化的经济支持，同时农村剩余劳动力的减少会进一步推动农业生产过程中的集约化和机械化，最终加快农业现代化进程。

第五章中，针对2017年中国各地区"四化同步"进程中产城融合度进行主成分实证分析时，得出结论：农村固定资产投资、国家财政支农支出、农业机械总动力、有效灌溉面积、化肥施用量、科技活动人员数量、科研经费支出、技术市场成交额、专利申请授权量、每万大学毕业生比重、工业企业单位数、工业增加值、年末资产、利润总额、城镇固定资产投资15个指标属于提取出来的第一个主成分。前面已提到，根据第五章的分析数据，提取出来的第一个主成分因子对于最后结果的解释有高达53.647%的贡献，说明归于第一个主成分的15个指标对最后结果的解释有53.647%的影响力，由此，提高产城融合度的第一类决定性指标就是第一个主成分所代表的这15个指标的发展程度。对于属于第一个主成分的15个指标来讲，工业企业单位数、工业增加值、年末资产、利润总额、城镇固定资产投资五个指标属于工业化进程的衡量指标，说明在研究分地区经济发展"四化同步"进程中产城融合的问题时，工业化是其中一类很重要的指标。

在全国的工业化进程中，从分地区的视角来进行考量，应该对黑龙江、海南、新疆、云南、贵州等几个省份给予足够的重视，在这几个区域工业化发展的过程中，国家、地方等各级政府在政策上应该有所倾斜，地方政府和当地企业单位应该从本地的具体情况出发，因地制宜推进本地具有比较优势的产业大力发展，促进产业结构首先合理化，进而高级化，提高区域居民人均可支配收入，促进和推动消费者生活水平的提高和改善。

长期以来，在工业化发展的进程中，为了赶超发达国家，在落后的经济基础

上奋起直追，中国的工业化在相当长的一段时间内，偏重重工业的发展，只重速度和数量，不重效益和质量，过于粗放的工业化发展模式在使中国经济快速腾飞飞速发展的同时，也使中国经济、社会、居民以及环境付出了极为惨重的代价。环境恶化、产业结构失调、居民的幸福感降低、产业结构和就业结构不匹配等问题，导致对产业结构进行调整以实现产业结构合理化和高级化迫在眉睫，对于第二产业来讲，应该在发展过程中，进一步优化第二产业内部结构，调整轻、重工业比重，促进宏观经济的稳定增长。

以山西省为例，作为能源大省，山西的经济发展长期依赖资源的高度开采，第二产业在整个国民经济中的比重长期居高不下，从相关统计资料可以知道，山西省第二产业的比重从2003年开始的十多年间都保持在50%以上，远远高于全国的平均水平。"十二五"期间，山西省第二产业的比重都在55%以上，且发展趋势都是逐年递增。从国际数据来看，除了中低收入国家第二产业的比重是40%以外，其他所有类型国家第二产业的比重都在35%以下，由此说明山西省的第二产业比重过大，远高于国际平均水平，即使是以资源型省份经济来衡量，第二产业的比重也明显过高。"十二五"期间，制定相关产业政策的关键任务之一就是要采取切实措施较大幅度地降低第二产业在整个国民经济中的比重，逐步降低山西经济对于能源的高度依赖。

另外，在第二产业内部，也要加快产业升级，对冶金、焦炭、化工、电力等传统支柱产业进行资源整合，提高产业集中度。同时，通过能源化工产业内部从较低技术含量、较低附加值产业链条向较高技术含量、较高附加值产业链条的升级；从密集使用较低级生产要素的传统产业向密集使用较高级生产要素的新兴工业的升级，提高技术标准，加快产业技术升级步伐，改变第二产业过度依赖能源的格局，优化第二产业内部各产业间的内部结构。通过以上措施力争达到第二产业的质和量同时得到良性转变的目的，在量上，使得第二产业的比重切实逐年下降；在质上，第二产业内部结构应该逐步趋于平衡。

三、大力发展服务产业，提高第三产业比重

相比起其他产业，第三产业在近年来的发展稳中有升，逐年增长，其产值比重从1978年的24.5%稳步上升至2017年的50.6%。然而，和国际上同等人均收入水平的国家第三产业发展情况进行对比，中国的第三产业发展严重滞后，远远低于国际水平的63%。比重整体偏低的第三产业说明未来还有比较大的发展潜力，应该制定相关的政策，继续加强传统服务业的同时，大力发展新型服务业，

完善各种配套措施以切实提高第三产业比重。

　　同样，以山西省为例，和国际平均水平63%相比，山西第三产业的比重整体偏低，且呈逐年下降的趋势。在第三产业发展的进程中，其比重除了2009年略有回升外，整体趋势是下降的，不仅远低于国际平均水平63%，也和第三产业的比重逐年稳中有升的全国发展趋势不太吻合。作为第一、第二产业健康持续发展的配套服务产业，服务业的良性发展对于第一、第二产业的发展有着不可忽视的影响，在"十二五"期间，应该制定相关的政策，完善配套措施以大力发展第三产业，提高第三产业比重。在继续加强交通运输、邮电通信、贸易餐饮等传统服务业的同时，对于以金融、房地产、物流、文化、旅游、信息、中介、社区、会展等为主的新兴服务业，要立足山西各市县的发展，发挥比较优势，选择重点行业率先突破。通过延伸与优化产业链，尽快建立"覆盖面广、带动力强、增加就业机会多"的新兴服务业体系，形成一个包含多个相关行业在内的服务业产业链，使服务业成为带动山西经济转型发展的主导产业，切实提高第三产业在整个国民经济中的比重。

四、加快信息化进程，促进产业结构更加合理优化

　　第三章中针对新型工业化、信息化、新型城镇化和农业现代化的VAR模型分析结果显示，新型城镇化是工业化、信息化波动的格兰杰原因，同时信息化又是工业化波动的格兰杰原因。这两个结论说明在新型城镇化发展的过程中，新型城镇化的发展会直接推动工业化和信息化的发展，同时信息化的发展也会推动工业化的发展。根据前述分析，近年来中国的信息化进程取得了长足的发展，信息产业规模大幅增长，软件业务收入和软件出口总额、企业拥有的网站数量、每百家企业拥有的网站数量、企业使用的计算机数量总量、每百人使用的计算机数量等数量相比均有大幅度增长。

　　第五章中，针对1978~2017年中国"四化同步"进程中产城融合度进行主成分实证分析时，得出结论：农村固定资产投资、国家财政支农支出、农业机械总动力、化肥施用量、技术市场成交额、专利申请授权量、每万大学毕业生比重、城镇固定资产投资、城镇失业率九个指标属于提取出来的第二个主成分；科技活动人员数量和科研经费支出两个指标属于提取出来的第三个主成分。根据第五章的分析数据，第二个主成分因子的九个指标因为第二个主成分因子对于最后结果的解释有32.217%的贡献，对最后结果的解释也就相应有32.217%的影响力，第三个提取出来的主成分因子对最后结果的解释有7.335%的贡献。同时，第二个主成分因子中的技术市场成交额、专利申请授权量、第三个主成分因子中仅有的科技活动人员数量和科研经费支出两个指标和四个指标均属于信息化发展的衡量指标,说明信息化对"四化同步"进程中产城融合有30%以上的影响力。

从全国各地区在信息化发展中的一些相关指标来看,2017年,江苏、广东、浙江、上海、山东等省市均明显高于其他区域,属于信息化发展中的一类区域;湖南、湖北、河南、北京、天津、安徽、福建、辽宁、河北、重庆、四川等地区高于其他地区同时低于一类地区的统计数据,属于信息化发展中的二类区域;其他地区在三类指标的统计中数值均偏小,属于信息化发展中的三类地区。由此,在当今信息化时代,想要在日益激烈的市场竞争乃至国际竞争中抢得先机,各地必须采取措施尽快发展信息化。尤其是山西、内蒙古、吉林、黑龙江、江西、广西、海南、贵州、云南、西藏、甘肃、青海、宁夏、新疆等地区,需要结合本地实际情况,进行因地制宜的发展,在信息化的发展中争取发挥后发优势,加快信息化进程,进而推动新型工业化、农业现代化以及新型城镇化的进程,促进"四化同步"进程中产城融合的持续健康发展。

第二节 推动产业结构和就业结构进一步优化协调,提高产城融合度

通过本书前述几章的分析,中华人民共和国成立以来,中国的产业结构得到了巨大的发展,三次产业产值结构明显变化,第一产业产值比重急剧下降,第三产业产值比重持续上升。同时,考虑到就业结构,从业人员三次产业中的构成结构偏离常态。和中国经济发展中的产业结构变动相比,从业人员配置的结构转换十分缓慢,第一产业劳动力过多,第三产业劳动力比重低下。上述问题已经严重影响到对产城融合度所进行的评价,应该采取措施,积极推进产业结构和就业结构的协调发展。

一、加大人力资本投资,提高劳动力质量

在改善就业结构的过程中,应该通过多种政策、途径和渠道加大人力资本投资,改善劳动力质量,从根本上改变劳动力的素质结构。对于农村地区来讲,应该继续普及农村义务教育,通过提高农民的整体素质,这样才可以提高农业生产

过程中的劳动生产率,促进农业现代化的发展,逐步降低农业吸纳劳动力的数量,降低农业就业人员在整个经济就业人员中的比重,逐步协调农业的产业比重和农业的就业比重之间的极大差距。同时,鼓励全民职业教育,提高劳动力的专业素质,通过职业教育培养一批专精人才,输送至相应的产业各领域,既能推进产业结构的持续优化,又能推动就业结构和产业结构的进一步协调。另外,加大高等教育投资,改变劳动力的素质结构,通过高等教育的发展,培养一批创新型人才,既能在产业结构调整中促进高新技术产业的大力发展,又能促进中国的信息化进程,同时改变目前的就业结构。

二、从制度层面着手,促进人口城乡迁移,改善就业结构

目前存在的产业结构和就业结构不符的一个很大原因就是制度层面上存在的问题,导致就业人口不能够随心所欲地进行城乡间流动,导致一些农村剩余劳动力本应该胜任城镇部门的就业岗位,由于现行户籍制度的原因,不能够自主择业。这样一来,同时造成了农业部门就业比重过大和城镇部门相应产业劳动力缺乏就业比重偏低的双重困境。应该采取措施逐步消除现有的户籍制度对劳动力在城乡间自由流动和迁移所造成障碍,只有先行户籍制度的障碍因素得到解决,才有可能在中国整体范围内创造一个平等竞争的就业环境,才有可能真正打破目前存在的城乡间劳动力市场相互割裂的状态,才可以从制度层面根本解决目前的产业结构和就业结构不协调问题,促进"四化同步"进程中产城融合的发展。

第三节 以产业链延伸为导向进行多元化发展,促进产城融合

产城融合发展的进程中,主要是重视产业和城市的融合发展。在城市经济发展过程中,应该根据区域的地理特色、资源特色等发展有优势的产业,而后针对该优势产业进行产业链延伸为导向的产业多元化发展,做到区域经济发展中每个区域都有自己的产业特色和优势,而且能够把该特色产业和优势产业做强做大,推动区域整体经济的发展。同时,在特色产业和优势产业发展的过程中,能够以点带面,既能推动城镇化的进一步发展,又能够推动工业化和信息化的发展,同时通过反哺农业有效促进农业现代化的发展,真正做到区域经济发展过程中,

第七章 "四化同步"进程中产城融合的对策建议

"四化"既能够同步发展,同时产城融合度进一步提升。

以山西省为例,山西很多城市的产业布局现状都是以资源型经济产业结构为主,按照不同发展阶段,资源型经济主要分为初期、成长、成熟、衰退和衰亡等五个阶段,不同阶段的资源型城市在产业布局调整方面也存在着很大差别。山西目前已经不存在资源型经济的初期阶段了,而对于需要转型的资源型城市来讲,至少应该提前20年就要考虑产业延伸、产业替代等转型问题。如果一个资源型城市发展到了衰退或衰亡阶段才开始考虑经济转型的问题已经为时已晚,所以我们主要就资源型经济的成长、成熟和转型三阶段来进行分析。

一、产业成长阶段:以产业链延伸为导向的多元化发展

在成长阶段,资源型经济的规模高速扩张,资源采掘量快速增长,此时应该及早进行城市转型的规划,以产业链延伸为导向进行多元化发展,依托优势资源,发展相关的能源化工产业。依靠科技进步和资源整合,把产业链做深做大做强,推动产业纵深横向发展,推进经济增长模式由粗放型向集约型转变,走高起点、高科技、高效益、长产业链、高附加值、高度节能环保的道路。比如正处于成长阶段的资源型城市朔州市就依托本地优势,及早进行转型规划。工业方面在做强煤炭、电力两大传统支柱产业的同时,培育壮大农畜产品加工、现代煤化工、新材料、陶瓷四个新型产业,并着力进行工业园区的建设,建立循环经济园区等。

二、产业成熟阶段:发展接续和替代性产业,平衡三大产业

在资源型经济发展的成熟期,主导产业都是高度依赖当地资源的资源型产业,此时要在充分利用资源的基础上对主导产业进行技术改造和重组,培育和发展接续产业,逐步减少对现有资源的依赖,改变资源型为主的产业结构,实现产业体系的优化配置和战略重组,构建以产业升级为主题的循环式经济,完成经济转型。比如正处于成熟期的资源型城市大同就通过技术改造和重组,打造新型能源和先进制造业基地,同时鼓励、引导和支持资源型企业实施产业转型升级,加快发展矿产资源关联产业和循环经济,推进资源型经济转型。

三、产业转型阶段:升级产业结构,提高第三产业、高新技术产业的比重

在资源型城市发展的转型阶段,资源的开发和利用已经达到或超过了城市的资源负荷,此时如果继续发展以资源型为主的产业会难以为继,资源的开采利用

成本远远高于收益,环境污染严重,三大产业发展严重不均衡,产业升级的内在需求不断提高。此时城市必须寻求多样化的接续和替代性产业,优化产业布局,升级产业结构,注重发展第三产业、高新技术产业的比重,以此平衡三大产业发展,促进城市转型成功。比如山西典型的资源枯竭型城市孝义就是因为在遭遇资源瓶颈之前及时部署规划产业转型,大力兴建新型煤化工、现代制造业、综合光电产业、国家级现代农业、现代服务业五大产业及相关园区,通过发展资源型产业以外的接续和替代性产业,力争避免矿竭城亡的结局。

第四节 强化开发区和产业集聚区建设,促进产城融合

促进"四化同步"进程中的产城融合发展,应该加快开发区和产业集聚区建设。作为产城融合发展的重要载体,应该在"四化同步"发展的进程中,进一步强化产业园区支撑,通过工业园区、高新技术园区和科技创新园区的发展,为城镇化发展提供支撑,同时增强和提高各类型园区对高新技术产业和各类高素质人才的吸纳能力。要以大企业为龙头,区域内通过"一县一业"的产业布局为指导,制定产业园区发展规划,整合提升现有各类开发区和产业园区。产业园区的建设要和城镇化的功能定位相衔接,突出产业发展重点,促进产业的集群化和循环化发展。通过建设多个开发区和产业集聚区,形成大中城市以发展新兴产业为主导、大县城以特色产业为支撑的产业园区发展格局,提升产业结构层次,形成带动新型工业化、信息化、新型城镇化和农业现代化"四化同步"发展的强劲动力,实现经济转型背景下产城融合的新发展。

以山西省为例,山西应该在"一核一圈三群"发展思路下,通过提升太原都市区的产业集聚辐射功能,加快太原都市圈发展,同时强化三个城镇组群的产业布局合理化,提升龙头带动作用,带动山西省整体经济发展中的"四化同步"发展,最终促进产城融合的改善和提升。

一、提升都市区的产业集聚辐射功能,加快都市圈发展

山西省会城市太原作为新材料和先进制造业基地,应该综合考察太原都市圈内各市县的优势产业与特色项目,推进产业布局高度合理化。

通过发展现代服务业和高新技术产业，对于北车铁路装备、富士康苹果产业园、山西云计算中心、太重高速列车关键零部件、阳煤现代煤化工等一些重点项目强化建设。对高污染、高耗能企业进行关停、转型，启动部分资源型企业的搬迁改造，促进产业绿色转型。

推进改革创新和园区建设，加强各经济区、高新区、民营区、不锈钢园区等示范园区的建设。重点支持"一县一企"循环经济试点企业，比如太原市尖草坪区的循环试点企业太原市冶金机械厂。围绕每个县区的试点企业，推进产业升级，打造新型产业集聚区。依托太原都市区内大型工业企业众多的优势，把以为大企业配套和培育中小企业集群为发展目标、以产业高端化和自主创新为导向，形成以新型材料业、装备制造业、商贸物流业、文化旅游业为主要产业的集聚区。

二、强化三个城镇组群的产业布局合理化，提升龙头带动作用

对于以大同、朔州为核心的晋北中部城镇群来说，作为山西省主要的两个资源型城市，按照以煤为基、以煤兴产、以煤兴业、多元发展的思路，大同要打造新型能源和先进制造业基地，朔州市应加快由工矿区向区域性中心城市转型。通过建设煤炭、煤化工、电力、机械制造、有色金属、医药和材料等多个产业基地，延伸传统的资源型产业链和加强配套产业发展，推进城市经济转型。另外还要扶持和引导一大批企业投资发展特色农产品深加工业和劳动密集型产业，建立现代农业科技园区以及农民创业园区等，通过发展非资源型经济来加快转型，优化产业布局。

对于以临汾、运城为核心的晋南中部城镇群来说，作为非资源型城市，要认真研究非煤地区经济转型的特点，分区规划，注重当地特色经济，扶持优势产业。以推进传统产业新型化、新型产业规模化、优势产业集群化为指导，通过发展城郊型观光农业，打造三大现代农业经济带，打造农业产业化集群。同时以产业转型为核心，着力推进工业园区建设，培植龙头企业，促进企业间的合作、联合和重组，形成区域产业优势，提升工业化水平。

对于以长治、晋城为核心的晋东南中部城镇群来说，长治市应该加大新兴接替产业投资力度，推动现代煤化工、装备制造、新材料、新能源等新兴接替产业成长。积极推进首钢、长钢与常平、长信、太行等六家钢铁企业的整合重组，启动焦化行业兼并重组。晋城市作为资源型城市在建设能源和煤化工服务基地的同时还要实施非资源类产业培育工程，发展高新技术、装备制造、商贸物流、文化旅游四大产业。启动建设跨行政区划的区域经济中心战略，加强各行业领域的龙头企业联系对接，构建晋城高新技术产业集聚区。

综上，就区域经济而言，针对目前山西产城融合较低的现状，根据山西城镇化的发展情况和产业布局不合理的问题，主要是通过发展工业园区、高新技术园区和科技创新园区等各类产业园区以及加强产业集聚区建设，推动"四化同步"发展，同时有力促进产城融合的改善和提升。

第五节　加快新型城镇化进程，促进产城深度融合发展

第三章中针对新型工业化、信息化、新型城镇化和农业现代化的 VAR 模型分析结果显示，新型城镇化是工业化、信息化波动的格兰杰原因，同时信息化又是工业化波动的格兰杰原因，这两个结论说明新型城镇化发展的过程中，新型城镇化的发展会直接推动工业化和信息化的发展。说明根据"四化"VAR 模型的实证结论，应该大力支持加快新型城镇化进程的观点。

同时，第五章中针对 1978~2017 年中国"四化同步"进程中产城融合度进行主成分实证分析时，得出结论：第一产业产值比重、农村居民人均可支配收入、有效灌溉面积、电话普及率、第二产业产值比重、城镇居民人均可支配收入、工业企业单位数、非农人口比重、城市人口密度、城市用水普及率、城市燃气普及率、每万人拥有公共交通车辆、人均拥有道路面积、人均公共绿地面积 14 个指标属于提取出来的第一个主成分。根据第五章的数据，提取出来的第一个主成分因子对于最后结果的解释有 44.838% 的贡献，说明归于第一个主成分的 14 个指标对最后结果的解释有 44.838% 的影响力，由此，提高"四化同步"进程中产城融合度的第一类决定性指标就是第一个主成分所代表的这 14 个指标的发展程度。对于属于第一个主成分的 14 个指标来讲，第一产业产值比重、第二产业产值比重、非农人口比重、城市人口密度、城市用水普及率、城市燃气普及率、每万人拥有公共交通车辆、人均拥有道路面积、人均公共绿地面积多达九个指标都和新型城镇化的发展水平有关，说明在"四化同步"进程中产城融合的发展进程中，新型城镇化的发展水平对于产城融合的发展水平高低有着首当其冲的影响。

第七章 "四化同步"进程中产城融合的对策建议

第五章中,针对2017年中国各地区"四化同步"进程中产城融合度进行主成分实证分析时,得出结论:第一产业产值比重、农村居民人均可支配收入、电话普及率、城镇居民人均可支配收入、非农人口比重、城市用水普及率、城市燃气普及率、每万人拥有公共交通车辆八个指标属于提取出来的第二个主成分;城市人口密度、人均拥有道路面积、人均公共绿地面积三个指标属于提取出来的第三个主成分。根据第五章的数据,属于第二个主成分因子的八个指标因为第二个主成分因子对于最后结果的解释有19.328%的贡献,对最后结果的解释也就相应有19.328%的影响力。第三个提取出来的主成分因子对最后结果的解释有7.461%的贡献。同时,第二个主成分因子所包含的非农人口比重、城市用水普及率、城市燃气普及率、每万人拥有公共交通车辆四个指标以及第三个主成分因子所包含的城市人口密度、人均拥有道路面积、人均公共绿地面积三个指标总共七个指标均属于新型城镇化的衡量指标。根据前述分析数据,这些包含在第二个主成分和第三个主成分中的七个新型城镇化衡量指标对于最后"四化同步"进程中产城融合度的解释有26.789%的贡献。

综上,无论是在第三章针对"四化同步"发展所做的VAR实证模型结果还是第五章中针对1978~2017年中国"四化同步"进程中产城融合进行主成分分析的结果抑或针对2017年中国各地区"四化同步"进程中产城融合进行主成分分析的结果来看,均说明城镇化在"四化同步"进程中产城融合研究过程中的重要作用。然而,经过多年的发展,传统的城镇化模式过于讲求速度的粗放发展模式导致经济、社会、人文以及环境等诸多方面产生了一系列较为严峻的问题。和传统的城镇化只注重非农人口比重不同,新型城镇化在发展过程中更注重城镇发展质量,更关注城镇人口的生活质量。城市人口密度、城市用水普及率、城市燃气普及率、每万人拥有公共交通车辆、人均拥有道路面积、人均公共绿地面积等指标正是从城镇居民的生活便利度和生活舒适度等角度而设立的指标,从第四章的历史回顾部分也可以看到,从1991~2017年的20多年城镇化发展中,越来越重视城镇化质量方面的指标,且反映城镇化质量的几个指标均呈稳步上升趋势。未来的新型城镇化进程中,要进一步在全国范围内加强城镇化质量的建设,切实促进"四化同步"进程中产城融合度的提升。

"四化同步"进程中的产城融合研究

第六节 本章小结

本章主要针对本书前几章中对"四化同步"进程中产城融合的理论分析、实证研究、现实困境与原因剖析的结果,有针对性地提出了相应的对策建议。

笔者认为:应该通过推动产业结构优化升级,促进产城融合深度发展;推动产业结构和就业结构进一步优化协调;以产业链延伸为导向进行多元化发展,促进产城融合;强化开发区和产业集聚区建设,促进产城融合;加快新型城镇化进程,促进产城深度融合发展等对策建议,希望能够促进未来经济发展中"四化同步"协调发展以及产城融合度的提高,切实有效地促进经济持续健康发展。

第八章 结论与展望

第一节 主要研究结论

在"四化同步"发展以及产城融合进程中存在诸多问题的背景下(具体存在的问题前文已述,此处不再赘述),笔者从学科交叉的视角,结合经济学、产业组织学、城市经济学、产业经济学、管理学、统计学、系统工程学等多学科,从"四化同步"发展的背景出发,进行了一系列研究工作:①在分析产城融合经济理论依据的基础上,给出笔者的产城融合定义;②从人口、经济和空间三个维度出发进行研究建立了"四化同步"背景下的产城融合经济学理论模型;③在理论模型的指导下,利用 VAR 模型中的格兰杰因果检验、方差分析、脉冲响应函数及主成分分析等研究方法和工具,对"四化同步"及产城融合进行了实证分析和研究;④针对产城融合中的两个典型问题——"空城"和"空转"——进行了理论分析和探讨;⑤针对产城融合过程中的问题提出了对策和建议。通过上述一系列研究步骤,得到如下主要研究结论:

(1)认为"四化同步"进程中的产城融合是指在新型工业化、信息化、新型城镇化和农业现代化"四化同步"发展的进程中,通过"四化"互促互进协调发展,达到经济发展中产业结构合理,城镇产业布局优化,城镇各项服务配套设施完善,真正做到各次产业和城镇互相支撑、互相依托、相互匹配,实现经济发展进程中"四化同步"协调产城互动的发展模式。这一定义同时也对产城融合的研究范围作了界定,认为是在"四化同步"进程中针对一个区域内部的三次产业结构(即"产城融合"中的"产"的范围界定)的发展和该区域的城镇发展（即"产城融合"中"城"的范围界定）之间的协调互动关系研究，形成了本书的主要研究思路和理论及实证的研究框架。

（2）认为在产城融合进程中"四化"相互之间均存在单向或双向的格兰杰因果关系，同时"四化"发展过程中均具有自我调整的机制。通过收集历年来的"四化"发展相关指标数据，对其在产城融合发展进程中"四化"之间的相互作用和关系进行VAR模型分析，考察"四化"之间的相互格兰杰因果关系得到：新型工业化和新型城镇化的增长率波动互为格兰杰因果关系；农业现代化的增长率波动是新型城镇化波动的单向格兰杰原因，反之，新型城镇化不是农业现代化波动的格兰杰原因；新型城镇化增长率波动是信息化波动的单向格兰杰原因，反之，信息化不是新型城镇化波动的格兰杰原因；农业现代化和新型工业化的增长率波动互为格兰杰因果关系；信息化的增长率波动是工业化波动的单向格兰杰原因，反之，工业化波动不是信息化波动的格兰杰原因；农业现代化的增长率波动是信息化波动的单向格兰杰原因，反之，信息化波动不是农业现代化波动的格兰杰原因等结论。

通过脉冲响应函数，在输出的图形结果中发现所有的分图最终都逐步收敛为零，既说明了VAR模型本身是稳定的方程系统，又说明了经济系统中的新型工业化、信息化、新型城镇化、农业现代化四个指标间本身具有自动调整的机制，能够逐渐消化系统内部的随机冲击对系统的影响。通过方差分解模型，发现新型城镇化、新型工业化和农业现代化各自增长率波动的均方误差都主要是由其自身的过去值贡献的，只有信息化增长率波动的均方误差主要是由城镇化的滞后值贡献的，也进一步说明了城镇化在"四化"发展中的主导地位。

（3）认为"空城"和"空转"均是城镇化发展过程中和产业发展在结构以及空间配置方面不均衡所导致的。分析认为"空城"问题最本质的表现在于就业结构和产业结构不匹配、信息化区域发展不均衡、农业现代化进程缓慢等方面；"空转"问题最本质的表现在于新型城镇化进程明显滞后于工业化的发展、产业结构区域差别明显等方面。同时从人口、经济和空间三个视角对"空城"和"空转"进行了理论上的分析，认为"空城"和"空转"均是城镇化发展过程中和产业发展在结构以及空间配置方面不均衡所导致的，认为城镇化和工业化发展应该在人、经济、空间三个维度深度融合，才能在一定程度上解决"空城"和"空转"的问题。

（4）发现历年来中国的产城融合度是逐年提升稳步增加的。在对中国1978～2017年的"四化同步"进程中产城融合度进行实证分析时，对实证结果进行处

第八章 结论与展望

理得到产城融合度的数据从 1978 年的 -18.7103 逐步增加到了 2017 年的 37.01148，说明历年来中国的产城融合度是逐年提升稳步增加的。

（5）认为全国各地的产城融合度水平不一，将全国各地区按照产城融合度分为一、二、三类地区。在对全国 2017 年分地区的"四化同步"进程中的产城融合度进行实证分析时，根据实证结果将全国各地区分为一、二、三类地区，其中北京、上海、江苏、浙江、山东、广东六个直辖市或省份产城融合度较高，属于一类地区；天津、河北、内蒙古、辽宁、安徽、福建、湖北、海南、重庆、陕西、新疆等直辖市或省份产城融合度中等，属于二类地区；山西、吉林、黑龙江、江西、河南、湖南、广西、四川、云南、甘肃、青海、宁夏、贵州和西藏等省份产城融合度较低，属于三类地区（各直辖市或省份的产城融合度具体得分详见第五章）。

（6）发现影响全国历年来产城融合发展的主要因素有三类，影响不同地区产城融合发展的主要因素有六类。

在对全国 1978～2017 年历年来的"四化同步"进程中产城融合度进行实证分析时，通过主成分分析法提取出了三个主成分因子，发现：第一产业产值比重、农村居民人均可支配收入、有效灌溉面积、电话普及率、第二产业产值比重、城镇居民人均可支配收入、工业企业单位数、非农人口比重、城市人口密度、城市用水普及率、城市燃气普及率、每万人拥有公共交通车辆、人均拥有道路面积、人均公共绿地面积 14 个指标属于提取出来的第一个主成分；农村固定资产投资、国家财政支农支出、农业机械总动力、化肥施用量、技术市场成交额、专利申请授权量、每万大学毕业生比重、城镇固定资产投资、城镇失业率九个指标属于提取出来的第二个主成分；科技活动人员数量和科研经费支出两个指标属于提取出来的第三个主成分。

在对全国 2017 年分地区的"四化同步"进程中的产城融合度进行实证分析时，通过主成分分析法提取出了六个主成分因子，发现：农村固定资产投资、国家财政支农支出、农业机械总动力、有效灌溉面积、化肥施用量、科技活动人员数量、科研经费支出、技术市场成交额、专利申请授权量、每万大学毕业生比重、工业企业单位数、工业增加值、年末资产、利润总额、城镇固定资产投资 15 个指标属于提取出来的第一个主成分；第一产业产值比重、农村居民人均可支配收入、电话普及率、城镇居民人均可支配收入、非农人口比重、城市用水普及率、城市燃气普及率、每万人拥有公共交通车辆八个指标属于提取出来的第二个主成分；城市人口密度、人均拥有道路面积、人均公共绿地面积三个指标属于

· 187 ·

提取出来的第三个主成分;城镇失业率指标属于提取出来的第四个主成分;机械化农具指标属于提取出来的第五个主成分;第二产业产值比重指标属于提取出来的第六个主成分。

(7)认为应该通过一系列对策建议以促进产城融合深度发展。在理论和实证分析的基础上,认为应该通过:推动产业结构优化升级,促进产城融合深度发展;推动产业结构和就业结构进一步优化协调;以产业链延伸为导向进行多元化发展,促进产城融合;强化开发区和产业集聚区建设,促进产城融合;加快新型城镇化进程,促进产城深度融合发展等对策建议的实施,促进未来经济发展中"四化同步"协调发展以及产城融合度的提高,切实有效促进经济持续健康发展。

第二节 有待进一步研究的问题

(1)在产城融合的研究过程中,第三章对新型工业化、信息化、新型城镇化、农业现代化"四化"在产城融合协调发展过程中的相互影响和互促互进关系进行实证研究。受到数据收集的限制,对新型工业化、信息化、新型城镇化、农业现代化这"四化"各自发展水平的界定和度量时采用了一个学术界比较肯定的主要指标来进行数据的收集及相关分析。比如,考虑到新型工业化、信息化、新型城镇化、农业现代化"四化"定义的主要内涵,农业现代化水平的度量指标主要采用农业总产值/农业机械总动力来进行代表性的分析;工业化水平主要采用人均第二产业 GDP 来进行度量和分析;信息化主要采用从事科研活动人员人均 R&D 经费进行度量;新型城镇化采用传统的人口城镇化度量指标进行度量。

如果考虑到经济实际,上述新型工业化、信息化、新型城镇化、农业现代化各自在发展的过程中,影响的因素有很多。比如,工业化发展过程中,工业的总产值、工业的就业人员比重、工业总产值在总 GDP 中的贡献率、居民人均可支配收入等指标均会影响工业化水平的度量;信息化发展过程中,从事科研活动的人员数量、R&D 经费支出、科学研究和技术服务业总产出、信息传输软件及信息技术服务业总产出、人力资本投资、人均互联网消费支出、人均移动电话数量等指标均会影响对信息化水平的度量;农业现代化发展过程中,农业的总产出、农业就业人员、农业生产过程中的生产条件、农业生产过程中的农业机械总动

第八章 结论与展望

力、水利条件、所用的机械化农具、半机械化农具等指标均会影响农业现代化水平的衡量;未来经济发展进程中,人口城镇化、土地城镇化、城镇建设中人均道路面积、人均享有公交车辆、城镇人口密度等各项公用设施均会影响对新型城镇化发展水平以及发展质量的衡量和判断。

在第三章,出于数据收集的因素考虑,主要只采用前文所述的四个主要指标来进行新型工业化、信息化、新型城镇化、农业现代化"四化"发展过程中的 VAR 模型分析、格兰杰因果分析、脉冲响应分析以及方差分解分析。虽然只用主要指标进行分析并不影响最终的分析结果,但无论如何算是笔者的局限之一。

未来后续研究中,拟采用更为全面的数据指标继续分析以得到更为可靠的研究结论。

(2) 第五章中,对 1978 年以来中国经济发展过程中"四化同步"进程中的产城融合度进行分析,以及针对 2017 年全国各分地区的新型工业化、信息化、新型城镇化、农业现代化同步发展过程中产城融合度进行度量时,考虑到第三章分析中的指标单一的缺陷,采用了多达 30 个指标来进行评价和度量。然而,采用较多指标使得评价更为全面和可靠的同时,对评价所用的工具和方法也有更高的要求。笔者主要采用主成分分析法进行分析,最终也得到了"四化同步"进程中中国历年来的产城融合度以及 2017 年全国分地区的产城融合度水平。然而,通过主成分分析法得到的最终结果并不能代表产城融合水平的真正数据结果。比如,通过主成分分析法对历年来的中国经济产城融合度进行分析,最终得到 1978 年的产城融合度为 -18.7103,2017 年的产城融合度为 37.01148。但我们并不能得到结论说 2017 年的产城融合度就比 1978 年的产城融合度高 55.7218,也就是说,主成分的最终分析结果的确切数字并不能直接进行应用,但是可以用来进行分地区间产城融合度相对大小比较以及历年来产城融合度的变化趋势分析。

无论如何,不能用最终的数字结果来表示产城融合度的确切水平是主成分分析法的一个缺陷,目前并没有一个更好的工具解决该问题。所以,后续研究中拟继续研究各分析工具,争取找到一个更合适的工具来进行产城融合度的度量。

(3) 本书对于产城融合度的实证研究是在文中对产城融合给予详细界定的情况下进行的,即界定产城融合的研究范围是在"四化同步"进程中针对一个区域内部的三次产业结构(即"产城融合"中的"产"的范围界定)的发展和该区域的城镇发展(即"产城融合"中"城"的范围界定)之间的协调互动关系研究,在此基础上,本书在实证研究中主要是分省份进行区域层面上的分析和研究。由于篇幅、时间和精力所限,没有对某一省份中各具体城市和城镇的产城融合发展差异进行分析研究，实际上一个特定省份内的不同城市或城镇在产城融合发展方面可能存在很大的差异，对其实际进程和影响因素进行全面剖析可能会得出更有价值的结论，这一点将在未来进行进一步的深入研究。

（4）本书在对"四化同步"进程中的产城融合进行分析研究时，主要是从人、经济和空间三个维度进行考察，主要对产城融合进行了静态分析。实际上从时间流动变化和空间演化的视角对产城融合进行动态考察，即在人、经济和空间三个考察维度的基础上再加入时间维度对产城融合进行四维分析研究会使得研究更有深度和价值，时间维度这一分析视角在论文的第五章对中国 1978～2017 年的产城融合度演化进行的实证研究中已经有所体现，只是缺乏对时间维度在理论层面上的研究和总结，这一点也将在未来继续深入研究和进一步完善。

参考文献

[1] Lewis W. A. Economic Development with Unlimited Supply of Labors [J]. The Manchester School of Economic and Social Studies, 1954 (5): 139 – 191.

[2] Fei J. C. and Ranis G. A. Theory of Economic Development [J]. American Economic Revie, 1961: 65 – 70.

[3] Sjaastad L. The Costs and Returns of Human Migration [J]. Journal of Political Economy, 1962 (5): 80 – 93.

[4] Shryock H. S. Char les B. N. Educational Selectivity of Interregional Migration [J]. Social Forces, 1965 (43): 299 – 310.

[5] Chenery H. B., M. Syrquin. The Patterns of Development 1950 – 1970 [M]. London: Oxford University Press, 1975: 110 – 158.

[6] Northam R. M. Urban Geography [M]. New York: John Wiley & Sons, 1975: 46 – 80.

[7] [英] 埃比尼泽·霍华德. 明日的田园城市[M]. 金经元译. 北京：商务印书馆, 2006: 34 – 45.

[8] 白明华. "门槛"理论在城市规划工作中的应用问题[J]. 城市规划研究, 1981 (1).

[9] Boudeville J. R. Problems of Regional Development [M]. Edinburg University Press, 1966: 80 – 96.

[10] [英] K. J. 巴顿. 城市经济学[M]. 北京：商务印书馆, 1986: 15 – 50.

[11] Dobkins L. H., Y. M. Ioannides. Spatial Interactions among U. S. Cities [J]. Regional Science and Urban Economics, 2001 (31).

[12] 顾朝林, 吴莉娅. 中国城市化研究主要成果综述[J]. 城市问题, 2008 (12): 2 – 12.

[13] A. V. Banerjee, A. F. Newman. Risk Bearing and the Theory of Income Distribution [J]. Review of Economic Studies, 1991, 58 (2): 211 – 235.

[14] J. Decressin, A. Fatás. Regional Labor Market Dynamics in Europe [J]. European Economic Review, 1995, 39 (9): 1627 – 1655.

[15] W. J. Carrington, E. Detragiache, T. Vishwanath. Migration with Endogenous Moving Costs [J]. American Economic Review, 1996, 86 (4): 909 – 930.

[16] G. J. Borjas. Does Immigration Grease the Wheels of the Labor Market? [J]. Brookings Papers on Economic Activity, 2001, 32 (63): 69 – 134.

[17] G. Hanson, A. Spilimbergo, R. Robertson. Does Border Enforcement Protect U. S. Workers from Illegal Immigration? [J]. Review of Economics & Statistics, 2002, 84 (1): 73 – 92.

[18] G. H. Hanson, A. Spilimbergo. Illegal Immigration, Border Enforcement, and Relative Wages: Evidence from Apprehensions at [J]. American Economic Review, 1999, 89 (5): 1337 – 1357.

[19] Y. Ben – Porath. Fertility and Child Mortality: Issues in the Demographic Transition of a Migrant Population [M]. National Bureau of Economic Research, Inc, 1980: 151 – 208.

[20] M. Obstfeld. The Global Capital Market: Benefactor or Menace? [J]. Journal of Economic Perspectives, 1998, 12 (4): 9 – 30.

[21] F. Daveri, R. Faini. Where Do Migrants Go? [J]. Oxford Economic Papers, 1999, 51 (4): 595 – 622.

[22] M. P. Todaro. A Model of Labor Migration and Urban Employment in Less Developed Countries [J]. American Economic Review, 1969, 59 (1): 138 – 148.

[23] W. M. Corden, R. Findlay. Urban Unemployment, Intersectoral Capital Mobility and Development Policy [J]. Economica, 1975, 42 (42): 59 – 78.

[24] P. I. Porto, D. Guillermo, G. Claudio, C. J. Pirola. Renin – angiotensin – aldosterone System Loci and Multilocus Interactions in Young – onset Essential Hypertension [J]. Clinical & Experimental Hypertension, 2003, 25 (2): 117 – 130.

[25] J. V. Henderson, H. G. Wang. Urbanization and City Growth: The Role of Institutions [J]. Regional Science &Urban Economics, 2007, 37 (3): 283 – 313.

[26] Jayasuriya R, Wodon Q, Measuring and Explaining the Impact of Productive Efficiency on Economic Development [J]. World Bank Economic Review, 2005,

19（1）：121-140.

[27] 大西康雄. 中国以城市化推动经济质变[N]. 参考消息，2009.

[28] [英] 威廉·配第. 政治算术[M]. 北京：商务印书馆，1975：185-188.

[29] [英] 亚当·斯密. 国富论[M]. 北京：商务印书馆，2007：16-30.

[30] [法] 弗朗斯瓦·魁奈. 魁奈经济著作选集[M]. 北京：商务印书馆，1979：78-98.

[31] 商务周刊. 新型工业化道路的误解与扭曲——专访著名经济学家吴敬琏[J]. 商务周刊，2005（16）：23-28.

[32] A. G. B. Fisher. Economic Implications of Material Progress [M]. Intl Lab. Rev, 1935.

[33] Colin Clark. The Conditions of Economic Progress [M]. Macmillan, London, 1940：487-504.

[34] Lewis W. A. Economic Development with Unlimited Supplies of Labor [M]. Manchester School of Economics and Social Studies, 1954, 22（2）：139-191.

[35] 王乐平. 赤松要及其经济理论[J]. 日本学刊，1990（3）.

[36] [美] 赫希曼. 经济发展战略[M]. 曹征海，潘照东译. 北京：经济科学出版社，1991：38-55.

[37] Fei J. C. and Ranis G. A. Theory of Economic Development [J]. American Economic Revie, 1961：65-70.

[38] [英] 库兹涅茨. 现代经济增长[M]. 戴睿，易诚译. 北京：北京经济学院出版社，1991：91-125.

[39] [美] H. 钱纳里，S. 鲁宾逊，S. 赛尔奎因. 工业化和经济增长的比较研究[M]. 上海：上海三联书店，上海人民出版社，1995：53-78.

[40] Krugman P. R. Increasing Returns and Economic Geography [J]. Journal of Political Economy, 1991, 99（3）：483-499.

[41] [美] W. 罗斯托. 经济增长的阶段——非共产党宣言[M]. 北京：中国社会科学出版社，2001.

[42] Peter Marcuse. Ronald van Kempen, Globalizing Cities：A New Spatial Order？[M]. Massachusetts：Blackwell Publishers, 2000：1-10.

[43] Kojima R. Introduction：Population Migration and Urbanization in Development countries [J]. The Developing Economics, 1996（12）.

[44] M. Syrquin, H. Chenery. Three Decades of Industrialization [J]. World Bank Economic Review, 1989, 3 (2): 145-181.

[45] Lewis W. Economic Development with Unlimited Supplies of Labor [J]. Manchester School, 1999 (22): 139-191.

[46] [美] 吉利斯. 发展经济学[M]. 北京: 中国人民大学出版社, 1998: 30-55.

[47] J. Jacobs. Cities and the Wealth of Nations [J]. Pelican Books, 1984, 36 (3): 275-286.

[48] 钟荣魁. 社会发展的趋势是城市化不是城乡一体化[J]. 城市问题, 1994 (4): 31-34.

[49] 甄峰. 城乡一体化理论及其规划探讨[J]. 城市规划汇刊, 1998 (12): 28-31.

[50] 崔功豪, 马润潮. 中国自下而上城市化的发展及其机制[J]. 地理学报, 1999 (2): 106-115.

[51] 张敦富等. 知识经济与区域经济[M]. 北京: 中国轻工业出版社, 2000: 56-70.

[52] 顾朝林等. 经济全球化与中国城市发展[M]. 北京: 商务印书馆, 2000: 15-36.

[53] 周一星. 城市化与国民生产总值关系的规律性探讨[J]. 人口与经济, 1982 (1): 28-33.

[54] 周一星, 孟延春. 北京的郊区化及其对策[M]. 北京: 科学出版社, 2000: 38-54.

[55] 陈彦光, 周一星. 城市化 Logistic 过程的阶段划分及其空间解释——对 Northam 曲线的修正与发展[J]. 经济地理, 2005 (11): 819-820.

[56] 陈秉钊. 发展小城镇与城市化的战略思考[J]. 城市规划, 2001, 1 (2): 18-21.

[57] 仇保兴. 我国的城镇化与规划调控[J]. 城市规划, 2002, 26 (9): 10-20.

[58] 宁越敏. 新城市化进程——90 年代中国城市化动力机制和特征探讨[J]. 地理学报, 1998 (9): 470-477.

[59] 张鸿雁. 侵入与接替——城市社会结构变迁新论[M]. 南京: 东南大学出版社, 2000: 15-68.

[60] 刘传江. 中国城市化的制度安排与创新[M]. 武汉：武汉大学出版社，1999：120-156.

[61] 杨万江，蔡红辉. 近十年来国内城镇化动力机制研究评述[J]. 经济论坛，2010（6）：18-20.

[62] 翟顺河，郭文炯，景普秋等. 资源型区域城镇化动力、特征与战略取向——基于山西的实证[J]. 城市规划，2010，34（9）：70-72.

[63] 王小鲁，夏小林. 优化城市规模，推动经济增长[J]. 经济研究，1999（9）：22-29.

[64] 邓宇鹏. 中国的隐性超城市化[J]. 当代经济，1999（6）：20-23.

[65] 叶裕民，黄壬侠. 中国新型工业化与城市化互动机制研究[J]. 西南民族大学学报（人文社科版），2004（6）：2-10.

[66] 王小鲁. 中国城市化路径与城市规模的经济学分析[J]. 经济研究，2010（10）：20-32.

[67] 高国力. 区域经济发展与劳动力转移[J]. 南开经济研究，1995（2）：27-32.

[68] 朱农. 中国劳动力流动与三农问题[M]. 武汉：武汉大学出版社，2005：42-80.

[69] 蔡昉. 刘易斯转折点之后的农业发展政策选择[J]. 中国农村经济，2008（8）：4-15.

[70] 厉以宁. 中国城镇就业研究[M]. 北京：中国计划出版社，2001：162-180.

[71] 朱力. 论农民工阶层的城市适应[J]. 江海学刊，2002（6）：82-88.

[72] 吴兴陆，亓名杰. 农民工迁移决策的社会文化影响因素探析[J]. 中国农村经济，2005（1）：26-32.

[73] 李晓春，马铁群. 我国户籍制度下的劳动力转移[J]. 管理世界，2004（11）：47-155.

[74] 杨宜勇，顾严，魏恒. 我国城市化进程与就业增长相关分析[J]. 教学与研究，2005（4）：8-11.

[75] 赵耀辉. 中国农村劳动力流动及教育在其中的作用——以四川省为基础的研究[J]. 经济研究，1997（2）：37-42，73.

[76] 都阳. 贫困地区农户参与非农工作的决定因素[J]. 中国扶贫论文精粹，2001：143-153.

[77] 程名望,史清华,徐剑侠.中国农村劳动力转移动因与障碍的一种解释[J].经济研究,2006:68-78.

[78] 刘学军,赵耀辉.劳动力流动对城市劳动力市场的影响[J].经济(学季刊),2009(1):693-710.

[79] 顾建平.中国的失业与就业变动研究[M].北京:中国农业出版社,2003:143-147,152-163.

[80] 刘丽.我国农业剩余劳动力转移的进程分析[J].重庆工商大学学报,2007(4):82-83.

[81] 林燕.浅析香港建筑综合体与城市交通空间的整合[J].建筑学报,2007(6):26-29.

[82] 李海龙,于立.中国生态城市评价指标体系构建研究[J].城市发展研究,2011,18(7):81-86,118.

[83] 耿明斋.新型城镇化引领"三化"协调发展的几点认识[J].经济经纬,2012(1):4-5.

[84] 王峰玉,郑军.基于产城融合理念的桐城双新经济开发区规划探索[J].小城镇建设,2012(2):90-93.

[85] 李学杰.城市化进程中对产城融合发展的探析[J].经济师,2012(10):43-44.

[86] 邵安兆.洛阳市伊滨区产业融合发展的战略思考[J].洛阳理工学院学报(社会科学版),2012,27(1):13-18.

[87] 刘畅,李新阳,杭小强.城市新区产城融合发展模式与实施路径[J].城市规划学刊,2012(z1):104-109.

[88] 吴敬琏.经济形势与中小企业的发展[J].改革,1998(5):12-21.

[89] 龚唯平.工业化范畴论[M].北京:经济管理出版社,2001:10-50.

[90] "工业化与城市化协调发展研究"课题组.工业化与城市化关系的经济学分析[J].中国社会科学,2002(2):44-45.

[91] 姚战琪,夏杰长.资本深化、技术进步对中国就业效应的经验分析[J].世界经济,2005(1):58-67.

[92] 程红莉.我国产业结构与就业结构的偏离及对失业的影响统计观察[J].2006(2):97-98.

[93] 金碚,吕铁,李晓华.关于产业结构调整几个问题的探讨[J].经济学动态,2010(8):14-20.

[94] 钟陈,陈苏丽.中国城市化进程与省域经济增长的实证分析[J].西部经济管理论坛,2012 (2):92-96.

[95] 国家发改委宏观经济研究院课题组."十二五"时期我国产业结构调整战略与对策研究[J].经济研究参考,2010 (43):28-61.

[96] 张律律.我国产业政策转型问题研究[J].国际贸易,2011 (7):33-35.

[97] 饶会林.城市经济学[M].大连:东北财经大学出版社,1999:50-80.

[98] 朱铁臻.城市化是新世纪中国经济高增长的强大动力[J].经济工作导刊,2000 (11):13-16.

[99] 郭克莎.中国工业化的进程、问题与出路[J].中国社会科学,2000.

[100] 李培祥,李诚固.区域产业结构演变与城市化时序阶段分析[J].经济问题,2003 (1):4-6.

[101] 姜爱林.城镇化与工业化互动关系研究[J].财贸研究,2004,15 (3):1-9.

[102] 袁奇,易晓峰,王雪等.从"城乡一体化"到"真正城市化"——南海东部地区发展的反思和对策[J].城市规划学刊,2005 (1):63-67.

[103] 徐维祥,唐根年,陈秀君.产业集群与工业化、城镇化互动发展模式研究[J].经济地理,2005,25 (6):868-872.

[104] 吕政,黄群慧.中国工业化、城市化的进程与问题——"十五"时期的状况与"十一五"时期的建议[J].中国工业经济,2005 (12):5-13.

[105] 简新华,张国胜.论中国"农民非农化"与"农地非农化"的协调[J].求是学刊,2007,34 (6):75-81.

[106] 罗文章.工业化与城市化协调互动理性思考[J].求索,2005 (4):46-48.

[107] 马春文,张东辉.发展经济学[M].北京:高等教育出版社,2005:15-47.

[108] 赵伟.工业化与城市化:沿海三大区域模式及其演化机理分析[J].新华文摘,2010 (2):45-49.

[109] 梁小青.新型工业化与城镇化关系辨析[J].商场现代化,2009 (5):231-232.

[110] 蒋贵凰.中国城市化进程的经济动因[J].发展研究,2009 (2):41-43.

[111] 杨敬年. 中国二元经济问题研究的一部新作——评陈宗胜等著《中国二元经济结构与农村经济增长和发展》[J]. 经济研究, 2009 (8): 156-159.

[112] 孙久文, 彭薇. 我国城市化进程的特点及其与工业化的关系研究[J]. 江淮论坛, 2009 (6): 28-35.

[113] 王建军, 吴志强. 城镇化发展阶段划分[J]. 地理学报, 2009, 64 (2): 177-188.

[114] 吉亚辉, 祝凤文. 甘肃省城市化与第三产业互动发展的动态研究[J]. 西华大学学报(哲学社会科学版), 2010 (5): 97-102.

[115] 侯小卫. 我国东、中、西及东北4大地区城镇化与工业化协调发展研究[J]. 安徽农业科学, 2011, 39 (10): 6220-6223.

[116] 辜胜阻, 简新华. 当代中国人口流动与城镇化[M]. 武汉: 武汉大学出版社, 1994: 261-263.

[117] 蔡孝箴. 城市经济学[M]. 天津: 南开大学出版社, 1998: 64-67.

[118] 谢文慧等. 城市经济学[M]. 北京: 清华大学出版社, 1995: 35-50.

[119] 林毅夫. 中国的城市发展与农村现代化[J]. 北京大学学报(哲学社会科学版), 2002 (4): 12-15.

[120] 许毅, 柳文. 农业产业化与城镇化的几个问题[J]. 中南财经政法大学学报, 2004 (1): 3-10.

[121] 朱四海, 熊本国. 工业反哺农业实现机制刍议[J]. 中国农村经济, 2005 (10): 4-11.

[122] 柯炳生. 工业反哺农业经济社会发展新阶段[J]. 民主, 2005 (5): 19-22.

[123] 罗卫国. 工业反哺农业的切入点[J]. 调研世界, 2005 (12): 39-40.

[124] 厉以宁. 城市带动农村共发展, 工业反哺农业怎实现[J]. 广西经济, 2006: 58-59.

[125] 周立群. 许清正. "工业反哺农业"若干问题述评[J]. 经济学家, 2007 (2): 72-76.

[126] 林高榜. 衡量城市化与工业化比较水平的新指标研究[J]. 数量经济技术经济研究, 2007 (1): 46-55.

[127] 李国平. 我国工业化与城镇化的协调关系分析与评估[J]. 地域研究与开发, 2008, 27 (5): 6-11.

[128] 许秀川,王钊. 城市化、工业化与城乡收入差距互动关系的实证研究[J]. 农业经济问题,2008(12):65-71.

[129] 孙政才. 在工业化、城镇化、农业现代化进程中加快发展农业农村经济[J]. 农村工作通讯,2009(16):6-9.

[130] 崔永军,郭庆海. 农村劳动力转移与新农村建设困境[J]. 吉林农业大学学报,2010,32(2):233-236.

[131] 夏春萍,路万忠. 我国统筹工业化、城镇化与农业现代化的现实条件分析[J]. 经济纵横,2010(8):61-63.

[132] 李芃,魏荣华,孟庆红等. 重庆市城镇化动力机制分析[J]. 区域经济,2008(1):7-8.

[133] 李扬扬. 关于推进我国农村城镇化发展动力机制的研究[J]. 黑龙江对外经贸,2011(2):83-84.

[134] 夏春萍,刘文清. 农业现代化与城镇化、工业化协调发展关系的实证研究——基于VAR模型的计量分析[J]. 农业技术经济,2012(5):79-85.

[135] 陈志峰,刘荣章,郑百龙,曾玉荣. 工业化、城镇化和农业现代化"三化同步"发展的内在机制和相互关系研究[J]. 农业现代化研究,2012,33(2).

[136] 曹俊杰. 工业化、城镇化与农业现代化互动关系研究综述[J]. 山东理工大学学报(社会科学版),2012(4):27-30.

[137] 王贝. 中国工业化、城镇化和农业现代化关系实证研究[J]. 城市问题,2011(9):21-25.

[138] 徐大伟,段姗姗,刘春燕. "三化"同步发展的内在机制与互动关系研究[J]. 农业经济问题,2012(2):8-13.

[139] 吴先华,王志燕,雷刚. 城乡统筹发展水平评价——以山东省为例[J]. 经济地理,2010,30(4):596-601.

[140] 张萌,曹令秋. 基于因子分析综合评价方法的区域城乡经济发展水平监测的实证研究——以重庆为例[J]. 经济地理,2010,30(9):1440-1443.

[141] 尹成杰. 加快推进中国特色城乡一体化发展[J]. 农业经济问题,2010(10):4-8.

[142] 张道刚. "产城融合"的新理念[J]. 决策,2011(1):1.

[143] 董栓成. "工业化、城镇化、农业现代化"协调发展的定量分析——以河南省为例[J]. 经济研究导刊,2011(17):12-14.

[144] 姜会明, 王振华. 吉林省工业化、城镇化与农业现代化关系实证分析[J]. 地理科学, 2012 (5): 591-595.

[145] 谢杰. 工业化、城镇化在农业现代化进程中的门槛效应研究[J]. 农业经济问题, 2012 (4).

[146] 宋洪远, 赵海. 我国同步推进工业化、城镇化和农业现代化面临的挑战与选择[J]. 经济研究参考, 2012 (28): 19-28.

[147] 张新光. 20世纪以来世界农业发展中几个带有规律性的问题[J]. 上海农村经济, 2008, 23 (2): 4-5.

[148] 吴扬, 王振波, 徐建刚. 我国产业规划的研究进展与展望[J]. 现代城市研究, 2008, 23 (1): 6-13.

[149] 俞立平. 工业化与信息化发展的优先度研究[J]. 中国软科学, 2011 (5): 21-28.

[150] 周罡. 产业转型过程中问题解析及产业规划编制的建议[J]. 上海城市规划, 2011 (1): 57-58.

[151] 朱月华, 段兆广. 转型视角下的城市产业发展研究——以张家港为例[J]. 江苏城市规划, 2011 (4).

[152] 马云泽. 世界产业结构软化趋势探悉[J]. 世界经济研究, 2004 (1): 15-19.

[153] 杨仁发, 李亚云. 江西新型工业化进程中产业融合及其动力机制研究[J]. 科技广场, 2007 (6): 19-20.

[154] 周旭霞. 新型工业化进程中产业融合的动力机制研究[J]. 中共杭州市委党校学报, 2006 (4): 56-59.

[155] 刘瑾, 耿谦, 王艳. 产城融合型高新区发展模式及其规划策略：以济南高新区东区为例[J]. 规划师, 2012, 28 (4): 58-64.

[156] [美] 弗·亨德森. 中国城市化面临的政策问题与选择[A]// 比较 (第31辑) [M]. 北京：中信出版社, 2007: 56-76.

[157] 林华. 关于上海新城"产业融合"的研究——以青浦新城为例[J]. 上海城市规划, 2011 (5): 30-36.

[158] 陈云. "产城融合"如何拯救大上海[J]. 决策, 2011 (10): 52-54.

[159] 李文彬, 陈浩. 产城融合内涵解析与规划建议[J]. 城市规划学刊, 2012 (z1): 99-103.

[160] 肖林, 马海倩等. 产城融合引领上海新城和产业转型发展[J]. 上海综合经济, 2012 (8): 3-14.

[161] 刘瑾, 耿谦, 王艳. 产城融合型高新区发展模式及其规划策略——以济南高新区东区为例[J]. 规划师, 2012, 28 (4): 58-64.

[162] 李学杰. 城市化进程中对产城融合发展的探析[J]. 经济师, 2012 (10): 43-44.

[163] 许健, 刘璇. 推动产城融合, 促进城市转型发展——以浦东新区总体规划修编为例[J]. 上海城市规划, 2012 (1): 13-17.

[164] 蒋宵宵. 农业产业化在城镇化进程中的驱动力研究——以"冀中南"为例[J]. 保定学院学报, 2013 (4): 47-51.

[165] 陈家祥. 中国国家高新区功能偏离与回归分析[J]. 城市规划, 2006, 30 (6): 22-28.

[166] 黄鲁成, 张淑谦, 王吉武. 管理新视角: 高新区健康评价研究的生态学分析[J]. 科学学与科学技术管理, 2007 (3): 1-7.

[167] 赵艳. 包头市工业化与城市化协调发展水平综合评价与分析[D]. 呼和浩特内蒙古师范大学硕士学位论文, 2007.

[168] 解鸿年. 科技园区与区域发展——以台湾新竹为例[D]. 上海: 同济大学博士学位论文, 2008.

[169] 高纲彪. "产城融合"视角下产业集聚区空间发展研究[D]. 郑州: 郑州大学硕士学位论文, 2011.

[170] 苏林, 郭兵, 李雪. 高新园区产城融合的模糊层次综合评价研究——以上海张江高新园区为例[J]. 工业技术经济, 2013 (7): 12-16.

[171] 王霞, 苏林等. 基于因子聚类分析的高新区产城融合测度研究[J]. 科技进步与对策, 2013 (8): 26-29.

[172] 王菲. 基于组合赋权和四格象限法的产业集聚区产城融合发展评价研究[J]. 生态经济, 2013 (3): 36-46.

[173] 唐晓宏. 上海产业园区产城融合发展路径[J]. 宏观经济管理, 2014 (9): 68-70.

[174] 邓伟根, 陈文和, 苗李娜. 试析园镇融合的动力机制[J]. 岭南学刊, 2004 (4): 76-80.

[175] 陈任君. 城市开发区空间生长机理与优化策略研究[D]. 武汉: 华中科技大学硕士学位论文, 2009.

[176] 王雄昌. 我国开发区转型的机制与动力探析[J]. 现代经济探讨, 2010 (10): 15-19.

[177] 袁新国. 江宁经济技术开发区启动区再开发初探[J]. 现代城市研究, 2010 (12): 29-34.

[178] 李后强, 廖祖君. 我们为什么要推进"两化"互动 [N]. 四川日报, 2012-10-24.

[179] 牟仁艳, 解佳龙, 胡树华. 基于"三力模型"的国家高新区发展非均衡评价研究[J]. 科学学与科学技术管理, 2011, 32 (10): 104-109.

[180] 王霞, 苏林等. 基于因子聚类分析的高新区产城融合测度研究[J]. 科技进步与对策, 2013 (8): 26-29.

[181] 孙红军, 李红, 马云鹏. 系统论视角下的"产城融合"理论拓展[J]. 绿色科技, 2014 (2): 249-251.

[182] 刘晨宇, 袁媛. 平舆县产城融合发展理念的规划探索[J]. 工业建筑, 2011, 41 (7): 54-57.

[183] 林华. 关于上海新城"产业融合"的研究——以青浦新城为例[J]. 上海城市规划, 2011 (5): 30-36.

[184] 王新涛. 产城融合理念下中原经济区小城镇产业选择与培育[J]. 区域经济评论, 2011 (8): 26-29.

[185] 刘畅, 李新阳, 杭小强. 城市新区产城融合发展模式与实施路径[J]. 城市规划学刊, 2012 (z1): 104-109.

[186] 王峰玉, 郑军. 基于产城融合理念的桐城双新经济开发区规划探索[J]. 小城镇建设, 2012 (2): 90-93.

[187] 邵安兆. 洛阳市伊滨区产业融合发展的战略思考[J]. 洛阳理工学院学报(社会科学版), 2012, 27 (1): 13-18.

[188] 蓝菲. 四川产城融合发展问题探析 [J]. 商场现代化, 2012 (26): 142.

[189] 李芳等. 基于产城融合的城市新区发展策略研究——以辽阳太子河分区规划为例 [C]. 中国科协年会: 产城互动与规划统筹研讨会, 2013 (24).

[190] 魏祖民. 加快提升产城融合水平[J]. 宁波经济: 财经视点, 2013 (2): 18-19.

[191] 潘斌, 陆嘉. 上海郊区新城"产城融合"的策略研究 [C]. 中国科协年会: 产城互动与规划统筹研讨会, 2013 (24).

[192] 丁守海. 中国城镇发展中的就业问题[J]. 中国社会科学, 2014 (1): 30-47.

[193] 吴友仁. 关于我国社会主义城市化问题[J]. 城市规划, 1979 (3): 13-25.

[194] 费孝通. 小城镇在探索[N]. 新华日报, 1984-05-02 (04).

[195] 辜胜阻. 非农化与城镇化研究[M]. 杭州: 浙江人民出版社, 1991: 10-50.

[196] [德] 马克思. 资本论（第一卷）[M]. 北京: 人民出版社, 1975: 533.

[197] [日] 梅棹忠夫. 论信息产业[J]. 放送朝日, 1963 (1).

[198] 钟义信. 信息技术[M]. 上海: 上海科学技术出版社, 1994: 10-30.

[199] 林毅夫. 信息化对制度变革的需求[J]. 中国信息界, 2003 (12): 15.

[200] 王发曾. 中原经济区的"三化"协调发展之路[J]. 人文地理, 2012 (3): 55-59.

[201] 唐晓宏. 基于灰色关联的开发区产城融合度评价研究[J]. 上海经济研究, 2014 (6): 85-92, 102.

[202] 李文彬, 陈浩. 产城融合内涵解析与规划建议[J]. 城市规划学刊, 2012 (S1): 99-103.

[203] [德] 赫希曼. 经济发展战略[M]. 北京: 经济科学出版社, 1991: 50-95.

[204] 孟庆红. 关于主导产业选择基准的再认识[J]. 理论与改革, 1997 (12): 24-26.

[205] 汤斌. 产业结构演进的理论与实证分析[D]. 成都: 西南财经大学博士学位论文, 2005.

[206] 于刃刚. 配第—克拉克定理评述[J]. 经济学动态, 1996 (8): 63-65.

[207] 纪玉山, 周英, 吴勇民. 库兹涅茨人均收入决定论质疑——兼论我国产业结构升级的政策取向[J]. 经济经纬, 2005 (1): 58-61.

[208] 陈一鸣, 全海涛. 试划分我国工业化发展阶段[J]. 经济问题探索, 2007 (11): 166-170.

[209] [美] 钱纳里. 发展的型式[M]. 北京: 经济科学出版社, 1988: 45-65.

[210] 赵峰，星晓川，李惠璇. 城乡劳动力流动研究综述：理论与中国实证[J]. 中国人口·资源与环境，2015，25（4）：163-170.

[211] 张翠英，程瑞芳. 城镇化在城乡公共服务均等配置中的作用机制——以河北省藁城市为例[J]. 经济论坛，2011（1）：55-58.

[212] 王新文. 城市化发展的代表性理论综述[J]. 中共济南市委党校济南市行政学院济南市社会主义学院学报，2002（1）：25-29.

[213] Derek Laing, Chuhwan Park, Ping Wang, 张海阳. 中国城乡迁移的哈里斯—托达罗修正模型[J]. 中国劳动经济学，2006（3）：71-85.

[214] 姜玉砚，焦斌龙. 资源型区域产业结构演进与经济增长和波动的关系研究——以山西省为例[J]. 城市发展研究，2014，21（2）：1-4，10.

[215] 董晓花，王欣，陈利. 柯布—道格拉斯生产函数理论研究综述[J]. 生产力研究，2008（3）：148-150.

[216] 王于娟. 建设用地供给对经济增长贡献的研究[D]. 南昌：江西农业大学硕士学位论文，2012.

[217] Phelps Brown. The Meaning of the Fitted Cobb-Douglas Function [J]. Quarterly Journal of Economics, 1957, 71 (4): 546-560.

[218] Samuelson. Paul Douglas's Measurement of Production Functions and Marginal Productivities [J]. Journal of Political Economy, 1979 (87): 923-939.

[219] 周洛华. 信息时代的创新及其发展效应[M]. 上海：复旦大学出版社，2001：45-80.

[220] 张永峰，胡蓉. 主成分分析模型的多指标综合评价方法[J]. 西南民族大学学报（自然科学版），2013，39（3）：362-365.

后　　记

本书是在山西省人社厅留学人员归国项目"山西新型城镇化进程中的产城融合研究"、山西省科技厅软科学项目"山西省高新技术产业空间发展的动态评价研究"资助下，对笔者的博士学位论文进行充实完善而成的。在此，对资助单位表示致谢！

感谢我的学生刘敏、刘媛媛、牛晋娟、张煜、张杰、高延庆、张艺川、袁淑梅等，在书稿写作中的数据收集期间，他们夜以继日帮忙进行数据的收集和录入，没有他们的辛苦劳动，书稿可能不会如期完成，在此向各位同学表示深深的谢意！书稿完成期间，得到了笔者所在单位很多老师、同事和领导的支持和帮助，借此机会向各位前辈同人和领导同事表示真挚的感谢！

感谢最亲爱的各位家人，整个书稿完成期间，父母、爱人、孩子的理解和支持每每提及总会让笔者无语凝噎，深感亲情可贵。

鉴于时间关系以及笔者能力水平的有限，本书一定存在诸多不足和欠缺，敬请各位学术界前辈和同仁不吝赐教，批评指正！

谨以此致谢，路还长，有爱陪伴，唯勤勉前行！

姜玉砚
2019 年 5 月